発展途上国
経済読本

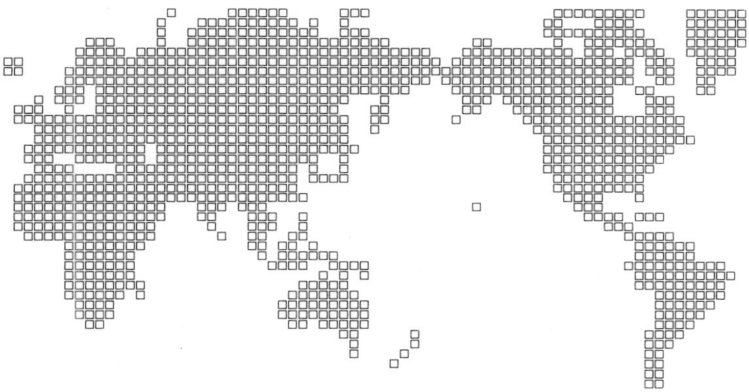

田島哲也 著

大学教育出版

はしがき

現在の世界人口は約60億人あり、約50億人が発展途上国に住み、そのうちの56%の28億人が1人1日2ドル以下で生活する等の貧困基準に相当する者である。他方先進国は人口約10億人であり、そのうち先進国基準による貧困水準の者は約15%程度の2億人弱いる。この数字を見ると、発展途上国はもとより先進国でさえ戦後50年以上経過したのに、多くの者はまだ貧困から脱却できていないことが分かる。

この原因は、①発展途上国においては大衆を富ましつつ自分も利益を稼ごうという産業革命時におけるような民間企業家が現れない、②発展途上国の国家を運営する者は国民大衆を富ますことに関心がなく、国家運営を自分のポスト確保と利益確保の道具にしてきた、③世界経済秩序が、先進国や多国籍企業等の情報やノウハウを持っている者が利益を上げるのに都合よくできている等に起因すると考えられる。戦後50年以上たっても貧困問題があまり解決できないのは、経済社会開発がまだ国民各層の間に全面的に開花していないか、または開発の方法に基本的な欠陥があることが分かる。先進国にとっても経済水準は高いものの、今後における自国の経済停滞を打ち破る展望が開けないでおり、発展途上国と同じ状態に陥っているとも考えられる。

また発展途上国型・キャッチ・アップ型・輸出市場依存型の発想を持つ日本人エコノミストは、日本経済が他の先進諸国経済と比較して発展途上国型の特徴や異質性を認めることを拒否し、「異質性」という言葉を本能的に嫌う。日本経済と他の先進国経済とでは、もちろん市場経済であるため同質性の側面の方が大きいが異質性も強く残っている。異質性をこのまま放置することは、制度化し定着した産業や行政における既得権層を温存することであり、将来の経済成長や生活向上を阻害する可能性が強い。すなわち発展途上国経済を理解することは、欧米に遅れたが20世紀初頭以降キャッチ・アップを開始し、かつ現在ではアメリカ以上に成熟し、先進国の中では一番先行き不透明であると考えられる日本をどう理解するかということでもある。さらに東アジア諸国も日本よりやや遅れてキャッチ・アップをほぼ終了したが、日本以上に輸出指向型の工業経済に特化しており、今後経済社会の成熟化の問題に厳しく直面すると考えられる。これらの日本やアジア認識について多くの方のご批判やご叱正をいただきたい。

本書をまとめるに当たり筆者の参考にしたものは、これまでの私と外国人との間で行った多くの会議・会談の結果であり、外国人の出版した著書・論文・資料・新聞等である。すなわち、発展途上国経済に対する発想や見方について欧・米・アジア人が折に触れ発言する内容を相当参考にしている。したがって、日本人が書いた発展途上国経済論でなく、外国人が日本語で書いた発展途上国経済であるという特徴を持っているはずである。このため、これまで日本人の書いた発展途上国経済の本とは多くの点で、事実・見解・位置づけ・解釈が異なっていると考えられるが、この点も多くの日本人研究者のご批判やご叱正をいただきたい。しかしながら、本書の内容を踏まえて日本人が外国人と私的または公的に議論をしても、違和感なく議論できると考えられる。また日本人が国際的な場で欧米人やアジア人等との間で議論するような場合の前提として、個人として生活観・歴史観・文明観を持つことが不可欠であるが、その一助になれば幸いである。

経済学が現実を説明できず、現実の課題に答えられなくなったと世界中が感じはじめ、また経済学の凋落が始まったと評価されてから 10 ～ 20 年程度経過している。ちょうど 19 世紀末～ 20 世紀初めにも似た状況にあった。これに対処するためには、多くの学者・エコノミストのように過去の理論を用いて現実を分析したり既存理論をさらに精緻化するのではなく、現実の問題を解決する中で理論化を図り、また歴史的な見方や歴史的な発想に立った考え方をする必要がある。発展途上国の経済社会の実態を分析することは、先進国中心の偏った見方から脱却して、人類普遍の経済社会観に近づくために必要不可欠である。

本書の取りまとめに当たり、米・欧・アジアの比較分析をできるだけ行った。今日、米・欧・日・アジアの一般庶民や政治家が抱える経済・社会の課題や悩みは、表現形態や表現様式は異なっていても基本的には同じであり、それに気づくことが経済社会問題を理解する基本である。なお本書では、発展途上国の直面する個別課題のうち、生活の質・金融・環境・市民参加・女性の参加・セーフガード（不適正業務の自己抑止機能）・地方分権・企業ガバナンス等の諸課題については、紙面の関係から割愛した。いずれも当面の重要な課題である。これらの発展途上国の直面する課題解決のための方策は、成熟の極致にある先進国の課題解決のためにも重要なヒントが与えられているという基本的な視点を持つことが必要である。

最後に本書を書き上げるのに当たり、強調したいことを整理すると以下の3点が重要であると考えられる。

1. 発展途上国と先進国の直面する課題は基本的には同じ

発展途上国経済を見ると、トルストイがアンナ・カレーニナの中で言った「良い家庭はそれぞれ良さについて同じ性質を持っているが、悪い家庭は悪さに関してみな異なっている」といったことが思い出される。すなわち、私の解釈によると、良い家庭とは生計を維持する所得の稼ぎ手機能と子供の面倒を見る家事の担い手機能の双方が必要であり、このどちらか一方でも欠けると家庭はたちまちあらゆる様相の悲惨さと貧困に容易に見舞われやすくなる。

貧困問題は経済・社会・生活・精神等の多方面にわたり人に傷を与え、また人の一生を通じて悪影響を及ぼす。発展途上国数のうち約3分の2は経済社会開発が順調に進まず、人口の約6割は貧困から脱却できない原因は、悪い家庭と同じく①民間部門における既得権産業の優越と新規産業が発達を阻害されていること、②政府部門の行政執行における公私混同と経済社会基盤（特に法律・社会習慣等のソフト・インフラ）が未整備であることにより、草の根レベルの経済社会発展が不可能になっているからである。先進国である日本や欧州諸国は高い経済水準にあるものの、現在直面している成熟を乗り越えて持続的成長を展開する力に欠けている。この原因は民間経済が硬直化・既得権化したことに加え、政府も民間が活動しやすくなるように環境を整備することやセーフティー・ネットを構築することに専念せず民間活動部門に対して経済効率的でない行政介入（規制）や財政金融政策を続けているからである。すなわち先進国経済の成熟に伴って、経済政策手法における先進国の発展途上国化が見られる。換言すれば、発展途上国と先進国は経済水準が異なるものの、今後の持続可能な経済社会の実現が困難であり潜在成長力が低いという観点から見て同種の経済問題を抱えており、したがって同種の政策フレーム・ワークを適用することができると考えられる。すなわち発展途上国に経済協力をすることは、先進国の今後の経済社会の持続性を可能にするためのヒントを得ることにつながる。

2. アジア型や日本型経済発展手法の限界

約30年前にUNCTADは「援助より貿易を」といったが、アジアNIESやアセアンにおける経済開発の成功は「貿易よりも直接投資を」が経済成長のために有効であることを示したといえる。しかし、このような直接投資依存の経済開発手法は手っ取り早いものの、先進国市場への輸出依存型・投資主導型・開発独裁型の成長パターンを余儀なくされるため、内需掘り起こし型・国内市場依存型・国民生活向上型・国内中小企業依存型の成長パターンを取り難くさせる。このため生活の質・社会開発が手抜きされやすくなり、経済成長も10年程度ですぐ飽和に達するため持続的でないといえる。アジアNIES・ASEANは日本以上に輸出指向型の経済開発戦略を取り、日本以上に先進国市場に依存したため、その経済開発パターンがすぐ成熟し、今後の発展パターンを描けないでいる。自国の国民の内発的な需要に基礎を置く国内経済社会の掘り起こしが必要である。

3. 先進国や発展途上国は経済開発のみならず社会開発にも配慮を

発展途上国の経済社会問題は、経済成長が達成できれば7割程度は解決できる。しかしながら、経済成長はすべての問題解決の万能薬ではない。IDT（国際開発目標）のうち特に環境保全（環境）と乳幼児死亡率（公衆衛生）の達成度は1人当たり所得との相関が少なく、成長に伴って悪化する可能性がある。このためこれらの分野については、国・地方・コミュニティによる特別の政策づくりが必要である。すなわち、行政の役割は、経済分野における行政の不介入・法的原則の明確化・周辺環境整備だけでは不十分であり、社会開発分野や社会政策分野における行政の関与と住民の連携が必要である。これは先進国の今後の成長を考える場合も同じである。

平成16年6月

著　者

発展途上国経済読本

目　次

第1章　発展途上国の経済開発の実態

第1節　発展途上国の経済開発概観

1. 戦後の開発成果

第2次大戦後今日まで半世紀以上経過したが、東アジア等の一部発展途上国を除き経済社会開発の成果はあまり上がっていないといえる。すなわち、世界人口は2000（平成12）年で61億人（うち先進国で10億人、発展途上国で51億人）、2002（平成14）年で62億人（うち先進国で10億人、発展途上国で52億人）であるが、この人口のうち1993（平成5）年米国ドル基準ベースで1人1日当たり所得1ドル未満の者は絶対的貧困状態にあり、また1人1日当たり所得2ドル未満の者（1ドル未満の絶対的貧困状態の者を含む）は貧困状態にあると国際社会では認定されている。2000（平成12）年時点においてはその後の物価上昇補正のため、1人1日当たり所得1ドルは1.08ドル、1人1日当たり所得2ドルは2.15ドルと再計算されている。

2000（平成12）年時点において発展途上国の貧困者は28億人おり、世界で約2分の1の者は貧困問題を解決していない。この発展途上国における貧困者28億人に加え、先進国の中でも生計費を積み上げて先進国基準で計算すると約15～20％の者（1.5億～2億人）は貧困状態にあり、これらの者は栄養・教育・医療のサービスが十分受けられず平均寿命が短い。この貧困人口数を見ると、経済成長は貧困を解決する最も確実な手法である等に代表される経済と社会に関する楽観的な見方はかつてそれなりに説得力があるものの、大局的な妥当性には疑問を持たざるを得なくなる。また世界人口の20％しか占めない先進国が世界のGDPの80％を独占しており、しかも戦後半世紀の間、わずかに東アジア等の発展途上国しか先進国にならなかったことを考えると、世界システムのどこかが機能不全であり、おかしいということができる。1990（平成2）年代においては、改革開放路線により中国の貧困者が少なくなり、世界の貧困問題に明るい動きが見えたが、中国以外の他の国では貧困者はほとんど減っておらず、貧困問題が基本的に解決に向かっているとは言い難い。

第１表　人口と貧困者数の推移

		1990 年	2000 年
1. 発展途上国人口		44 億人	51 億人
①貧困人口		27 億人	27 億人
極貧困者*		12 億人	11 億人
貧困者**		27 億人	27 億人
②非貧困人口		17 億人	24 億人
内訳	中国人口	11.5 億人	12.7 億人
	①貧困人口	8.0 億人	6.0 億人
	極貧困者*	3.6 億人	2.0 億人
	貧困者**	8.0 億人	6.0 億人
	②非貧困人口	3.5 億人	6.7 億人
	非中国人口	32.5 億人	38.3 億人
	①貧困人口	19.0 億人	19.0 億人
	極貧困者*	8.4 億人	9.0 億人
	貧困者**	19.0 億人	19.0 億人
	②非貧困人口	13.5 億人	17.3 億人
2. 先進国（貧困の定義は先進国基準で高い）		10 億人	10 億人
①貧困人口		1.7 億人	1.5 億人
②非貧困人口		8.3 億人	8.5 億人
3. 世界人口		54 億人	60 億人

（出所）世界銀行等資料。
（注）先進国については筆者の推計。
* 貧困者：１人１日当たり所得が２ドル未満（2000 年時点では 2.15 ドル未満）の者。
** 極貧困者：１人１日当たり所得が１ドル未満（2000 年時点では 1.08 ドル未満）の者。

戦後半世紀の発展途上国における開発が遅延している原因としては、従来から指摘されてきたことであるが、①開発に必要な経済成長を達するためのマクロ経済の安定性が国際的・国内的撹乱要因のために確保できていない、②経済成長による滲み出し効果があまり期待できない分野に対しての開発は、直接人々の経済社会ニーズに対して向けられなければならないが、それが適正に行われていない、③単一の政策が開発の引き金になるものではなく、総合的な政策が必要であるが、それが十分に行われていない、④制度（組織と習慣の集合体）が硬直的であり、開発が持続するためには社会的に内在して環境変化に反応する人々の集合、社会的制度や社会的プロセスが必要であるが、それに対する配慮が欠けている等が挙げられる。

一言でいうと、開発の進まない国は、①私的利益（利潤追求）と社会的ニーズの充足をうまく結合できる、あるいは結合しようとする企業家が育っていない、②個人の生活社会活動や企業活動の環境整備の役割を果たすべき国家の管理が適正でなく、管理者が腐敗している等の特徴がみられる。すなわち、市場を通ずる経済活動の原則が欠けていることに加え、それを基本的に支える社会的な一体感（社会構成員相互の関与と共感）が欠けている。これは発展途上国だけにみられる特徴ではなく、先進国も容易にこのような状態に陥る可能性があり、その場合先進国の経済も停滞し、また人々の生活社会活動は沈滞することになる。このような経済社会状態に落ち込むことは、発展途上国において開発問題の解決が困難になって今後の開発が遅延するのみならず、先進国においても経済社会問題が発展途上国化して停滞する危険性に常にさらされることになる。

貧困問題の解決がこれまで不十分であったことは、単に貧困問題だけに的を絞った政策を集中すればよいのではなく、開発すべき分野や対象領域も貧困問題を意識して取り組む必要があることを意味する。すなわち、貧困問題の解決のためには、雇用・食糧安全保障・水源確保・高齢化対策・文化の多様性維持・環境保全等の政策を特に重点的に行う必要がある。これらの問題は特に発展途上国の貧困者に対して厳しい影響を及ぼすからである。

第２表　世界の名目 GDP シェア（2002 年、％）

北米（2 カ国）	35.1	CIS 諸国（12 カ国）	1.4	オセアニア（12 カ国）	1.5
アメリカ	32.8	ロシア	1.1	オーストラリア	1.3
カナダ	2.3	アジア（24 カ国）	22.1	中東（21 カ国）	3.1
中南米（33 カ国）	5.3	日本	12.5	アフリカ（47 カ国）	1.0
メキシコ	2.0	中国	3.9	その他地域（19 カ国）	0.3
ブラジル	1.4	韓国	1.5	世界合計（208 カ国）	100.0
欧州（38 カ国）	30.1	香港	0.5	31 兆 7,470 億 US ＄	
（西欧：23 カ国）	28.5	シンガポール	0.3	参考 G7 国	66.9
ドイツ	6.2	インドネシア	0.5	OECD（30 カ国）	82.7
フランス	4.4	タイ	0.4	EU（15 カ国）	27.0
イギリス	4.9	マレーシア	0.3	中国・韓国・香港	5.9
イタリア	3.7	フィリピン	0.2	（参考）台湾	0.9
（中東欧：15 カ国）	1.6	インド	1.6	ASEAN（5 カ国）	1.8

（出所）内閣府、世界銀行等。

（注）「世界合計」は、Worldt Development Indicators 掲載国の合計であり、台湾等の数カ国（地域）は除外されている。

第３表　発展途上国の社会開発指標

	人口（億人）2001 年	年平均人口増加率（％）1980 ～ 2001 年	出生時平均余命	5歳以下死亡率（％）	15 ～ 24 歳文盲率（％）		児童栄養失調率（％）	15 ～ 24 歳女性 HIV 感染率（％）
					男性	女性		
東アジア・太平洋	18	1.4	69	4.4	2	4	15	0.16
欧州・中央アジア	5	0.5	69	3.8	0	1	－	0.41
中南米	5	1.8	71	3.4	5	5	9	0.46
中東・北アフリカ	3	2.6	68	5.4	14	26	15	－
南アジア	14	2.0	63	9.9	24	41	53	0.55
サハラ以南アフリカ	7	2.7	46	17.1	18	27	－	9.34

（出所）世界銀行資料。

第 4 表　主要国の 1 人当たり GDP（2002 年、米ドル）

（OECD 加盟国）		ドイツ	22,670	シンガポール	20,690
ルクセンブルグ	38,830	カナダ	23,300	タイ	1.980
スイス	37.930	フランス	22,010	中国	940
ノルウエー	37,850	オーストラリア	19,740	フィリピン	1,020
アメリカ	35,060	イタリア	18,960	ブラジル	2,850
日本	33,550	スペイン	14,430	香港	24,750
デンマーク	30,290	ニュージーランド	13,710	マレーシア	3,540
アイスランド	27,970	ギリシャ	12,321	ロシア	2,140
イギリス	25,250	ポルトガル	11,660	（参考）	
スウェーデン	24,820	韓国	9,930	クウェート	18,270
オランダ	23,960	（発展途上国、市場経済移行国）		イスラエル	16,710
アイルランド	23,870			ニューカレドニア	14,050
フィンランド	23,520	インド	480	マカオ	14,380
オーストリア	23,390	インドネシア	710	バーレーン	11,130
ベルギー	23,250				

（出所）世界銀行、OECD 等資料。

2. 発展途上国間の格差拡大傾向と開発の意義

1980（昭和 55）年頃から、東アジア等の一部の発展途上国は、世界市場経済化の動きに合わせて、輸出指向型・直接投資受入型の対外開放と設備投資を促進する開発手法を採用し、これが成功して高度成長を実現した。他方、他の多くの発展途上国はこの開発手法を採用せず経済成長も低位にとどまった。このため発展途上国間の格差は拡大し、いわゆる南々問題が顕著になった。さらに事態を複雑にさせているには、①開発に成功して事実上先進国入りしたアジア NIES や一部の ASEAN 諸国は自国市場開発よりも先進国市場依存を強め、これが 1990（平成 2）年代後半以降にはむしろ成長の制約になってきた、②中国・インドが同じ開発路線を歩み始めたが、これが本格化すると先進国市場の成熟商品は発展途上国からの輸入製品でさらにあふれて供給過剰や大不況の発生要因になることが懸念されてきた、③他方、先進国の多国籍企業が関心を持たず、したがって直接投資を行わない圧倒的な多数の発展途上国は、開発が進まなかったり市場のグローバル化を利用できなかったのみならず、グローバル化により発展途上国の経済や経済政策が翻弄され、国民経済や国民生活が乱高下し、またあまり改善しなかった。

すなわち、輸出指向型・直接投資受入型の開発手法は手っ取り早く経済成長を10年程度の期間で実現するのには有効だが、それよりも長期間にわたる持続的な成長を実現したり、広範な発展途上国々民の生活向上や生きがい等を実現して社会開発を進めるためには不十分であることが明らかになってきた。このようにして輸出指向型・直接投資受入型の開発手法をとらない発展途上国は開発から取り残され、また先進国では高い成長は実現しないものの高水準の経済や生活を維持できるため、南北格差はほとんど縮小しない結果となった。

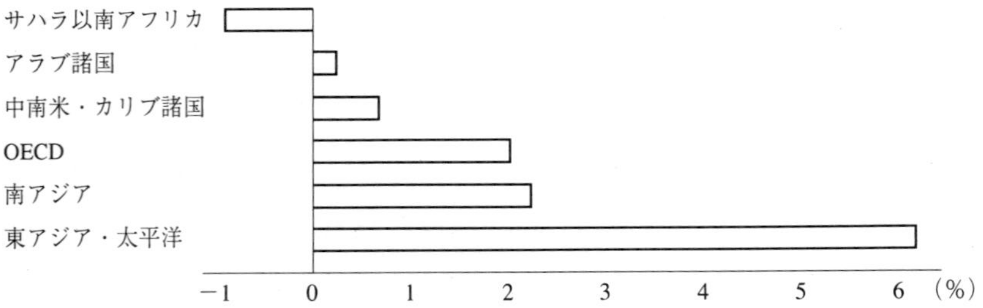

第1図　1人当たりGDPの増加率（1975年～1999年の年平均増加率）

（出所）UNDP資料。

このように新しい世紀の初頭においては、経済成長は多くの発展途上国問題を解決するというかつての主流派の考えでは不十分であることが明らかになり、また現実に解決が迫られている多くの諸課題も発生している。すなわち、戦後50年、特に最近20年程度における開発の実態を踏まえると、以下のような問題が発生しており、これに対処する必要がある。

まず、従来の国家と市場の役割を議論して、単一開発モデル（政策）を追求するという開発手法は不完全であることが多いということである。これに対処するために開発における現実の複雑性を分析して対処することは、実態を分析すればある程度可能である。さらに開発には、時間・場所・環境という特殊な条件を踏まえた対策が必要であることが分かった。例えば、物的投資と人的投資（教育投資）は、経済成長を促進すると一般的に考えられ統計的にも実証できる。しかし、物的投資と教育投資を高めても経済成長が高まらない場合が多くある。また産業政策においても輸出補助が輸出振興に貢献するとこれまで信じられてきたが、実際の分析によると補助金は企業所有者を豊かにしたが経済成長にはほとんど貢献しなかった。すなわち、産業補助金は企業福祉のために役立ったが非常に費用がかかるため、納税者（国民）はわずかな民間企業の支援しかできないことが明らかになった。

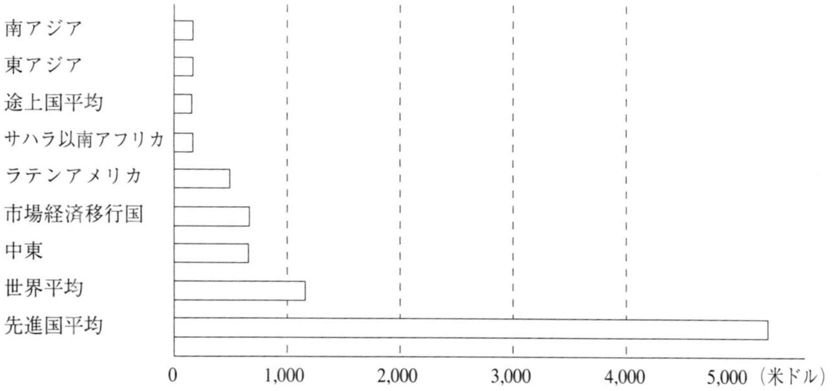

第 2 図　生徒 1 人当たり公的教育費（1997 年）

（出所）UNDP 資料。

他方、東アジア諸国はこの輸出補助を積極的に使い、また輸出信用を優先的に割り当てて、戦後最も力強い経済開発を達成した。また世界における低所得国の 40％の人口を占める中国は、市場開放措置や民営化措置をあまり含まない開発戦略によって驚異的な経済的成功をおさめてきた。中央計画経済諸国が市場経済諸国の成長速度に及ばなかったことは、中央集権的な全面的計画経済は長期的な開発を実現するための生産的な経路ではないことを示している可能性がある。しかし日本・東アジア・中国における経験は、中央集権的ではないかもしれないが、政府介入型開発が 10 年程度の期間に限定すれば高度経済成長を生む可能性を示した。

ブラジルは、輸入代替政策の多業種への適用により1960年代に成長を遂げた。この輸入代替策は当時のブラジルにとっては有効であったかもしれないが、今日のブラジルや他の国にとって有効であるとは言い難い。同様に日本の1950（昭和25）～1960（昭和35）年代、東アジアの1970（昭和45）～1980（昭和55）年代、中国の1980（昭和55）～1990（平成2）年代を高度成長に導いた政策は、その地域特性と時間特性に密接に関係するため、他の国や21世紀における今日の日本・東アジア・中国にとって有効であるとはいえない。このように経済成長や開発の原因には、種々の要因が複雑に絡み、またこの要因が作用を及ぼす方法は時間をかけて変化する。

したがって政策の内容も、①政府や市場の役割における相互補完のあり方を一般的に検討するのではなく、②また一般論から離れて教育・健康・資本市場という限定的な政策分野に対して政策介入することにより開発の契機を求めるものでもない。これらの方法では結局有効な政策づくりにはならない。すなわち、開発とは、①国家統治者や政策当局がもたらすものではなく国民大衆が生み出すものである、②経済成長は開発の重要な一部を占めるが、国民大衆、とりわけ貧困者等の社会の底辺を支える階層にとって生活や社会活動が向上し活発化しなければ、国民にとって意味のある開発とはいえない、③社会の底辺層を巻き込めない開発は結局長続きしないし、経済はすぐ成熟化するため経済成長は途中で停止する。このことは単に発展途上国のみならず、成熟化が進み今後の開発の契機をつかめない先進国についても実は共通する課題である。すなわち開発とは、社会の底辺層を含む社会全体を巻き込む多面的な社会現象・国民運動であり、それが結果として経済成長をもたらす。したがって、経済成長が停滞している発展途上国や先進国は、社会の底辺層を含む社会全体を巻き込む多面的な社会現象・国民運動が発生していないことを意味している。

このため発展途上国の開発問題においても、以下のように開発を広い意味で把握するようになってきた。

第1は、持続可能な開発は多面的な目的を持っていることである。

1人当たり所得を高めることは、開発目的の1つに過ぎない。むしろ生活の質を高めることが最終目標となり、経済成長はこのための中間目標である。すなわち、健康サービス、教育機会、公的活動や公的生活への参加、清浄な環境、世代間公平の方がより基本的な目標である。

第2は、開発政策は相互依存していることである。

現行政権がどのような開発政策を講じようと、政権自体に人気がなければ意味がない。また政策は、①相互に矛盾がなく、②政策を実施すること自体を重視するよりも良好な政策効果が発生することを重視し、③政策インセンティブが逆効果を生まないように注意し、④民間発意を尊重し、⑤大衆参加を促進することが重要である。

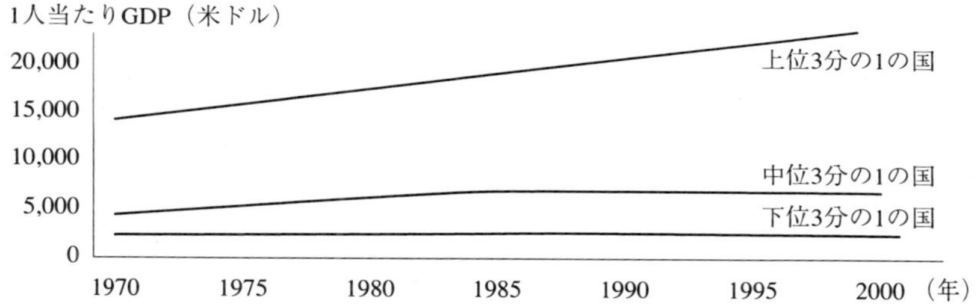

第3図　発展途上国間の格差拡大（国の数を3分類した平均1人当たりGDP）
（出所）世界銀行資料。

第3は、民間活動を促進する政府の支援的な役割である。

政府は開発に重要な役割を占めるが、政府の役割についての基本原則はなく、政府は時間・場所・環境の相異を踏まえて柔軟に役割を果たす必要がある。すなわち、法律に定められた政府の役割は存在するが、それだけではほとんど無意味である。経済活動面における政府の役割は、法的能力、実務能力、開発水準、国際環境等によって変化する。

第4は、政策の形成・実行プロセスは、政策内容と同様に重要である。国民のコンセンサスや参加を得た透明性のある政策は、効果が持続しやすい。また、そのような政策の形成や実行プロセスを可能とする優良な統治組織は、開発にとって極めて重要であり、また市民社会におけるすべての構成員（NGO、労働組合等）の参加を必要とする。

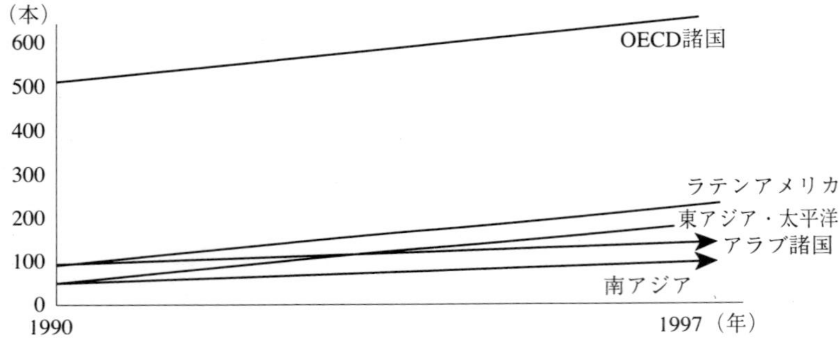

第4図　1,000人当たり電話回線数

（出所）UNDP資料。

3. グローバリゼーションの挑戦

発展途上国の貧困者が特に最近10年間挑戦を受けている大きな問題は、①技術革新・知識の普及、②人口増加と都市への集中、③貿易・資本の自由化の加速と金融面の世界統合、④政治的要求・人権要求の拡大等である 。このうち人口問題等は、徐々に高齢化が進行するため政策を講じやすいが、金融危機等は健全な経済を突然襲うため予防措置があっても対応不能になる。また、発展途上国でも高齢化が急速に進行しているため、先進国と同様に年金問題が顕在化している。さらに地球環境変動問題は、一国では対処不可能であり国際協定が必要である。これらの挑戦に上手く対処できれば開発と人類福祉に多大な貢献ができるが、解決は個別国家の能力を超えているため、解決に失敗すれば世界の不安定と人類の苦難をもたらす。通信技術の進歩は、家庭・工場・金融市場における世界の出来事を瞬時にして知ることを可能にした。また、①経済のサービス化・情報化は情報の交流を盛んにし、②輸送網と輸送技術の改善は輸送費用を軽減した。多国籍企業は多くの国にまたがるサプライ・チェーン網を作り、原料調達・生産・販売面における世界的な効率性を極大化する目的で活動を行っている。同時に世界的視野に基づく世界各地における消費者の選択は、世界各地の供給者に影響を与えている。

他方、教育水準の向上・通信革新の進展・計画経済諸国の経済失敗等は、コミュニティ化・地域化の推進をもたらしており、国家はこれへの対応に迫られている。すなわち、より多くの国家は民主主義を採用し、また国家のみならず地方自治体においても選挙が行われようになった。これに伴い行政権限や税収も国家と地方自治体の間で配分されるようになり、また人々は政治改革･環境保護･男女平等・教育改善等のために NGO を組織した。

このようにグローバリゼーションと現地化（localization）の進行は、積極面および消極面双方にわたり強い影響を及ぼしている。グローバリゼーションは、市場アクセス・技術移転（すなわち生産性向上と高い生活水準への約束）という機会を生み出したが、不安定性と歓迎されざるインパクトももたらした。すなわち、労働者は輸入品との競争にさらされ失業し、外国資本に翻弄されれば銀行活動や一国経済が管理不能になる。これに比べて現地化は、意思決定への参加、人々自身の生活設計の機会提供になるため推奨される。国家権限を分散することにより、選挙民に近い地方自治体において選挙民による意思決定が多くなるため、責任ありかつ効率的な統治が促進される。他方、現地化が進み住民の要求により地方政府の公債借入増加・支出過大傾向が続くと、結局中央府が救済することになるためマクロ経済は不安定になる。このように良くても悪くてもグローバリゼーションと現地化が進んでいるため、開発政策においてもこのことへの配慮が不可欠になる。中央政府は開発の最終的責任があるとしても、開発のための政策や組織づくりにおいては、中央政府の機能を国際レベル（国際機関）と地方レベル（地方政府やコミュニティ）に委譲することが持続可能な開発を実現するために望ましい。

グローバリゼーションの課題には、以下のものが挙げられる。

第 1 は、発展途上国、すなわち経済小国の特性を考慮する必要があることである。

発展途上国は、グローバリゼーションに直面して欲求不満に陥ることが多い。しかしグローバリゼーションにうまく適合することができれば、もともと発展途上国は国内資源の不足・国内市場の狭隘さに悩んでいるため、経済大国と比べて相対的に大きな利益を得ることができる。他方、発展途上国は世界経済の撹乱効果により強く影響を受けるという弱点を持っている。とりわけ発展途上国がブラジル等の大国でなくバングラデシュ等の小国である場合には、大きな影響を受ける。また環境問題については、①国内問題である限り排出基準の設定等により環境管理できるが、②気候変動等の地球環境問題に対しては、発展途上国間で協力して国際協定の策定等に努力しなければ、解決不可能である。

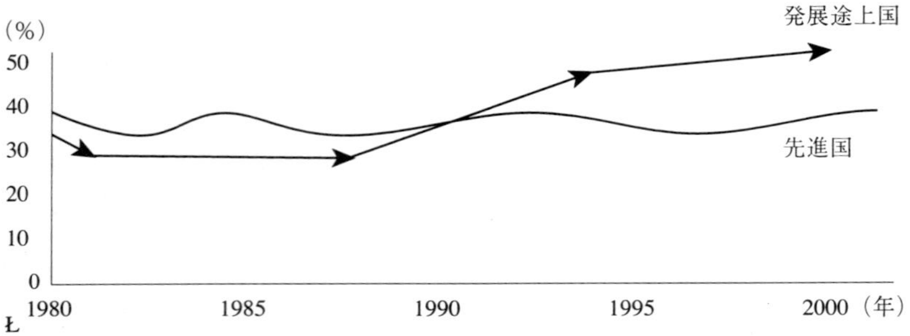

第５図　（輸出＋輸入）のＧＤＰ比

（出所）世界銀行資料。

第2は、国際貿易である。

1980（昭和55）年代後半以降、国際貿易は国内経済よりも強く増加し、それが今日まで続いている。この傾向は先進国よりも発展途上国の方が強いため、発展途上国は貿易を通ずるグローバリゼーションの恩恵に浴しているといえる。すなわち、貿易拡大により、輸入面では競争促進・消費者の選択範囲の拡大が実現し、輸出面では外国市場の利用により国内輸出業者に利益をもたらしている。さらに、貿易によって発展途上国の国内企業は世界的に優れた企業の商慣行に接したり、外国消費者の高度の要求に応える機会を与えられる。また、貿易により外国設備機械の導入が可能になり、生産性を向上できたり、資本・労働を再配分して高い生産部門に資源配分することができる。さらに、先進国が生産資源を発展途上国に移すことにより、発展途上国は成長の機会が与えられる。

1995（平7成）年にGATTの上にWTOが設立されたことは、財貨のみならずサービスにおいても国際貿易の機会が拡大したことを意味する。具体的には、以下を指摘することができる。

①今後の貿易交渉（新ラウンド）を成功させるためには、貿易自由化に関係するより広範な諸問題を扱う必要がある。WTO新ラウンドを開始させる1999（平成11）年末のシアトル会合は失敗した。しかし先進輸入国の農産品についての貿易障害を除去できれば、発展途上国の農業に基礎を置く開発に多大な貢献ができる。サービス貿易は、情報通信技術の進歩に支えられて今後の成長産業であり、発展途上国においてもサービス産業化が進んでいるためサービス貿易自由化は利益があると考えられる。

② WTOの加盟国は、WTO制度をもっと活用する必要がある。貿易障害措置を低水準に保つことを義務づけられてもよいと考えるWTO加盟国は、WTOに関税率を登録すればそれが国際義務になる。紛争解決のためのWTOのパネルも、国内裁判に準じた強力な解決手段となった。多くの国が国家目標を追求する障害としてではなく、国家目標を追求する手段としてWTOを利用すれば、WTOの問題解決能力は高まる。

③公的政策は、貿易自由化によって失業する労働者の困難に配慮する必要がある。多くの労働者は失業の発生や賃金引き下げを貿易自由化・規制撤廃・構造改革のせいにしており、これは当たっている場合もある。この場合、労働政策・社会保障政策が十分用意されていれば、貿易自由化等に反対する力を和らげることができる。

④現行WTO規定で許される貿易制限措置でも、貿易制限的効果の強い政策の発動は問題がある。反ダンピング法はWTOで認められており、輸入品価格が輸出国国内の公正価格以下では売られないことを保証するものである。しかし反ダンピング法は、輸入障壁・市場アクセス妨害・自由貿易利益の削減等に容易に結びつく。これに対処するためには、国産品・輸入品・輸出品を同一の基準を適用することが考えられ、例えば、独占禁止法の優越的地位の濫用による価格差別条項等を発動すればよい。すなわち、独占禁止政策による通商政策の吸収である。

第3は、国際金融である。

国際金融における資金の流れは、1990（平成2）年代後半では貿易よりも急速に増大した。国際金融の流れは、①海外直接投資、②海外証券投資、③銀行貸付、④政府開発金融に分けられる。海外直接投資は企業・工場の所有権の取得であり、海外証券投資は債券取得や株式取得（相手先会社の資産を所有することにならない僅かな株式取得に限る。）である 。1990（平成 2）年代後半以降、海外直接投資・海外証券投資・銀行貸付が急増した。これは、アメリカの経済繁栄とハイテクノロジー高度化、欧日の経済停滞を背景にして、欧日からアメリカに膨大な資金が流出したためである。

国際資本の移動により、資本流出入国の経済は通常利益を受ける。流出国（投資国）は、投資対象が拡大することによりリスク分散と高収益確保が可能になる。流入国（受入国）は、設備投資の増大・経営管理や教育訓練技術移転の利益を受ける。このように資本流出入に伴い、供給者と世界市場との新結合が生まれる。しかし国際資本の移動は、特に変動しやすい短期資本の移動による場合には、発展途上国にとって危険でもある。すなわち、投資家心理の急激な変化・投機の波による為替レートの急激な変動は、銀行と企業を危険にさらして経済を破綻させる。しかし国際資本移動を抑制することは不可能であり、また望ましくもない。このため、国際資本移動が発展途上国にとって障害とならず、できるだけ利益をもたらすように政策や制度を整備することが課題である。

すなわち発展途上国は、銀行部門の改革・資本市場の育成を行う必要がある。投資信託、年金基金、株式・社債市場の直接金融制度の未成熟は、行政的規制の簡単な間接金融制度を発達させて銀行を主要な金融仲介者にした。この強い銀行規制制度は、開発の初期段階においては金融政策として十分効果が出る便利なものである。銀行規制制度は、銀行の設立・サービス提供の内容・自己資本の水準・情報公開の範囲を規制することにより、銀行のリスク負担を小さくして利益を保証するものである。もしこの規制水準が守られない場合には、規制当局は銀行に介入する。しかし、国内金融部門が発展し、債券・株式・他の金融商品が拡大すると、直接金融と間接金融との間で競争が発生する。金融部門におけるこの競争により、銀行と顧客の双方に変化が生じた。なお国内銀行部門が規制に守られているときに外国銀行が参入すると、高度なリスク管理基準・規制手法・管理者等が外部から導入されるため競争が激化し、これに対処するための規制が一時的に強化される結果、国内銀行が保護されることが多い。

発展途上国の銀行は、①国際金融市場から 1 通貨（ドルや円が多い）だけで短期資金を調達し、②この調達資金を国内通貨建てで長期資金として国内に貸し出す。このため銀行は、①国際金融市場の資金が枯渇した場合、この短期資金が回収されるリスクを有し、②さらに国内通貨の為替レートが下落する場合、貸出資産が大幅に減価するリスクも有している。この 2 つのリスクはある程度ヘッジできるが、基本的には、①まず外国からの短期資金調達額を量的に制限する、②短期資金調達額全部を生産設備購入のために使用するのではなく一部を未使用のまま留保すれば、短期資金調達コストが上昇するため結果的に短期資金調達量が抑制される効果が生まれることに留意する必要がある。

また金融が世界化した現状を前提とすれば、発展途上国は長期外国資金の良き滞留場所になるように環境整備する必要がある。このため、①投資家の権利と規制についての透明性を高め、②海外投資家・国内投資家の取り扱いや保護を平等にした法制度を整備し、③マクロ経済における基礎条件（ファンダメンタルズ）を適正化し、④人的投資による人材育成等を行うことが必要である。もしこの投資環境が整備されていれば、国際経済に異変が発生しても、なだれを打って全部の外国投資家が資金を引き上げることはなくなる。また国際金融機関は、発展途上国が金融の安定・金融投資の受け入れを促進することを支援している。まずバーゼル協定は、銀行の会計基準に関する国際協定のモデルとなった。また IMF は、経済動向の監視・流動性問題を解決する救済融資の調整を行い、金融危機の厳しさからの軽減を図っている。なお貿易面に関する WTO の諸協定も、金融危機が貿易における近隣窮乏化（保護貿易措置の適用）に結びつくことを防止している。世界的または地域的なマクロ経済政策を議論する国際会議も、経済困難時において近隣窮乏化による解決を図らないような役割を果たしている。

第 4 は、地球環境問題である。

一国経済が世界経済に飲み込まれ、一国だけの力だけではどうしても管理できなくなったのと同様、環境問題も国境を越えて発生しており、国際協力をしなければ解決不能になっている。低開発発展途上国の中には、環境問題により持続不可能な状態に陥ったものもある。気候変動（温暖化）は海水面を上昇させるため、バングラデッシュのような低地国家を水浸しにする。この問題は1国家や地域国際機関では解決できず、全世界的な取組みが必要である。温暖化ガスの発生については、先進国が基本的に責任を有するが、発展途上国においても近年発生量が急増しているため、今後の発展途上国の開発に大きく影響を与えることが予想される。、

1987（昭和62）年のモントリオール議定書により、クロロフルオルカーボンの排出量を削減し、オゾン層の破壊を防止したという成功例を人類は既に体験している。1980（昭和55）年代において、科学者はこのままの排出が続くと高緯度地方の紫外線が強まり、皮膚がん・失明・環境被害が発生すると警告した。モントリオール議定書やその後の追加協定によってクロロフルオルカーボンの生産量は急減し、オゾン層の減少は止まった。モントリオール議定書が成功した教訓として、以下がある。

①環境被害のリスクに関する科学的分析を公開し、力強く大衆に情報をさらす必要がある。すなわち、環境被害のコストが大きいためすぐ行動を取るべきであると、世界の人々と国家が信念を共有するに至ることが重要である。

②現状を変更する政策案は、技術的に蓋然性が高くかつ費用が膨大でない必要がある。この結果、すべての国が国際協定に参加する意思を持つようにすることが重要である。

③この場合高所得国が低所得国が国際協定を遵守する費用を負担し、また国際協定に定めた規制基準を守らない国に対して何らかの制裁を課すことが有効である 。

④地球問題については単独の解決手段が効果的であることはまずあり得ないため、規制基準は弾力的である必要がある。

世界は、共通資産ともいうべき地球環境を脅かす次のような問題をまだ多く抱えている。①炭酸ガス排出増加による気候変動、②生物多様性の急速な喪失、③砂漠化、④魚類資源の枯渇、⑤残留性有機化学汚染物質、⑥南極生態環境の脅威等である 。

気候変動と生物多様化問題については、オゾン層破壊問題よりも複雑である。

生物多様化条約と気候変動条約の議論は、1992（平成4）年のリオデジャネイロにおける地球サミットで開始され、1997（平成9）年の京都議定書採択により一里塚に到着した。また地球サミットに基づき、国連開発計画・国連環境計画・世界銀行が共同して地球環境推進母体（Global Environment Facility：GEF）を発足させた。GEFは、発展途上国の開発プロジェクトが地球環境問題（気候変動、生物多様性の喪失、国際水域の汚染、オゾン層破壊の4つに限る）に配慮することにより、追加的費用がかかるとき、補助金または低利融資を行うものである。なお国家も、国内の福祉を増進し地球資源を保全するために行動することが必要である。燃料補助金を廃止し公共交通機関を整備することは、個別国民レベルの利益になるばかりでなく、地球の二酸化炭素を削減するため全世界にも利益となる。

4．地域化の挑戦

このように、グローバリゼーションは個別国家の注意を国境を越えた事件・勢力関係・意見に向けさせるが、他方地域化は個別国家の注意を国内の諸集団・コミュニティにおける意見や希望に注意を向けさせる。地域化に関し、以下の2つの課題が近年顕著になっている。

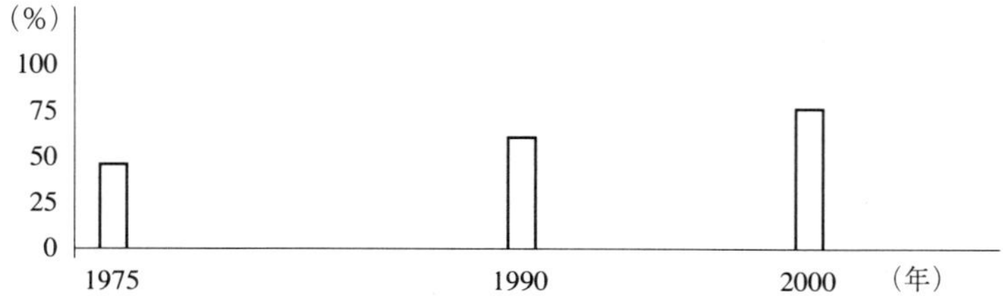

第6図　民主主義を採用する国家の割合

（出所）世界銀行資料。

第1は、政治的多元主義と分権化である。

地域化は世界全体に発生しており、政治的多元主義と地域の自主決定の原則を生んだ。この地域化の帰結は世界における国家数の増大であり、かつての一国家内における多様な地域は独立して新しい国家となった。また他の帰結は国家による政体の選択であり、1975（昭和50）年において民主主義を採用した国家数は全体の3分の1以下であったが、今日では60％以上に達している。人々が自身に関係する政策決定に参加することは、生活水準を改善する基本要素であり効果的な開発のために不可欠である。他方地域化に対する人々の政治的反応や期待は、地域化の実施過程における条件の相異によってプラスの場合とマイナスの場合がある。

国家が分権化を推進する場合の教訓は、以下のとおりである。

①分権化は政治的に動機づけられる必要がある。分権化の目的は、多くの集団を公式な場に集め、かつ原則に則って交渉することであり、すなわち政治的安定を維持し暴力のリスクを削減することにある。現に発生した政治的不安定や暴力を避けるために分権化の推進が現実に必要である場合が多く、そのとき分権化をすべきか否か議論することは問題から外れており、どのように分権化を実施するかが問題の焦点になる。

②分権化戦略に成功するか否かは、意思決定を行う関係者すべてが分権化過程を全部掌握しているわけではないために、複雑である。分権化は、現行統治体制を変更し、新たな政治・財政・規制制度・行政組織を確立することである。単に地方選挙を認める決定をするだけでなく、選挙民が利用できる選挙制度・政治行動原則の選択肢を具体的に用意できることが重要である。また、教育等の行政責任を地方自治体に権限委譲する決定だけではなく、(i) どのレベルの行政体が教育に関する財政支出を負担するか（とりわけ貧困地域）、(ii) どのレベルの行政体がカリキュラムを作成し、教材を用意し、学校を毎日管理（教師の任用・昇進・解雇等）するのかを決定する必要がある。さらに、公平性を犠牲にした分権化が実施されないように、(i) 地方自治体に対する国家収入の無償移転制度、(ii) 地方財政収入を補完するための中央・地方財政移転制度、(iii) 地方自治体の借入に関する管理制度等が必要である。これらの制度づくりに当たっては、地方自治体が行政責任を果たすような能力開発を進める必要がある。

③改革の諸要素は、一時期に集中して行われる必要がある。分権化を急ぐ政治的要請がある場合、中央政府は地方政府に対して早急に権限を委譲して地方選挙を急がせるが、これは安易な解決である。むしろ中央と地方の間における（i）新しい権限関係の分担、(ii）行政財産や職員の分割をすることの方が長期間かかり困難な仕事であるがより重要となる。同様に、これまで単年度予算主義に基づいて中央省庁間の予算配分していた制度を変更し、中央・地方政府間の財政収入と財政支出を配分する制度を推進するという困難な仕事も残っている。

④中央省庁は、当初から中央・地方政府間の関係に関する新しい原則を示す必要がある。この原則は前例となり、将来における期待をもたらすため重要である。新しく分権化した国家の中央政府にとって最も重要な前例づくりは、中央政府の予算制約を厳しく認識させることである。地方政府は、地方政府の支出超過があっても中央政府に対して財政支援を要請せず、地方税の納税者や地方の政治家が調整コストを負担すべきことを認識すべきである。

第2は、都市化の流れである。

世界人口の多くが、農村から都市に盛んに流出しつつある。1975（昭和50）年において世界人口の40％以下が都市に居住したが、2025（平成37）年には60％が都市の人口となると予想される。また2025（平成37）年には世界の都市人口のうち、90％近くが発展途上国の都市に住むと予想されている。このため1950（昭和25）年には世界の100大都市のうち41都市が発展途上国に存在したが、1995（平成7）年には64都市に増大し、2015（平成27）年には80都市に増大することが予想される。

都市を支援して経済の近代化を図るため、農村地域に課税したり農産物価格を抑制する発展途上国がある。これとは逆に、都市貧民の増大を防ぐため農村から都市への人口移動を抑制し、移動許可制を採用する発展途上国もある。しかし、これらのいずれも政策効果は生まれなかった。個人がインセンティブに基づき移動するのを妨げる政策は通常失敗するが、この理由は政府が個別の家計や企業の立地を決定する適性や能力を有しないからである。このため政府の役割は、都市･農村双方が満足する開発基本政策を策定することくらいである。それでも開発に伴い都市化が進行するが、これに対しては別途個別都市に応じた政策を講ずることが妥当である。

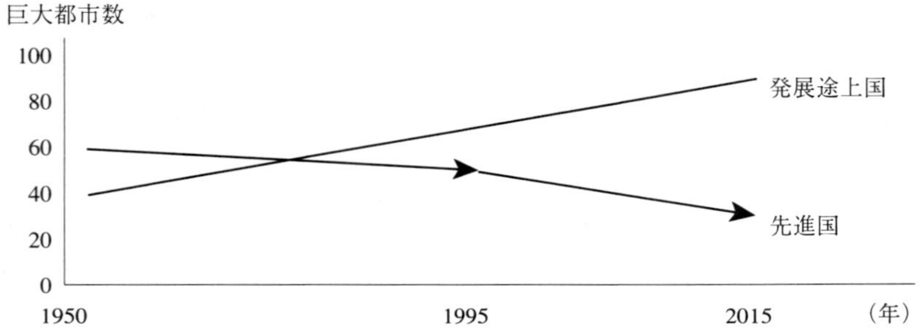

第７図　世界の 100 巨大都市の分布

（出所）国際連合：World Urbanization Prospects.

地方政府は、経済成長を促進する場として都市づくりをすることができる。このためには基礎的な基盤整備、すなわち水道・衛生・道路・電話・電気・住宅等の投資を十分行う必要がある。地方政府のうち、住宅建築・小規模都市基盤整備・公益事業整備のために民間部門と協力するものが増大した。それでも地方政府は、農村から都市への人口移動が続く間、資本投資をするために財源を自ら用意しなければならない。民間資本市場は有力な資金調達先であるが、これを利用するためには法的整備や中央政府の保証等が必要である。また土地利用計画は重要な計画手法であるが、その土地の特性に応じた柔軟な運用が必要である。都市整備に当たっては、経済水準が都市サービスを改善できるような高所得水準になるまで都市整備の時期を遅らせる必要はない。

貧困撲滅は中央政府の責任であるとよくいわれ、中央政府は社会保障政策を通じてこのために大きな役割を果たす。しかし貧困者にとって最も重要なサービスは水道･医療･教育･公共交通等であり､これらは地方における貧困者のニーズに効果的に対応しなければならず、地方政府レベルの管理に任せることが最適である。また、低所得の経済水準でも地方政府等が良好な都市サービスを提供した革新的制度の例があるが、それには以下のような政府と民間の協力が必要である。

①住宅

民間開発業者・ボランタリー組織・地方自治体・NGO の協力が進んでいる。この場合公的部門は、所有権、金融・補助金、建設規制・基幹的基盤整備を担当する必要がある。

②水道

巨大都市では水道業者は民間業者に移行しつつある。ブエノスアイレス・ジャカルタ・マニラ等では、公的水道から民間水道に交代した。この場合における政府の役割は、水道業の規制と競争促進である。

③廃棄物処理

地方政府は、都市全域の廃棄物処理を行う財政的余裕がない場合が多く、この場合地方政府は、NGO と協力して実行可能な解決方法を実行し将来につなげることができる。

④交通

市民教育や住民協力により大気汚染を削減することは重要であるが、土地利用の観点からは都市の建設を公共交通路線に行って効率的な交通回廊を建設した方が、環境対策の観点からもはるかに効果的である 。

5. 開発戦略の展開

1980（昭和 55）年代以降の開発動向の特徴は、①東アジア等の一部の発展途上国は、先進国から多国籍企業を導入することにより先進国の市場をめざした輸出指向型の経済成長に成功したが、これは先進国内の成熟産業の混雑化をもたらし先進国経済を減速させた、②これに比べ他の多くの発展途上国は経済成長が遅延して貧困問題がほとんど解決せず、戦後 50 年以上経過したが、世界経済から引き続き取り残された状態が続いている。

このため今後の開発に当たって、以下について配慮する必要がある。

第 1 は、開発における総合性の確保である。

開発政策は残された課題である貧困撲滅のための総合的取組みであり、①開発課題を主要目標に集中する、②政策の総合性を強調する、③持続可能な開発を実現するため制度的手続きを強化する、④開発努力を総合調整する能力を高める等が重要視される。すなわち開発過程において直面する諸問題は一緒に計画され、また最良の成果を得るために（より現実的にいうと何らかの成果が生まれるために）調整されなければならないという必要性が認識されるようになった。学校建設に例を挙げると、物理的に校舎建設が完成したこと（教育のinput）は単なる出発点に過ぎない。必要な生徒数に対して必要な授業時間を確保し（教育のoutput）、その結果教育水準を上昇させ（教育のoutcome）、その地域の貧困を削減したり経済社会水準を上げたり民主主義を発展させる（教育のimpact）ためには、先生の選択・訓練・報酬確保や教科書・教材の準備等に努力する必要がある。

教育のみならず、民営化計画・社会保障・エネルギー供給計画もこれと同様である。これら多く分野においても、各プロジェクトやそのプロセス推進事業相互間の補完性を確保することが極めて重要である。政策の総合化は、開発における人的資源・物的資源・分野別側面・構造的側面の相互因果関係を強調することにより、これらの相互補完性を明確にすることである。開発における人的資源・物的資源の重要性はよく知られている。開発の分野別側面とは、各プロジェクトに横断的な分野を調整し、管理し、民間企業やコミュニティが主導的になれる効果的環境を維持すること等である。開発の構造的側面とは、よき統治、意思決定の透明性、法的・裁判手続きの効率性、適正な規制制度等である。このように、持続可能な開発の基盤として原則を明確化し手続きを重要視すべきであるという主張は、新たな開発思想の主流になりつつある。さらに性の平等という側面は開発の中に組み込まれる必要があり、またマクロ経済の安定も開発が成功する必要条件である。これらの側面が個別の国の開発過程でどのように重要視されるかは、開発の時期と場所等により異なる。すべての国はニーズの特定と優先順序づけにより、経済や政府の弱点を明らかにし、開発を十分行うための障害となる制度的欠陥を明らかにする必要がある。

第2は、制度づくりと開発への参加協力者（パートナー）づくりである。

開発を効果的に行うためには、中央政府や地方政府等の政府の各レベル・民間企業・資金提供者・市民社会等による参加協力関係が必要である。開発総合戦略は、政府の1レベルや1資金提供者だけでは対処できない広範な内容をもっている。中央政府は、多くの当局や機関が開発のボトルネックを除去するために業務を調整すべきことを指示する必要がある。このように効率的な機関と能力をもった制度をつくることは、開発の前提となる必要条件である。

この場合制度とは、①個人や機関の行動、②関係者の相互作用、③参加者間の交渉を統治する規則を意味している。国家は、①法律・規則により、②また国際条約や官民間の協力のように多くの行動者を調整することにより、機関を強化し良好な統治を促進する制度を必要とする。規則に基づいた手続きは、①政策が望ましい成果を生むように設計されることを確保するとともに、②政策を実施する機関の透明性を増す。

先進国経済と同様に発展途上国経済がグローバル化と地域化にさらされると、これに対応して新しい制度が必要になる。グローバル化の進行により国家は、他の国家機関・国際機関・NGO・多国籍企業から超国家組織に至るまで参加協力者として同意を得る必要が出てくる。また地域化の進行により、国家は地域・都市から準国家組織に至るまで同意を得る必要が出てくる。例えば、税収増加を図ろうとする場合には、責任分担に関する問題が発生する。このようにグローバル化も地域化も、単一の国家だけの管理を超えた対応を必要とする。このように国家の役割を制約・抑制・再定義する環境下にあっても、国家は開発政策を策定する中心的役割を引き続き果たすことになろう。

第2節　アジア発展途上国の経済開発

1. 大規模人口と経済社会の多様性

アジア諸国の特徴は、人口規模・社会・宗教・文化・政治形態・経済発展段階いずれをみても多様性が強いため、1つの開発政策や開発理論に基づきすべてのアジア諸国に対して共通の開発戦略を適用することはできない。大きく分けるとアジアは3つに分類できる。1人当たり所得水準でみると、①人口数の少ないアジアNIESの所得は先進国に準じて高く、②人口数が中位にあるASEAN諸国の所得はやや高い水準にあり、③人口数の多い中国・南アジア諸国の所得は低水準にあり、開発の遅れた発展途上国の状態にあるといえる。

第5表　アジア諸国の概要（2002年）

	NIES	ASEAN	南アジア
1人当たり所得 （米ドル）	シンガポール　23,090 韓国　16,480	マレーシア　8,280 フィリピン　4,280	ネパール　1,350 バングラデシュ 1,720
人口規模（100万人）		シンガポール　4 韓国　48	マレーシア　24 フィリピン　80
農業	シンガポール・香港は都市国家でわずか	低所得水準・人口多数になるほど農業の重要性が高まる。1億人以上の国では栄養状態が劣悪である。 1970年代「緑の革命」により高収量化を実現した。	
教育	1970年代韓国の高成長の背景に中等教育の向上がある。 シンガポール・香港は海外留学が多い。	他地域と比べれば初等教育就学率が比較的高い。	初等教育就学率が比較的低く、途中退学率が高い。 イスラム圏では社会意識を背景に女子就学率が低い。

（出所）世界銀行・内閣府資料等。

アジア諸国では、従来から高出生率・高死亡率を経験していたが、衛生・医療が普及したために死亡率が低下し、戦後人口爆発を経験した。近年アジアNIESとASEAN諸国は、所得水準の上昇とともに育児と教育に経費をかけるようになり出生率が低下した。しかし、南アジア諸国は所得水準が低いため、①避妊は費用がかかる、②児童を労働させて家計の足しにする目的もあり出生率は高い。とりわけイスラム諸国は、宗教上の理由で女性差別や女性の出産選択・避妊を認めない社会習慣があり、出生率は高い。

2. 開発の発展経路

アジアの経済開発動向は、以下の道を歩んだといえる。

第1は、植民地時代に形成されたモノカルチャーによる一次産品輸出が、1960（昭和35）年前後まで続いたことである。

戦前のアジアは、欧・米・日の植民地であったため、旧宗主国の資本・技術を導入して旧宗主国の需要する一次産品（工業原材料・食糧等）をプランテーションで生産し、それを旧宗主国に輸出した。この状況では、①国際貿易面で輸出入先は旧宗主国と植民地の間に限定されるため、競争や工夫が発生する余地がない、②アジア諸国の国民が望むものを生産しないためアジア諸国の国内市場が拡大しない、③国民福祉が向上しない、④国内企業に利益が蓄積しないため経済成長は不可能であった。例えばマレーシアやインドネシアは、イギリス・オランダ・日本の植民地支配により、錫・天然ゴム・石油等の一次産品の生産に特化した。これらの一次産品を国内で工業製品化することは認められず、また国民が必要とする工業製品を国産化することも許されず、旧宗主国から輸入するよりほかにしようがなかった。

なお19世紀後半～20世紀初頭において、ラテンアメリカ諸国ではより積極的な工業化戦略が取られた。これは伝統的な一次産品輸出により外貨を獲得し、これにより先進国から機械・部品・工業原材料を輸入して国内の工業化を果たそうというものである。しかしアジアの政治的独立は第2次世界大戦後になってはじめて実現し、このときアジアの一次産品の生産に対して先進国は工業代替品の生産を一般化させてきたため（天然ゴムと合成ゴム、天然繊維と合繊繊維、錫・木製品とプラスティック製品等）、一次産品に対する先進国の需要は弱かった。また先進国は国内農業の保護・食糧自給率の上昇に努力したため、発展途上国は食糧輸出も抑制された。

第2は、概ね1960（昭和35）～1970（昭和45）年頃における輸入代替工業化の進展である。

前述したように戦後すぐのアジア経済は、食糧や一次産品の生産国といえるが、食糧や一次産品の輸出国であるとは必ずしもいえない。一次産品輸出による外貨獲得を当てにした工業化の推進が困難なアジアが選択した戦略は、保護主義的な輸入代替工業化である。輸入代替工業化は、①工業原材料・機械の輸入を奨励し、②工業製品（完成品）の輸入を高い関税障壁・数量制限等により抑制すれば、工業製品（完成品）の国産化が容易に実現する。この場合発展途上国の輸入品は、工業製品から工業原材料等に代替するため「輸入代替工業化」といわれる。国内の工業技術水準が低く、国内市場が小さく、国内価格が高くても、外国からの工業製品の輸入を事実上禁止するため、見かけ上輸入代替工業化は常に簡単に成功する。しかし、①工業原材料品等を安く輸入する目的で国内為替レートを高く維持するため輸出競争力がなくなり、②また国産による工業化を支援する目的で政府系銀行や中央銀行が政策的融資や低金利政策をとるため、資源配分のロスやインフレーションが発生しやすくなる。要するに、輸入代替工業化は政府の介入政策により簡単に達成され見かけ上、工業化率は高まるが、これは非効率な工業化であり国内市場が飽和するとそれ以上の自立的工業化は不可能である。他方発展途上国の輸出品を伝統的な一次産品輸出から工業製品輸出に交代（代替）する「輸出代替工業化」は、外国市場で外国企業と厳しい競争に打ち勝って初めて実現するため、政府の介入や指令はほとんど役立たず、もっぱら国際市場における需要者のニーズに応える努力を継続できる企業の能力が意味を持つ。

国別の動向を見ると、①フィリピンでは、アメリカ企業と国内財閥の経済力が強いため他のアジア諸国より早く1950（昭和25）年代半ばから輸入代替工業化を進め、②タイでは、ベトナム特需に支えられ1960（昭和35）年代半ばまで国内景気がよく、これに呼応して流入した外国資本が輸入代替工業化を進め、③マレーシアでは、1960（昭和35）年代になって外国資本により繊維と電気機械の輸入代替工業化が進み、④インドネシアでは、膨大な人口を背景に1966（昭和41）年スハルト政権が民間企業主体の意欲的なフルセット輸入代替工業化を進め、⑤韓国・台湾では、1960年代半ばまでは輸入代替工業化が進み、⑥香港では、政府の不介入政策により輸入代替工業化政策がとられず、⑦シンガポールは、都市国家であり市場が狭隘なのでごく短期間だけ輸入代替工業化政策がとられたが、輸入代替工業化はすぐに成熟した。

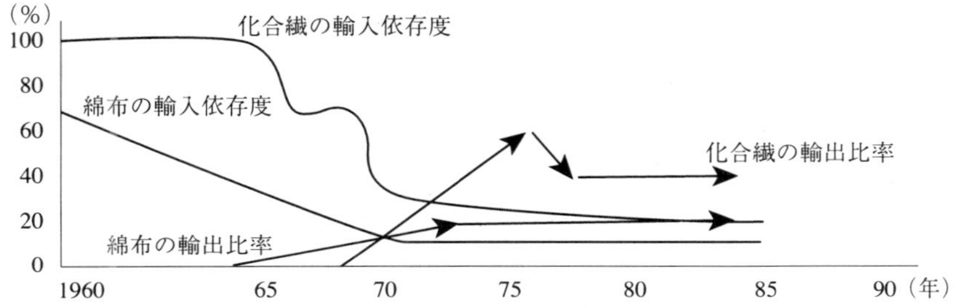

第8図　タイにおける綿布・化合繊の輸入依存度と輸出比率

（出所）内閣府資料。

第3は、1960（昭和35）年以降における輸出代替工業化の進展である。

輸出代替工業化とは、工業化に伴い輸出品が伝統的な一次産品から工業製品に代替することであり、輸出代替工業化と輸出指向工業化はほぼ同じことを意味する。輸入代替工業化が輸出代替工業化へ移行することは極めて難しい。これまで耐久消費財を中心として輸入代替工業化政策をとる場合、①工業製品輸入に対する保護的輸入障壁、②製品化の程度が向上するたびに高くなる傾斜的保護関税、③工業原材料輸入価格を低くするための高い自国為替レート、④工業品の国産化を促進する低金利政策等による支援策が同時にとられてきた。輸出代替工業化に当たってはこれらの支援策を廃止し、国内産業が世界市場で競争力できるように規制撤廃・市場の自由化を進める必要がある。しかしながら、輸入代替工業化過程でとられた国内産業保護政策は既得権化して企業利益の源泉と化し、またこの企業利益は政官民癒着の核心となっているため、廃止し難い。これを打ち破る者は、①国内工業製品の高価格に不満を持つ企業家や消費者、②輸入代替工業化による国内市場の成熟化と低成長化に直面し、打開を求める革新的企業家やこれに同調する一部の政治家・官僚である。

アジアNIESは1960（昭和35）年代半ばに輸入代替から輸出代替に転換したのに比べ、ASEANが転換したのは1980（昭和55）年代に入ってからである。アジアNIESは、①人口が少なく国内市場が小さいため市場の大きな先進国への輸出をめざした、②低技術工業品では ASEAN にキャッチ・アップされ、加工度を上げざるを得なかった。このため、①市場自由化を推進し、②先進国との比較で競争力のある労働集約財の工業化を進め、③輸出促進政策を実施した。

他方 ASEAN は 1960（昭和 35）～ 1980（昭和 55）年代において、①輸入代替工業化に必要な設備・原材料・技術は先進国から輸入したため労働節約的工業化となり、製造業の雇用吸収力は弱く過剰労働力問題は解決しなかった、②最低賃金制等の適用は労働行政の執行力不足から外資系企業の所有する近代部門のみとなり、このためこれらの輸出競争力のある製造業はますます労働節約的になり雇用吸収力の高い製造業化は進まなかったため、結局工業化は十分成功しなかった。これに気がつき ASEAN は 1980（昭和 55）年代に入り輸出代替政策に切り換えたが、当初は順調には進まなかった。1990（平成 2）年代に入り ASEAN がめざましい輸出代替に成功したのは、①国内の自由化措置の断行、②海外直接投資導入に伴う資本・技術の流入と先進国企業による輸入引取り（ASEAN にとっては輸出市場確保）の保証があったからである。

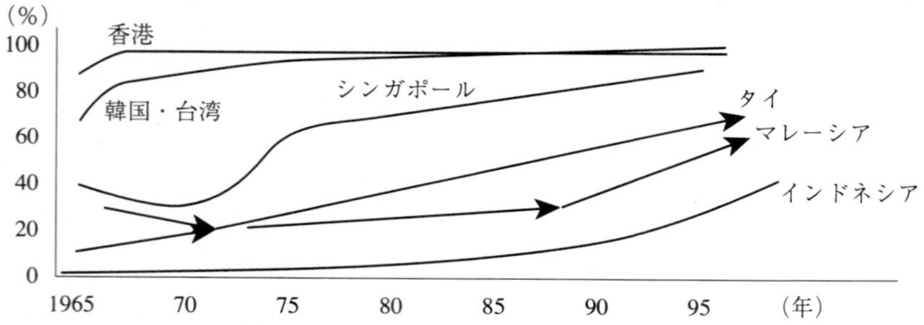

第 9 図　アジアの輸出に占める工業製品比率

（出所）内閣府資料。

第 4 は、輸出代替工業化以降の問題である。

この問題は、発展途上国が発展途上国水準から脱却して先進国入りを迎え、先進国にふさわしい市場・経済構造・政策を採用できるかという問題である。

その 1 つが、生産要素の移動の自由化であり、資本移動自由化・国内金融市場の自由化等の進展である。1980（昭和 55）年代に入り ASEAN は経済自由化・

民営化等の構造改革に踏み切り、また金融市場の整備を実施した。例えばタイの資本移動自由化では、① 1989（平成 1）年以降外国為替取引規制の緩和が進行し、② 1990（平成 2）年には IMF8 条国に移行し、③ 1991（平成 3）年には居住者外貨預金許可・商業銀行の居住者外貨貸付許可等の廃止により外国為替自由化が実施され、④ 1992（平成 4）年には商業銀行の資本取引に関する外国為替取引の自由化が実施され、⑤ 1993（平成 5）年には BIBF（バンコク国際金融市場）が開設され、外国銀行 20 行・国内銀行 27 行が参加を認められた。この資本移動自由化により、直接投資以外の民間資金（証券投資・貸付等）が大幅に流入した。また国内金融市場の自由化としてタイでは、① 1989（平成 1）年商業銀行の 1 年超定期預金の金利上限が撤廃され、② 1990（平成 2）～ 1992（平成 4）年には金利規制の撤廃が進行し、③ 1993（平成 5）～ 1995（平成 7）年には金利の完全自由化・ファイナンス・カンパニー（預金・為替取引以外の業務を行う金融業）の業務範囲拡充が実施された 。この結果、国内信用供給が急増した。

他のアジア NIES・ASEAN 諸国でも 1980（昭和 55）年以降、資本の自由化・国内金融市場の自由化が進められた。この結果内外から急増した信用供与は、①生産部門に供給されず土地投資・消費者金融・株式投資等に流れたためにバブルを膨張させ、②さらに外貨借入の多くが為替リスクに対するヘッジなしに行われたため、1997（平成 9）年における通貨危機の原因になった。この背景には実物経済面の供給過剰と飽和があり、先進国はもとよりアジアにおいても産業が成熟化したため、生産能力拡大投資は敬遠されて金融資産投資が集中的に行われたことが挙げられる。

その２つは、開発独裁（権力・権威主義的開発戦略）の問題である。韓国・台湾における開発体制は、経済成長の実現により政権の正当性を主張するため、政治的安定と成長一辺倒の政策を強行し、政治参加や民主主義を軽視したために開発独裁といわれる。ASEAN・日本も含めた他のアジア諸国でも、戦後多かれ少なかれ開発独裁的な経済成長政策をとった。開発独裁は、①特定個人が強力な指導力を発揮したため属人性が強く、②特定経済部門を優先するのではなく、国家の経済社会に対する統治能力を強化する（経済政策、とりわけ成長政策の過大評価)、③政府の上意下達を強調し、立法府に対する行政府の優位性と肥大化を図るものであり、中南米等にも共通している。

第6表　アジア諸国の開発進捗動向

<table>
<tr><th></th><th>NIES</th><th>ASEAN</th><th>南アジア</th></tr>
<tr><td>一次産品輸出戦略</td><td colspan="3">先進国の農業保護・工業代替品の登場により、一次産品輸出戦略による工業開発は不発に終わった（20世紀前半の南米とは異なる）。</td></tr>
<tr><td rowspan="2">輸入代替工業化戦略</td><td colspan="2">人口が少なく国内市場に制約があるため、輸入代替工業化戦略行き詰まる。</td><td rowspan="2">インドは、国産化不可能品以外は輸入統制し、国内市場指向の工業化をめざし、公共部門の肥大化・小企業の保護・産業統制等の混合経済体制をとった。</td></tr>
<tr><td>韓国・台湾は1960年代半ばから輸出代替工業化戦略に切り換えた。</td><td>1950年代～1960年代にかけて推進された。</td></tr>
<tr><td>輸出代替工業化戦略</td><td>1980年代以降、強力な輸出産業育成策をとり、労働集約工業から技術集約産業（自動車・エレクトロニクス等）に転換した。</td><td>1980年代以降、輸入代替から輸出代替に移行したが、工業の雇用割合はNIESより低い。</td><td>インドは、輸出指向ではなく、国内市場拡大指向を主とし輸出を従とする成長戦略をとり、1990年以降自由化を本格化した。</td></tr>
<tr><td rowspan="2">輸出代替工業化以降</td><td colspan="2">国内金融市場・資本移動の自由化により、直接投資以外の民間資金が流入した。</td><td rowspan="2">まだこの段階に至っていない。</td></tr>
<tr><td>韓国・台湾の開発独裁は、1980年代後半に民主化に転換した。</td><td></td></tr>
</table>

（出所）内閣府資料。

アジアの開発独裁は、1980（昭和55）年代後半に転換した。すなわち、①韓国では1987（昭和62）年に民主化宣言が出され、②台湾では1986（昭和61）年に新党結成禁止令と戒厳令が解除されたが、この背景には経済成長に伴い、政府ではなく市場が支配する経済社会構造が生まれ、政治的にも民主主義しか採用できなくなったことが挙げられる。具体的には、①経済成長によって中間層（サラリーマン等）と呼ばれる社会階層が生まれた、②従来開発独裁を担ってきたもの（官僚・軍部・官公需依存企業）は、経済成長の成功に伴い官僚化が進み、大統領等の特定個人への忠誠から離れ、制度への利益目標を追求し始めた、③大衆（農民･低所得者等）の政治的関心が高まった、④アメリカは、冷戦下で民主主義を犠牲にして独裁政権を擁護したが、冷戦終結とともに民主主義を強調し始めた等が挙げられる。

第5は、国内市場の拡大である。

工業化による開発が順調に進んだ時期において、農民・消費者・従来型産業等により国内市場の底固さや需要拡大が基本的に存在していた背景があったことが重要である。輸入代替工業化や輸出代替工業化が成功した背景には、農業部門が工業品に対する需要を生む基本的な役割を果たしたが、このことは従来から軽視されがちである。工業開発が成功するためには、当時の圧倒的な産業である農業部門（農民）や従来型産業（中小零細企業）において所得上昇や企業家精神が生まれ、その結果としての国内の購買力増加が工業部門に対する需要や市場を提供することとなる必要がある。アジアでは商業的農業が早くから進んだが、可耕地が限定されており、耕地の拡大が不可能な条件で人口が増大したため、労働集約的な高密度農業が営まれ土地節約的技術が発展した。1970（昭和45）年代における「緑の革命」は、肥料を増投することにより高収量を可能にする米の品種改良に成功したため、これにより①化学肥料工業の成長促進、②米の国際商品化と外貨獲得源化、③一定程度の農民の所得上昇と商業的精神の育成、④農民購買力上昇による国内市場の拡大等をもたらし、これが工業化を下支えたことを忘れてはならない。

3. 言語問題と華人問題

アジア各国のほとんどが直面している問題は、多民族国家であることに起因する言語と華人(華僑)の問題である 。言語問題とは、①地方ごとの日常言語(方言)、②独立後に採用された共通語（国語)、③世界共通語である英語を習得しなければ、生活・社会・経済活動が著しく不便であることである。フィリピンを例にとると、それぞれタガログ語（マニラ周辺)、ピリピーノ語、英語である。シンガポールにおいては人口の4分の3が華人系であるため、それぞれ中国語

(出身地による中国語の方言)、マレー語、英語が使われている。政府は民族の統合を図るため、小・中学校では中国語・タミール語・英語のいずれでも授業を受けられるようにしているが、別途母国語以外の言語の習得を義務づけている。このような言語問題の存在は、一見国家の統合を弱めるように見えるが、英語を中心とする国民のバイリンガル化に成功すれば、国内はもちろん世界で活躍する場が与えられるため、むしろ好機と考えなければならない。

また華人は、東南アジア諸国において、人口では少数派であるが経済の実権を支配している。このことは、民族対立の原因であり国家統合を弱めていると考えられている。しかしながら、先進国･発展途上国を含めて世界各国がグローバル化と地域化の波の中におり、多民族・多言語・多文化・多コミュニティの国家をうまく統治することが国家の分裂や紛争を避ける重要な課題となっている。アジアがこの試練を解決した後には、アジア諸国は日本・韓国よりも国際的な紛争解決等の能力を持ち、政治・経済・社会面でも世界の先導役になる可能性がある。

4. 今後の課題

アジア NIES・ASEAN 諸国は、他の発展途上国とは異なり、工業化・経済成長で大きな成果を上げた国である。その原因としては、多面的な開発を同時に成功したことが挙げられる。具体的には、①基礎的教育と人材育成、②農業の発展、③外国資本と外国技術の導入、④輸出競争力を持たせ、かつインフレ抑制に効果ある為替レートの設定、⑤効率的な金融制度の創設である。他方輸出指向型の産業政策自体は、直接投資による先進国企業の資本参入がなければ効果が上がらなかった可能性が強い。このように政府が制度的枠組みをつくって政策を実施しても、それを利用して経済活動を活発化させようと民間が反応しなければ政策効果は生まれず、経済成長は実現しない。東アジアの場合には、農家や外国企業（多国籍企業）が反応して成長を主導したが、これが今後南アジアや他の発展途上地域で直ちに再現されるとは限らない。

戦後の出発点においては、アジアにおける発展途上国間の経済格差はあまりなかったが、最近時点では、アジアNIES・ASEAN・南アジアの3つに分化している。この背景には戦後の長い過程において、①国民大衆の生活が市場経済化された程度と、②政府による開発政策の強力さの程度が関係している。すなわち、戦後の日本の後を追いかけて、アジアNIESとASEANにおいて、①国内農村人口が都市化流入して工業発展の基礎として重要な需要創出と低賃金労働力を提供した、②この初期的工業化を背景にして政府の工業化政策が強力に実施された、③先進国の産業成熟に伴い、多国籍企業が労働コストの安いアジアに直接投資し開発輸入（アジアで生産して先進国へ逆輸入する）を行った等により、めざましい高度成長が実現した。最近では、人口大国の中国・インド等もこの開発方式を採用し始めている。しかしながら、この開発方式は、先進国市場依存の輸出指向型開発であるので、①先進国市場における成熟産業の混雑化現象や供給力過剰問題を強めていずれ行き詰まる、②発展途上国の消費者や国内需要に基盤を置く成長ではないので、国民福祉の向上が軽視される傾向にある等により持続可能ではなく、いずれアジア発展途上国の成長が停滞するものと考えられる。その前兆が1997（平成9）年夏に勃発したアジアの金融危機である。

東アジア・東南アジア諸国は、輸出指向型工業開発という側面で日本以上に成功したが、その代わり先進国市場に依存する経済構造は現在日本以上に強く、またこの開発戦略が成熟して今後の発展方向が見えないといえる。高齢化も急速に進んでいる。今後は日本以上に国民大衆に基盤を置く国内需要の開発を行うことにより、持続可能な成長と福祉向上をめざす必要があり、それに成功すれば先進国を超える地域となる可能性がある。

第3節　ラテンアメリカ発展途上国の経済開発

1. 基礎的な経済・社会・政治構造

ラテンアメリカは他の発展途上国にはみられない特徴を持っている。18～

19世紀は欧州を中心に慢性的食糧不足状態にあり、食糧や一次産品の生産に優位を有していたラテンアメリカは輸出により高所得を稼ぎ、当時では有力な先進国であった。しかし工業化には乗り遅れ、20世紀が進むにつれ、経済的地位が低下して発展途上国に陥った。また経済・社会・政治を支配しているのは欧州からの移住者であり、少数民族である。他方経済・社会・政治から疎外されているのが現地人（インディオ）であり、多数民族である。このため経済・社会・政治は常に不安定な状態にあり、これがラテンアメリカの開発を遅らせている基本的原因となっている。ちょうどかつての南アフリカ連邦における白人と黒人の対立に似ている。さらにラテンアメリカにおいては、現地人を除く白人系（①白人、②現地人と白人の混血）をみた場合、その白人系の中でも深刻な対立がある。製造業はあまり発展していないため、農業と製造業の対立は表面化しないが、①都市と農村の対立、②農業と都市産業（サービス業等）の対立は顕著である。この対立には以下の側面が見られる。

第1は、大地主と都市住民との階級対立である。

ラテンアメリカの経済的特徴は、少数の大農家が大部分の土地を所有し、大多数の零細農民は僅かな土地しか所有していないことである。他方、国際農産物市況が長期的に低いため、大地主の所有する土地はほとんど利用されず、また零細農家の利用できる土地面積が小さいため、土地当たり生産性は一般的に低い。このため農業の需要が工業生産を刺激する機会は小さく、これがラテンアメリカを発展途上国から脱却できない基本的原因になっている。また大土地所有制度は、所得・資産分配不平等や貧困問題発生の直接の原因にもなっている。

大地主は、一次産品を生産および輸出しており、また都市住民（都市企業や労働者）は、輸入との競争にさらされて財貨や非貿易財を生産し、耐久消費財を輸入して生活している。このため輸出産業を担う大地主は、輸出財が低価格になり国際競争力が高まるように為替レートの切り下げを要求し、他方都市住民は輸入財が低価格になるよう為替レートの切り上げを要求する。それぞれの利害を代表する政権が交互に登場するため為替レートは乱高下し、それが経済の混乱と不安を増幅させている。この対立は深刻であり、政治・経済・社会の統合性を損なっている。

第2は、経済を市場原理が支配せず、政治が主導して経済が追従するという構造である。

すなわち、ラテンアメリカ諸国は、戦後これらの階級対立を緩和するために財政支出を増加させて対処してきた。これは通貨発行増・インフレーション昂進・為替レート切り下げをもたらし、ラテンアメリカ諸国のマクロ経済を不安定にした。このため、生産者は安心した生産見通しができず、これが経済成長を大きく阻害した。

国内均衡と国際均衡を同時達成するためには、世界経済の変動に合わせて実質為替レートと財政収支を弾力的に変動させる必要がある。しかしラテンアメリカ諸国は、政権の政治的安定を保つために大幅な財政支出と財政赤字が不可避である。この場合国際均衡（経常収支均衡）を優先させれば、実質為替レートの調整は大幅切り下げになり、国内にインフレ圧力が高まる。また国内均衡（国内の超過需要に相当する海外からの貯蓄の導入）を優先させるためには、外国から借り入れをしなければならないが、いずれも政治・経済・社会的に持続可能でない。

このようなマクロ経済の不安定化により破綻に至った有名な例は、1982（昭和57）年においてメキシコから発生した債務危機であり、ラテンアメリカ全体に広がったことにより、1980（昭和55）年代は「失われた10年」となった。この10年においては対外債務危機が深刻化し、ハイパーインフレーションが進行したため、国民の不満が強まった。これを背景としてそれまで続いた軍事政権とそれによる開発独裁は終了を迎え、1990（平成2）年代に入ると政治の民主主義化が達成された。それと同時に、①一般国民や新政府は旧軍政下とは異なった経済政策の採用を求め、② IMF・世界銀行・アメリカ政府はもともと市場経済を重視することを要請し（いわゆるワシントン・コンセンサス）、これらを背景として経済の市場経済重視（ネオ・リベラリズム）が導入され、民営化や海外直接投資受入が積極的に行われた。

第3は、ネオ・リベラリズムの経済政策である。

このネオ・リベラリズムに伴い、各国の関税率は一挙にアジア諸国並みの低水準に引き下げられた。他方、アジア諸国には国内産業保護を目的とする産業政策があったため、関税率は長期間かかって緩慢に引き下げられた。また、欧米企業はラテンアメリカに対して証券投資よりも直接投資を急増させたが、これは証券投資による通貨切り下げのリスクを選択するよりも、直接投資により現地生産を拡大し、現地販売の増加や投資家本国への開発輸入を増加させることを選択したからである。またこの背景には、MERCOSUR（南米南部共同体）やCARICOM（カリブ共同体）等の共同市場化・経済統合化による市場障壁を乗り越えかつ規模の利益を利用する狙いもあった。

第7表　ラテンアメリカ諸国の経済成長率（%）

年	1900-13	1913-29	1929-45	1945-72	1972-81	1981-90	1991-99
アルゼンチン	6.3	4.1	3.4	3.8	2.5	-0.7	4.7
ブラジル	4.1	5.1	4.4	6.9	6.6	1.3	2.5
チリ	3.6	3.7	3.0	4.1	3.6	3.0	6.0
コロンビア	4.4	4.9	3.8	5.1	5.0	3.7	2.5
メキシコ	3.4	1.4	4.2	6.5	5.5	1.8	3.1
ペルー	4.5	5.3	2.8	5.3	3.4	-1.2	4.7
ベネズエラ	2.3	9.2	4.2	5.7	4.7	-0.7	1.9
中米	ー	3.8	2.9	5.6	3.8	1.9	3.8
ラテンアメリカ主要8カ国	4.3	3.3	3.8	5.6	5.2	1.1	3.4

（出所）Thorp,Rosmary：Progress,Poverty and Exclusion 他。
（注）ラテンアメリカ主要8カ国は、上記7カ国＋エクアドルである。

1960（昭和35）年代に始まるラテンアメリカの経済統合は、輸入代替政策を前提としたため、共同体外部との間の輸入障壁が高く経済成長に大きく寄与しなかった。しかし1990（平成2）年代に入ると、内外の市場障壁を除去し経済自由化を進める政策をとったため、地域統合の効果が生まれ始めてきた。しかしながら、経済自由化は、同時に所得格差や貧富の格差の拡大をもたらした。融資を利用できる者、組織化によるネットワークの利益を受けられる者、政府とコネクションがある者は、自由化により蓄財することができた。他方、一般庶民は生産性向上を口実として企業から解雇されたため、国民の間で不平等感が高まり暴動が勃発した。このように、自由化に伴い格差拡大が発生するため、一般大衆の生活向上・社会福祉の向上を図る政策を同時に講じないと、結局国民の不満が鬱積して自由化自体が実行不可能に陥る。

2. 開発の発展経路

ラテンアメリカは、20世紀初頭ではむしろ当時のアメリカに次ぐ先進国であり、過去100年間における平均成長率も他の発展途上国と比べて高かった。しかし経済全体の一次産品依存が大きく、工業保護政策により工業化に乗り遅れたことが致命的になった。特に1980（昭和55）年代は債務危機・軍事政権に対する国民の反発・経済組織の混乱等によりほぼゼロ成長となった。1990（平成2）年代になると、政治面における民主主義の復活に伴い、経済は回復に転じている。

ラテンアメリカの開発段階は、①一次産品輸出期（1880（明治13）年代～大恐慌）、②輸入代替工業期前期（大恐慌～1960（昭和35）年代）、③輸入代替工業期後期（1960（昭和35）～1980（昭和55）年代）、④失われた10年（1980（昭和55）年代）、⑤ネオ・リベラリズム期（1990（平成2）年代）に分けられる。それぞれの時期における推移は、以下のとおりである。

第1は、一次産品輸出期（1880（明治13）年代～大恐慌）である。

ラテンアメリカの多くは1810～1820年にスペイン・ポルトガルの植民地から独立し、1860年以降欧米への一次産品輸出の増大により繁栄した。例えば1930（昭和5）年におけるアルゼンチンの国民所得は、フランスと同じであった。輸出品としては、①金・銀・銅・錫等の鉱産品（メキシコ・チリ・ペルー・ボリビア）、②砂糖・綿花・バナナ・コーヒー等の農産品（ブラジル・コロンビア・中米・カリブ諸国）、③小麦・食肉等の主食品（アルゼンチン・ウルグアイ）があった。しかしこれらの一次産品輸出の利益は、欧米資本と結びついた少数の大地主・商業資本家に帰属したため、国民や新規産業には回らなかった。また、少数の大地主・商業資本家は政治・経済・社会を独占的に支配していたため、ラテンアメリカの政治・経済・社会構造は、国民多数者が政治権力を握る先進国型であったとはいえず、したがってその後経済面でも自立的・内在的な発展を遂げることはできなかった。

19世紀においてアルゼンチン等の諸国は膨大な輸出所得を国防支出に充て、また外国資本も導入して都市建設の支出にも充てた。しかしこれらの支出は過大であったため、財政赤字の増大と対外債務の増大（アメリカ民間銀行によるラテンアメリカ政府貸付等）をもたらした。このため1920（大正9）年代に入ると世界的な農産物の過剰生産・世界大恐慌の勃発によって一次産品価格は3分の1程度まで急落し、多くの国は債務不履行に陥った。大恐慌に起因して欧米先進国では保護主義・世界市場のブロック化が進んだが、ラテンアメリカではナショナリズムが台頭し、一次産品依存経済からの脱却と産業多角化をめざして工業化が進められることとなった。

第2は、輸入代替工業期前期（大恐慌～1960（昭和35）年代）である。

ラテンアメリカの工業化は、欧米から輸入した一次産品生産用の機械を国内で維持・補修することから始まった。また第1次世界大戦の勃発により、欧米からの工業製品の輸入が困難になったため工業化がやや進んだが、基本的には一次産品の生産に付随したものであった。世界恐慌は、それまでの欧米に結びついていた自由貿易体制を不振に追い込んだ。そして、民族主義的なポピュリズムが台頭し、産業の国有化や国家主導による輸入代替工業化が推進された。

1950（昭和25）年代にブラジルが策定したメタス計画（産業開発計画）は、①産業ごとの生産目標・国産化義務を課し外国企業の参入を求める、②工業化に必要な設備機械・部品は優遇為替レートが適用されるが、国産化できる工業製品の輸入は国産化を阻害するものとして制限される、③国内市場は高率関税によって保護され、国立開発銀行・国立製鉄所等が官主導で設立される、④基幹産業は国営企業が担い、周辺産業は国内民族系大企業と多国籍企業が担う、というものであった。

しかしながら結果は、①必要な投資資金は外資導入をしたため外資依存が強まった、②国内市場が保護されて利益が上がったため、国内企業や外資企業の利益は既得権化し経済効率化のインセンティブは弱まった、③このため競争的市場は育たず、産業保護コストは増大し、貿易収支の赤字は解消しなかった、となり結局はかばかしい経済成長は生まれなかった。

第8表　ラテンアメリカの発展経路

	特　徴	問題点
一次産品輸出期（1880年代～大恐慌）	①欧米先進国への一次産品輸出で先進国（当時は一次産品が先進産業であった） ②伝統的支配層と欧米資本の結合	①一次産品に過度に依存（モノカルチャー） ②工業技術の欧米依存 ③開発利益が伝統的支配層に集中し、新規産業に投資せず
輸入代替工業期前期（大恐慌～1960年代）	国家主導の輸入代替工業化 ①地下資源国有化、国立開発銀行・産業開発公社による工業育成 ②関税障壁・輸入制限措置による国内工業の保護	工業保護が長期化し、国内工業は既得権化して効率低下
輸入代替工業期後期（1960～1980年代）	①工業生産額比率の上昇	①一部の国で輸出工業化
失われた10年（1980年代）	①海外資金依存による債務危機発生 ②先進国・IMF・世界銀行の支援 ③社会関連支出・対外債務返済に伴う財政赤字拡大によりインフレ昂進 ④為替レート固定により危機沈静化	①危機は収拾されたが債務は高水準 ②安定化政策実施中の財政健全化・構造調整には限界あり
ネオ・リベラリズム期（1990年代）	① IMF・世銀支援の条件として輸入代替工業化を放棄・経済を自由化 ②貿易自由化（関税引き下げ） ③一次産品輸出の増加と工業化の後退 ④通信・電話等の民営以化 ⑤海外直接投資の大幅流入	①輸入代替工業化政策で保護を受けた資本財工業の後退 ②一次産品は市場不安定・天候に影響され・環境資源を枯渇

（出所）内閣府資料。

第3は、輸入代替工業期後期（1960（昭和35）～1980（昭和55）年代）である。

この期間において工業は不効率であったが、ともかくも工業化比率は上昇した。多くのラテンアメリカ諸国では、農業比率は約20％から約10％に低下し、工業化比率は約20％から約30％に上昇した。この間メキシコ・ブラジル・アルゼンチン等の中進国では輸入代替から輸出代替に転換し、1960～1970年代においては耐久消費財が輸出され、また1970年代末以降においては中間財や一部の資本財が輸出されるようになった。

しかしながら、以下のように開発が十分進まないため、問題が残った。

①農業は大土地所有制や保護農政の下で過剰な労働力を抱え、他方、工業は省力機械が導入されたために雇用吸収力がなかった。

②農業の過剰労働力は都市のサービス部門に流入したため、都市の過密やインフォーマル・セクター（物売り・メイド等の雑産業）の肥大化をもたらした。1960（昭和35）年におけるラテンアメリカ諸国の第3次産業比率は概ね3～5割であったが、1980（昭和55）年においては5～7割となった。

③労組の保護や最低賃金制の下で労働市場が硬直的となり、都市と農村の間や都市のフォーマル部門とインフォーマル部門の間における賃金格差が解消されなかった。

④サービス部門の生産・雇用比率が高いことは開発水準の高さを示すものでなく、開発水準の低さを示す。すなわち、経済水準が高くなるためには、農業の発展・工業の発展という経験を経て高生産農業や高生産工業が経済の下支えをし、その上に立ってサービス産業が発展する経済が必要がある。

⑤工業製品の貿易構造は、域内に立地する多国籍企業による域内貿易・産業内貿易・企業内貿易であり、域外に対する国際競争力は小さかった。このため、輸出総額に占める工業品輸出額の割合は1990（平成2）年で30%程度であり、アジア諸国の70%程度をはるかに下回っている。

第4は、失われた10年（1980（昭和55）年代）である。

ラテンアメリカ諸国は、発展途上国としては比較的高い1人当たり所得を有しており、消費が旺盛である。低所得者層はもともと消費性向が高く、また高所得者層も消費性向が比較的高いが、貯蓄は国内投資に回されずに先進国等に対する海外投資に回された。旺盛な消費は、インフレーション・輸入増加・輸出抑制・国内貯蓄不足をもたらす。国内貯蓄の不足（貯蓄・投資ギャップ）は、外資の流入により相殺されるが、これは債務累積をもたらした。また投資の拡大は、直接的な生産投資よりもインフラストラクチャー投資に向けられたため、収益性は低かった。他方、先進国の余剰資金は、石油危機後には良い投資先がなくなったため優良案件の発掘が求められた。このため協調融資方式によりリスク分散を図りながら投資先を開拓し、ラテンアメリカ向けにも膨大なプロジェクト融資が行われた結果、ラテンアメリカは膨大な債務累積を抱えた。

このため1982（昭和57）年におけるメキシコの債務支払不能を端緒として、ラテンアメリカ全体は債務累積状態に陥り、1980（昭和55）年代を通じて通貨切り下げ・財政赤字拡大・インフレ昂進・成長停滞が続き、1930（昭和5）年代の大恐慌に似た経済状況に陥った。すなわち、1980（昭和55）年代におけるラテンアメリカの成長率は年平均1.6%となり、投資・消費水準は下落し、1人当たり実質所得はマイナスとなり、1980（昭和55）年の実質所得の水準は1995（平成7）年になっても回復しなかった。これに対して先進国とIMFは、緊急融資等により打開を図ったが、債務累積の後遺症は長く続いた。

またラテンアメリカ、とりわけアルゼンチン・ボリビア・ブラジル・ペルーは、1980（昭和55）年代において年平均100%以上のハイパーインフレーションに悩んだが、この原因には以下の2つがある。

① 1980（昭和55）年代以前の軍政下において、政治的安定を図るために雇用と経済水準の安定が重視されたため、公共投資の増加や政府企業のてこ入れが行われ、財政赤字が慢性的に続いた。1980（昭和55）年代には軍政から民政への移管が各国で相次ぎ、それに伴い貧困と所得分配の不平等に対処するために社会保障支出増大と雇用拡大策が積極的にとられ、財政赤字はさらに拡大して貨幣供給とインフレ昂進が発生した。

②対外債務の返済に伴う財政赤字も拡大した。債務返済は財政赤字拡大と外貨準備不足を生み、大幅な為替レートの切り下げに追い込まれ、この結果現地通貨建てによる債務返済額が増大するため、財政赤字負担はさらに増大した。

債務返済の管理に当たったIMFと世界銀行は、債務累積の元凶は輸入代替工業化政策にあると判断し、その中止と経済自由化のための構造調整を求めた。この効果は多少現れ、①国内不況による輸出ドライブ、②債務返済に必要な外貨の蓄積、③インフレ沈静化等を背景として、1980（昭和55）年代の輸出増加率は年平均5.1%（工業製品輸出増加率は年平均9.1%）になり、経済成長率の年平均1.6%を上回った。また世界的な規制緩和・民営化の潮流の下で、輸出の担い手である民族系・外資系企業は貿易・投資を増加させた。

また1985（昭和60）年のベーカー米財務長官提案、1989（平成1）年のブレイディ米財務長官提案により、①アメリカの支援、②債務の一部放棄、③為替レートの安定化政策がとられた。この結果、ラテンアメリカは債務危機状態から脱却したものの慢性的な債務残高の高水準は現在まで続いており、これが今日に至るラテンアメリカの低経済成長の原因になっている。1990（平成2）年になると、為替レート安定が政策の最優先におかれ、固定為替レート政策である「アンカー政策」がとられた結果、経済不況によりインフレが沈静化して一応小康状態を迎えた。しかし堅実な財政･金融政策は実施されなかったため、①国内価格と世界価格の乖離、②輸入増加･輸出減少による対外不均衡の拡大、③為替レートの過大評価が発生した。このため1994（平成6）年になるとメキシコの債務危機・通貨危機問題が再燃し、この危機はラテンアメリカ全域に拡大した。

第5は、ネオ・リベラリズム（1990（平成2）年代以降）の動きである。

これまでみてきたように、1980（昭和55）年代までの閉鎖的な輸入代替政策は、債務累積問題の顕在化によりIMF・世銀の構造調整融資が導入された際に廃止が義務づけられ、ラテンアメリカ諸国は経済の自由化を採用した。この結果1990（平成2）年代に、経済成長率の上昇・インフレの収拾等の経済回復が実現したが、失業の高水準（特に都市失業者）、固定資本形成の低水準は続いている。ネオ・リベラリズムの特徴は、以下にまとめられる。

①貿易自由化が推進され、平均関税率は1980（昭和55）年代後半の30～100%から1990（平成2）年代半ばには10%台まで低下した。現行関税水準はアジアよりも低い。

②外国からの投資（特に直接投資）が増加し、特にメキシコ・ブラジル・アルゼンチンに流入した。これが増大した背景には、経済自由化が確立して経済成長率が回復し、またNAFTA（北米自由貿易協定）やMERCOSUR（南米南部共同市場）により地域経済統合が進み、さらに投資分野・出資割合に関する規制撤廃や民営化が進んだ等が挙げられる。

他方､1990(平成2)年代のラテンアメリカには工業生産の増加はみられなかった。すなわち、従来輸入代替政策によって支えられた機械類の国内生産等は消滅しつつあり、また耐久消費財を生産する多国籍企業はブラジル・メキシコ等の地域統合の戦略的拠点に生産地を移し、他の多くの国から生産を撤退している。また工業品輸出の代わりに伝統的な一次産品ではなく新たな一次産品輸出品が開発されてきた。それらには、チリの葡萄・ワイン・海産物・木材、メキシコの野菜・果物、コロンビア・エクアドルの切花、ブラジルのオレンジ・ジュース等があり、その多くは輸入地や消費地の市場に流通拠点を持つ多国籍企業が開発輸入をしたものである。他方、従来からみられたインフォーマル部門の低賃金を利用した衣料・履物等の伝統的軽工業輸出品は、賃金上昇・アジア等他の発展途上国との競争・為替変動により競争条件が厳しくなったため、輸出が安定的に増加していない。

一番問題なのは、雇用が停滞していることである。この原因は構造改革による政府部門の縮小・民間企業の合理化であり、さらに解雇を容易にする労働法の制定も影響している。製造部門は生産が伸びないために雇用の停滞または減少が顕著であり、これは失業の増加やインフォーマル部門への労働力の吐き出しという結果をもたらしている。雇用の流動化が、構造改革や経済成長をもたらすものとは単純にはいえず、雇用削減と生活不安が根強く残る危険性がある。

3．今後の課題

これまで見てきたように、ラテンアメリカが他の発展途上国と異なる特徴は、①一次産品を生産する大農場と都市住民の利害対立、②国内工業製品市場を面的に開拓する地元企業家の未成熟、③多国籍企業の点的開発と発展途上国の国内市場を迂回した先進国市場への直結、④経済政策の主目的が市場環境を整備するのではなく国民の不満をなだめるために分配に重点を置いてきたこと等にある。この特徴は基本的には19世紀から続いている負の遺産であり、これを解決しなければラテンアメリカは経済的にも先進国になれない。

これから脱却するためには、以下が課題である。

第1は、自由化・開放政策がマクロ経済のパフォーマンスを良くするかについてである。IMF・世銀、すなわちアメリカの主導権による経済自由化によりアメリカ多国籍企業の直接投資は流入したが、これらは国営企業の民営化に伴う株式買収であり、東アジアの直接投資で見られたような工場建設・機械設置を伴うグリーンフィールド投資ではない。したがって、持続的な経済成長を遂げる一過程としての工業化・産業化に必ずしも結びついていない。このため1990(昭平成2)年代以降工業化比率はむしろ低下している。他方東アジアでは、1980（昭和55）年代以降の工業化過程において先進国の多国籍企業が参入し、家電・電子製品等の工場建設と先進国の開発輸入が東アジアの工業化比率を著しく高めた。

なお、東アジアは1997（平成9）年以降の通貨危機に伴い金融の対外開放と証券化を進めており、この過程で工業の回復が進んでいるが、過去の最高水準まで回復した後における工業のそれ以上の発展は順調でない。

第2は、一次産品輸出依存が続いていることである。ラテンアメリカ経済は6大国の経済（アルゼンチン、ブラジル、チリ、メキシコ、ペルー、ウルグアイ）でほとんどすべて説明できるが、これらはいずれも一次産品への生産や輸出の依存度が高く、国際市況が落ち込むと輸出不振・外貨不足・経済成長停滞に陥る。加えて、一次産品輸出業（国内大農場主や多国籍企業）は輸出所得を国内投資のために使用せずに海外で資金運用するため、国内貯蓄は不足し、海外への資金依存が続く結果、国内経済の信認が失われると通貨危機や海外資金の引き揚げや国内資金の逃避に見舞われやすくなる。これに対処するためには、国内需要に対応できる効率性の高い産業の育成や一次産品以外で輸出競争力のある工業製品を育成することが必要である 。

第3は、日本企業の影響を受けた最近のアジア企業におけるネットワーク化の動向を別とすれば、ラテンアメリカも含めて世界の発展途上国の中小企業は単独型であり、企業相互の連携によるネットワークの形成が進んでいない。このため企業間相互交流による技術の高度化が遅れ、高度組立産業等が育たない。このため、国内企業はもとより外資企業もラテンアメリカに投資することに消極的になる。ネットワーク化は企業相互間で産地を形成し、単に技術のみならず情報・資金調達面等で交流を図るためにも重要であり、需要者もこの産地を訪れて重要な需要情報を与える機会を持てる。ブラジル等では消費財産業の事業展開に伴い、わずかながらも中小企業のネットワーク化が見られ始めたが、まだ不十分である。中小企業がこのことに気がつくとともに、政策的にもその経験等を普及することが必要である。

第4は、市場統治の原則とそれを側面から支える政府の市場制度に関する環境整備である。政府の役割は一般に、①「政府の失敗」をしないために個別の市場取引は市場に任せて政策的に介入せず、市場のルールづくりと監視に限定する「市場の統治」を基本にする、②取引費用・フリーライダー・情報の不完全性等が強い場合には「制度的補完機能」として、市場機能が十分働くように組織や制度等の市場環境を整備してよい場合があり得る、③市場機能が十分働かない「市場の失敗」に対しては、公共財供給・基盤整備・独占禁止・外部不経済補正のために政府は介入してよい場合があり得る、というものである。欧米先進国から遅れて発展した発展途上国や最近の日本では、「市場の失敗」に加えて産業政策等による「政府の失敗」も大きく、この双方の失敗が経済社会の発展を阻害している。

「市場の統治」は経済が好循環に恵まれたとき自然発生的に生まれるものであり、経済停滞時における市場や政府介入から生まれるものでもない。しかし、政府は、「市場の失敗」を補完したり「制度的補完機能」を政策的に推進することはできる。この内容としては、①所得や資産格差の拡大や情報の偏在を是正する、②中小企業・新規産業がネットワークできる環境整備をする、③国民大衆を豊かにする中で企業の利益増大を図ろうという企業家や、持続的な経済社会開発と企業拡大のあり方を発想できる企業家を育成すること等が重要である。

第4節　中近東発展途上国の経済開発

1. 中近東の概要

中近東諸国は、アラビア半島から北アフリカにまたがる広大な地域に分布し、人口・民族・宗教等を見ても、アジア以上に多様な地域であるとも考えられる。中近東の民族構成は、アラブ民族が一番多く、北部のトルコ民族・イランのペルシャ民族・イスラエルのユダヤ民族が続く。次に人口は、国家別には、エジプト・トルコ・イランが各6,000万人余を抱えて人口大国であり、民族別には、アラブ諸国（アラブ民族）がエジプトを中心にして2億6,000万～7,000万人、トルコ・イラン・イスラエル諸国（それぞれの民族）も合わせると中近東全体で約4億人の人口を抱える。また宗教は、①多くのアラブ諸国・イラン・トルコではイスラム教、②シリア・レバノン・パレスチナ・エジプトではイスラム教が圧倒的ではあるがキリスト教も若干存在し、③イスラエルではユダヤ教が優勢である。

経済構造は、人口・国土面積・産油量で分類できる。産油国は石油関連産業以外が育たない等の問題を抱えており、非産油国も含めて経済成長が順調でなくまた近代的市場が育たないため、将来石油が枯渇すると発展途上国の中では最も自立的発展ができない国になるおそれがある。加えて最近における一番大きな問題としては、他の発展途上国と同じくグローバリゼーションに乗り遅れていることであり、国内市場や世界市場をめざした積極的な企業展開が見られない。

他方、中近東諸国に共通した国内問題としては、イスラム教の教義等を背景として避妊を行わないため人口増加率が高いことであり、これが国内産業の不

第9表　中近東諸国の経済概要（2002年）

国　名	人口（100万人）	1人当たりGNP（米ドル）	国　名	人口（100万人）	1人当たりGNP（米ドル）
アフガニスタン	25	-	サウジアラビア	22	-
アラブ首長国連邦	3	-	ヨルダン	17	4,070
アルジェリア	31	5,330	シリア	28	3,250
イエメン	19	750	スーダン	10	-
イスラエル	6	-	チュニジア	70	6,280
イラク	21	-	トルコ	1	6,120
イラン	66	6,340	バハレーン	3	-
エジプト	66	3,710	パレスチナ	30	-
オマーン	2	-	モロッコ	5	-
カタール	1	-	リビア	4	-
クウェート	2	-	レバノン	-	4,470

（出所）世界銀行資料。

十分な発展による市場経済の未発達と結びついて、とりわけ若者の失業率を高水準にとどまらせている。したがって、就業を通じた若者の熟練度が高まらず、これは将来の経済成長を阻害する深刻な問題となっている。

2. イスラムと政治体制

中近東を理解するためにはイスラム・イデオロギーと政治体制の特徴を理解する必要がある。

政治体制は、議会制・王制・事実上の独裁制に3分できる。議会制を採用している国でも議会が正常に機能していない国が多く、この場合には事実上の独裁制になっている。また王制には議会を持った王制（立憲君主国）と絶対王制がある。立憲君主国には、ヨルダン・モロッコ・クウェート等があるが、議会は国政上大きな役割を果たしておらず、事実上絶対王制に近い。絶対王制の国にはサウジアラビア・オマーン等があり、国家権限は国王に集中している。サウジアラビアでは、国王は総理大臣・国軍最高司令官を兼任し、他の重要な国家機関の長は王族が独占している。

中近東の政治体制を支えているイデオロギーは、西欧指向・社会主義指向・イスラム指向に3分できる。西欧指向国にはトルコがある。トルコは長期間イスラム指向であったが、第1次大戦でトルコが西欧に敗北したために脱イスラム・文明開化運動が軍部官僚により始められ、現在では西欧に同化しているが、政治・国家スタイルとしては強権的であり、軍部の暗黙の力は強い。社会主義指向の国には、エジプト・シリア・チュニジア・アルジェリアがあり、社会主義的な経済体制を追求していたが、ソ連の崩壊後は市場経済化を進めている。イスラム指向の国には、サウジアラビア・イラン・スーダン等があり、これらの国はグローバル化の中で欧米の経済システムとイスラム的政治・国家体制との調整をどう図り、また石油依存脱却をどう進めるかが課題となっているが、これまで解決できなかったこれらの問題がすぐ解決する見込みは少ない。

3. 開発の歴史と特徴

中近東の開発の歴史を振り返ると、アジア諸国と同じく、①戦前は西欧の植民地主義の悪影響を受けたため現在でも先進国への反発が強く、②戦後は国家統制的な色彩が強く、また社会主義的政策を最近まで採用していた。開発の歴史と特徴は以下のとおりである。

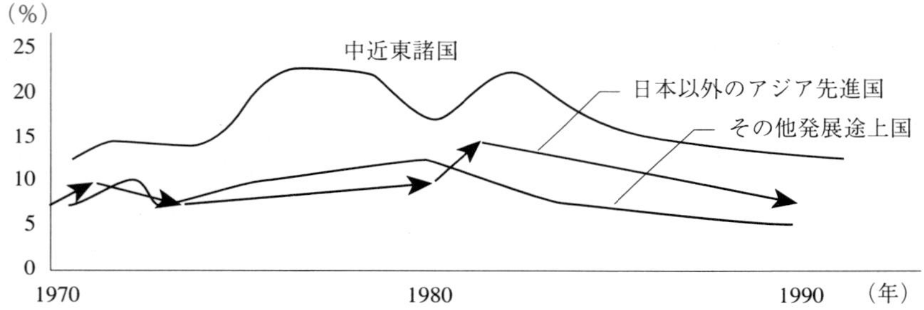

第 10 図　公共投資の GDP 比

（出所）UMAN.

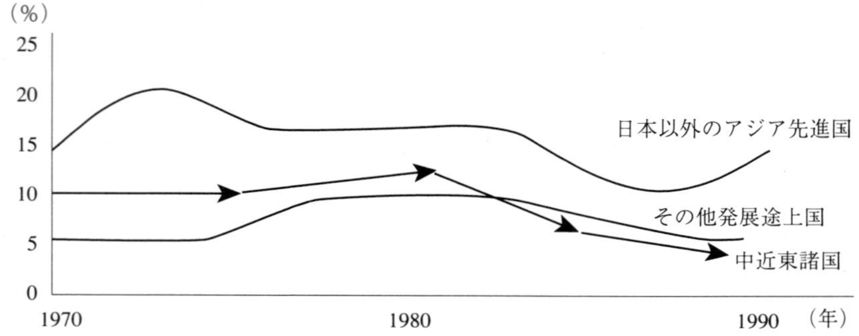

第 11 図　民間投資の GDP 比

（出所）UMAN.

第 1 は、戦前の植民地時代である 。中近東は地理的に西欧に近く、多くが植民地化されたため、発展が遅れた。

第 2 は、戦後から 1960（昭和 35）年頃までの開発戦略である。多くの中近東諸国は、植民地政策をとった先進国への反発を持ちつつも、できるだけ早く先進国の経済水準に到達するため、国家統制的・意欲的な開発政策をとった。すなわち、民間経済主導よりも国家主導により、政府が近代化路線にまい進して投資と生産を指導し、他方社会的格差の是正を図るために社会政策にも重点を置いた。このため、国内産業保護・国有化・大規模公共事業・生活必需物資に対する政府補助を手厚く行った。

第3は、1960（昭和35）～1985（昭和60）年頃までの経済開発の成果である。国家統制経済時代の中近東の経済成長は、石油収入等にも助けられて高い成長を遂げ、東アジア諸国を除くと発展途上国の中で最も高い成長を達成した。また貧困も縮小し、1990（平成2）～2000（平成12）年において1日1.08米ドル以下の所得者の人口比率は2.8%（東アジアでは14.5%、ラテンアメリカでは10.8%）であった。また所得分配も改善され、2000（平成12）年における上位20%層と下位20%層の所得格差は、東アジアやラテンアメリカよりも小さい。しかしこの背景には、石油収入による石油消費国からの所得移転が支えており、先進国経済が停滞して石油消費が鈍化した1980（昭和55）年代には1人当たりGDP成長率は急速に下落し、アジアやラテンアメリカ諸国よりも低水準になった。持続的経済成長のためには石油依存からの脱却が必要である。

第4は、社会開発の成果である。社会開発も以下のように大幅な改善を見せた。

① 1990（平成2）年に生まれた新生児の寿命は、親よりも13年以上長生きをする。
② 1965（昭和40）年から2001（平成13）年の36年間で、乳児死亡率は1,000人中151人から54人に低下した。
③ 1965（昭和40）年から2001（平成13）年の36年間で、初等教育就学率は61%から98%に改善した。
④ 1970（昭和45）年から2000（平成12）年の30年間で、成人識字率は34%から80%に上昇した。

ただし、これらの改善は特に産油国で顕著であり、豊富な石油収入を背景としてはじめて可能であったため、持続可能ではないといえる。

第5は、開発の問題点である。

その1つは戦争が絶え間なく発生したことである。アラブ·イスラエル戦争、イラン・イラク戦争、湾岸戦争、旧スペイン領サハラの紛争、アルジェリア・レバノン・イエメンの内乱、イラクのクウェート侵攻、アメリカのイラク侵入等の多くの戦闘が、次々と行われた。この原因として、①政治的·宗教的背景、イスラエルとの対立、旧植民地主義の残滓、②先進国の石油確保戦略、③主権国家主義による軍備拡張動機等が挙げられる。また産油国は、石油収入にものをいわせて軍備拡張を図る財政上の余裕があった。

第10表　中近東諸国の軍事力

国名	軍事支出（1992年、1985年価格）			2003年の軍事力		
	総額（100万米ドル）	1人当たり（米ドル）	GNP比（%）	軍人数（万人）	戦闘機保有数（台）	戦車保有数（台）
クウェート	10,185	5,000	62.4	-	-	-
オマーン	1,498	943	17.5	-	-	-
アラブ首長国連邦	4,249	2,418	14.6	-	-	-
サウジアラビア	14,535	1,371	11.8	19.2	345	750
ヨルダン	586	133	11.2	16.1	100	990
イスラエル	3,984	783	11.1	63.2	798	3,930
イエメン	3,427	60	6.0	-	-	-
エジプト	18	7	5.0	70.4	518	3,000
レバノン	692	27	4.0	6.1	-	280
モロッコ	355	42	3.3	-	-	-
チュニジア	1,592	59	2.7	-	-	-
アルジェリア	1,193	31	3.5	-	-	-
パレスチナ国家	-	-	-	4.5	-	-
イラク	-	-	-	108.3	333	2,000
イラン	-	-	-	87.0	335	1,700
シリア	-	-	-	51.2	510	3,700

（出所）International Institute of Strategic Studies (1993, 2003).

2つめは、石油への依存である。中東産油国は、ラテンアメリカが非石油一次産品輸出に依存して国内消費者の需要を背景とする工業化やサービス経済化に立ち遅れて、国民大衆に基礎を置く経済社会の全面的な開発ができなかったのと似ている。石油への依存については、以下の問題点を指摘できる。

①1985（昭和60）年頃までの中近東経済は、石油価格の引き上げにより石油輸入国の所得が石油輸出国に移転することにより成長した。また産油国周辺の発展途上国も、産油国からの援助資金の流入・産油国への輸出増加・産油国への出稼ぎ増加により潤った。

②この膨大な石油収入は、戦後一貫して続いた政府主導の開発方式をさらに強めた。

③このように1985（昭和60）年までの中近東の国家統制経済は、世界経済の成長に支えられて石油需要が強かったという世界の経済環境が、たまたま中近東にプラスした背景に支えられたのに過ぎない。

④しかしながら1990（平成2）年代以降になると、中近東の経済社会開発を支えた基礎条件は大きく変化し、グローバリゼーション・情報通信化等への対応に迫られている。これまで中近東は、工業化等により自立的な経済成長を図るための契機をつかめなかったが、従来と同様これからについてもうまく適応できない可能性がある。

4. 今後の課題

今後の課題としては、以下が挙げられる。

第1は、国民大衆に基礎を置く内需の掘り起こしである。発展途上国が低開発状態から脱却できず、また先進国が経済停滞から脱却できないのは、高度科学技術の導入ができなかったからではなく、それを利用して国民大衆の必要とする財貨・サービスを適正品質・安価に提供できなかったからである。中近東諸国も一般論としてこれに気がついているが、石油収入があるためにそれに安易に依存し、真剣に財貨・サービスの開発を進めない。

第2は、グローバリゼーションへの対応である。中近東の世界経済への統合状況は低く、加えて1990（平成2）年代に入り石油収入の不振とともに輸出額が減少している。このため1990（平成2）年代の成長率は低下しており、先進国との経済格差は拡大している。具体的には以下の問題がある。

①マクロ経済の不均衡があり、政府の経済介入・価格の歪み・通貨の交換可能

性が低いこと等が悪影響を及ぼしている。

②経済構造の不十分さがあり、貿易障壁・金融市場の未発達・国内の低貯蓄率・投資資金不足・公的部門の肥大・インフラ不足等が挙げられる。

③経済環境条件の整備が十分でなく、行政機関や法制度等の未整備・透明性の不備がある。

④女性の社会進出を認めないというイスラム社会特有の問題があり、労働力の供給が不十分である。

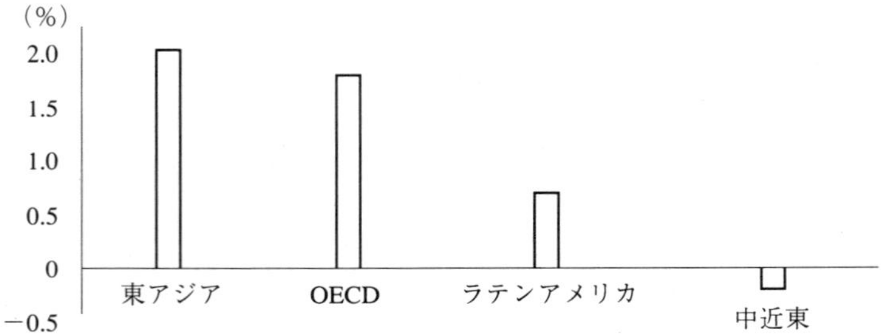

第 12 図　全要素生産性の上昇率（1960 ～ 1990 年、年平均）

（出所）世界銀行資料。

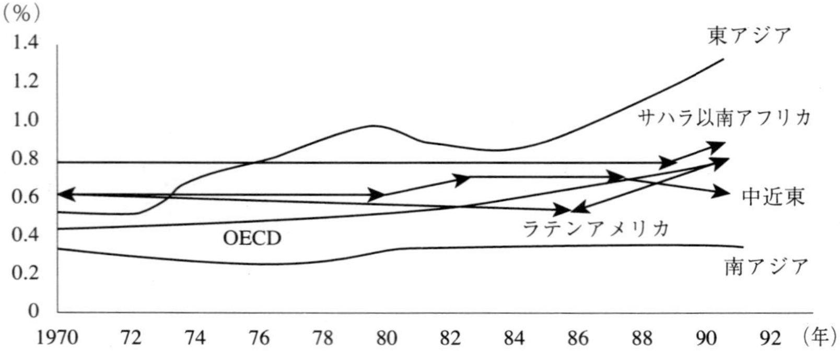

第 13 図　対外開放度（「輸出＋輸入」GDP の倍率）の推移

（出所）Riordan.

第3は、女性の出産選択を認めないため、人口増加率が世界一高いことである。高い人口増加率の原因は、イスラム教は避妊や堕胎を嫌うことにある。この高い人口増加率は、短期的には1人当たり所得を低め、特に若者の失業率を高め、若年層の政治社会行動を過激にする。ただし、人口増加による人口大国化により、長期的にはイスラム社会の世界に対する社会的影響力は、中国・インドと並んで強まる可能性がある。

第4は、石油依存からの脱却である。中東産油国は石油化学産業を育成しており、これはある程度成功しているが相変わらず産業分野が狭く、世界の石油需要に中東経済がモノカルチャー的に依存している状態は変化していない。経済社会が幅広い産業分野に立脚しないと、発展途上国段階から脱却できない。

第5節　アフリカ発展途上国の経済開発

1. アフリカの概要

アフリカ発展途上国とは、①通常サハラ砂漠以南であり、②主としてキリスト教が広まっていて、③黒人が住み、④熱帯地方を多く含む47カ国（スーダンを除く）のいわゆるブラック・アフリカを意味する場合が多い。

ブラックアフリカと同じく北アフリカも発展途上国であるが､地中海性気候･アラブ人･イスラム教が優勢であり、スーダン（特に中央政府の支配する北部）もこの特質を持つため北アフリカと考えられている。アフリカ諸国も、アジア諸国やラテンアメリカ諸国と同じく政治的・経済的・社会的に多様であり単純化できないが、経済的に発展途上段階から卒業できない面で共通性を持つ。

まずアフリカでは、リベリアとエチオピアを除き、戦前は欧州諸国の植民地支配の下に置かれ自立的な発展を阻害され、今日でも、①国内における部族・派閥抗争は国境を越えた紛争に拡大する、②国家機構は国民のコンセンサスと全体利益のために運営するのではなく、部族・派閥の利益のために運営するという信念と習慣が強い、③旧宗主国の西欧各国はアフリカに対する政治的影響力を保持するため、部族･派閥抗争を利用し介入して武器援助等を行うことが多い。

アフリカ諸国の多様性は、人口規模と1人当たり所得に現れる。すなわち、2001（平成13）年のデータを見ると、人口はナイジェリア（1億3,300万人）からセイシェル（10万人）まで差異がある。また2001（平成13）年の1人当たりGNP（米ドル購買力換算）は、観光資源の豊富なセイシェル（1万7,030米ドル）からエチオピア（810米ドル）やコンゴ民主共和国（680米ドル）まで差異があり、平均して1,831米ドル程度の貧困国であり、この所得水準は南アジア平均の2,730米ドルよりも低い。

またアフリカは、経済発展段階が低いだけでない。部族や派閥の指導者が独裁制をとっており、これらの者は政治的・軍事的な主導権を握ることを何よりも優先し、社会や人々の生活の安定を壊してもよいから、まず軍事的主導権の

第11表　アフリカの人口と1人当たりGNP（2002年）

国　名	人口（100万人）	1人当たりGNP(米ドル)	国名	人口（100万人）	1人当たりGNP（米ドル）
アンゴラ	14	1,730	中央アフリカ	4	1,190
ウガンダ	23	1,320	トーゴ	5	1,430
エチオピア	67	720	ナイジェリア	133	780
エリトリア	4	950	ナミビア	2	6,650
ガーナ	20	2,000	ニジェール	12	770
カメルーン	16	1,640	ブルキナ・ファソ	12	1,010
ギニア	8	1,990	ブルンディ	7	610
ケニア	31	990	ベナン	7	1,020
コンゴ共和国	3	700	ボツワナ	2	7,770
コンゴ民主共和国	54	90	マダガスカル	16	720
ザンビア	10	753	マラウイ	11	570
シエラレオネ	5	490	マリ	11	840
ジンバブエ	13	2,120	南アフリカ共和国	44	9,870
ギニア	8	1,990	モザンビーク	18	-
セネガル	10	1,510	モーリシャス	3	-
象牙海岸	17	1,433	モーリタニア	3	-
タンザニア	35	550	ルワンダ	8	1,210
チャード	8	1,000	レソト	2	2,710

（出所）世界銀行資料。

奪回や確立をめざすべきだという戦国時代に相当した発想を持っている。すなわち、軍事的な優位性を最優先して、経済成長や社会開発は政治目的とならない。このためアフリカの1人当たりGDP成長率は、戦後から1980（昭和55）年まで発展途上国の中で最低であった。1人当たりGDPは単に低水準にあるだけでなく、むしろその水準は1980（昭和55）年以降今日まで約20年間下落し続けている。さらに社会的な状態を示すUNDP（国連開発計画）の人間開発指標（Human Development Index）を見ても、2001（平成13）年の指標の数値が0.5以下という低い人間開発指標を有する発展途上国35カ国のうち、アフリカは31カ国も占めている。

第12表　人間開発指標の上位5カ国と下位5カ国（2001年）

	国　名	現実値				指数値			人間開発指数
		寿命（歳）	識字率（%）	就学率（%）	所得（米ドル）	寿命水準	教育水準	所得水準	
1	ノルウェー	78.7	99.0	98	29,620	0.90	0.99	0.95	0.944
2	アイスランド	79.6	99.0	91	29,900	0.91	0.96	0.95	0.942
3	スウェーデン	79.9	99.0	113	24,180	0.91	0.99	0.92	0.941
4	オーストラリア	79.0	99.0	114	25,370	0.90	0.99	0.92	0.939
5	オランダ	78.2	99.0	99	27,190	0.89	0.99	0.94	0.938
170	ブルンジ	40.4	49.2	31	690	0.26	0.43	0.32	0.337
171	マリ	48.4	26.4	29	810	0.39	0.27	0.35	0.337
172	ブルキナ・ファソ	45.8	24.8	22	1,120	0.35	0.24	0.40	0.330
173	ニジェール	45.6	16.5	17	890	0.34	0.17	0.36	0.292
174	シエラレオネ	34.5	36.0	51	470	0.16	0.41	0.26	0.275
	世界平均	66.7	78.0	64	7,736	0.70	0.75	0.72	0.722

（出所）UNDP：Human Development Indicators.

2. 植民地時代とモノカルチャー

アフリカは、歴史的に植民地時代に政治的・経済的・社会的に西欧諸国に従属していて、以下のように自立的発展ができなかったが、現在でも旧宗主国である西欧諸国やアメリカの政治・軍事戦略や戦略資源（石油、金、ダイアモンド等）利権確保の対象になって介入を受けている。

第 1 は、人的資源の強制的略奪である。

アフリカは、大航海時代に西欧諸国の植民地となり、奴隷の供給基地となった。すなわち、当時は西欧の主導権の下に、①西欧はアメリカとアフリカに対して工業製品（綿製品・酒・武器・火薬）を輸出し、②アフリカはアメリカ（当時西欧諸国の植民地であった）に対して奴隷を輸出し、③アメリカでは西欧資本が管理したプランテーションから西欧に対して一次産品（砂糖・タバコ・コーヒー・綿花）を輸出し、これらは大西洋における三角貿易と呼ばれた。奴隷貿易によりアメリカに移動したアフリカ人は、1,000 万～ 1,500 万人と推定されており、奴隷貿易により青年アフリカ人が大量にアフリカから流出して人的資源が蓄積できなかったため、過去 500 年程度の期間アフリカの自立的発展が不可能になったと考えられる。なお現在でも、優秀な技術者や高等教育を受けた者は高い所得機会を求めて欧米に移動しており、これが現在におけるアフリカの停滞の原因となっている。

19 世紀に入ると、イギリスは奴隷貿易を廃止し、解放奴隷をイギリス植民地のフリータウン（シエラレオネ）等に送り、港湾・集落を結ぶ商人や植民地下級官僚とした。この者は、西アフリカの近代化の担い手となった。

第 2 は、モノカルチャーである。

18 世紀以降、イギリス・フランス・ドイツは産業革命に成功し、工業原材料の確保と工業製品の市場を必要とした。このため、アフリカは西欧工業国の垂直的国際分業体制の中に強制的に組み込まれた。すなわち、植民地時代のアフリカは輸出の 95%が工業原料としての一次産品であり、また輸入の 60%～70%は工業製品（繊維製品・タバコ・酒）である。しかもイギリスとナイジェリアのように特定先進国と特定途上国が、宗主国と植民地として固く結合し、他の先進国と取引拡大を図ることは不可能であった。

このような国際分業体制に半ば強制的に組み込まれることにより、アフリカ植民地は伝統的な食糧生産や工業生産（繊維等）を破壊され、また工業原料としてごくわずかな品目の一次産品の生産に特化してモノカルチャー経済になり、それが今日まで続いている。

これはアフリカが、自立的または計画的な生産活動や経済政策が行えない、極めて不安定な経済構造を抱えていることを意味する。このモノカルチャーは400 〜 500年前の大航海時代から徐々に形成されてきたものであり、アジア諸国は最近になり一部脱却できたものの、アフリカ諸国はラテンアメリカ諸国や中東諸国と並んで今日まで解決できないでいる。

第13表　主要農産物の世界貿易（1958 〜 1960年平均）

	世界輸出		世界輸入	
	順位・国名	シェア（%）	順位・国名	シェア（%）
パーム油	1. ナイジェリア	31.9	1. イギリス	33.5
	2. ベルギー領コンゴ	30.3	2. オランダ	14.4
	3. インドネシア	20.0	3. 西ドイツ	12.4
	アフリカ計	54.1	西欧計	81.4
	世界計（1,000トン）	（400トン）	世界計（1,000トン）	（549トン）
パーム核	1. ナイジェリア	49.7	1. イギリス	27.8
	2. ベルギー領コンゴ	18.0	2. 西ドイツ	20.5
	3. 仏領西アフリカ	10.0	3. オランダ	12.0
	アフリカ計	93.8	西欧計	84.1
	世界計（1,000トン）	（390トン）	世界計（1,000トン）	（376トン）
落花生	1. 仏領赤道アフリカ	34.6	1. フランス	34.9
	2. ナイジェリア	29.2	2. イギリス	14.4
	3. 中国	9.8	3. 西ドイツ	7.4
	アフリカ計	78.9	西欧計	78.1
	世界計（1,000トン）	（795トン）	世界計（1,000トン）	（784トン）
ココア	1. ガーナ	29.0	1. アメリカ	24.8
	2. ブラジル	20.1	2. 西ドイツ	12.4
	3. ナイジェリア	61.2	3. オランダ	8.4
	アフリカ計	78.9	西欧計	54.3
	世界計（1,000トン）	（892トン）	世界計（1,000トン）	（858トン）

（出所）室井義雄論文「植民地の経済構造」。

第3は、近代的国家や国家観が形成されなかったことである。

アフリカ各地では自然発生的に部族社会が形成されており、白人入植者は植民地支配に当たって部族を利用し部族間の反目をあおった。このためアフリカ国家は相互に部族間の統合、分離・分割、合併を通じて部族の活動範囲の境界線を国境として固定化し、住民を部族単位に再編成して徴税と労働力提供を促進し、また首長を下級官僚化して権限の一部を委譲して、忠誠を誓わせて国家を形成した。

このようにアフリカ植民地が無数の部族単位に分断されて宗主国の支配の下に再編成されたことは、部族を民族単位で結集することを妨げ、民族意識や国家意識を持つ妨げとなった。このため、ラテンアメリカやアジアが19世紀後半～20世紀にかけて強烈な民族意識や民族単位の国家形成意識を持ったのに比べて、アフリカでは良くても悪くても国民国家の基礎をなす民族意識が不在し、その代わり強烈な部族意識が存在するという深刻な問題を引き起こし、それが今日まで続いている。

すなわち、第2次大戦時点のアフリカ独立運動の中心は、土着のアフリカ人ではなく、欧米の大学で教育を受けた近代的エリートや解放奴隷であり、彼らは、①国家は本来多くの利益集団の単なる集合体であるのにかかわらず、西欧的国家思想に基づき国家を絶対視し、②また農村に基盤を置く部族社会を後進的と考えて軽視した。このため、いつまでたっても広範な住民や利害関係者に基礎を置く国家観は形成されず、単線的な支配管理主体としてだけの国家観しか持たず、したがって国家としての統合性は今日でもまだ十分ではない。ただし、先進国を中心にして世界の国家統治機構がグローバル化と地域化により分裂し始めた今日では、アフリカの未成熟な国家観は部族やコミュニティーに基礎を置くため、将来の新たな国家像を形成する中心的役割を果たす可能性がある。このため、遠い将来においては、アフリカが新しい文明の担い手となるかもしれないことに注意する必要がある。

なお、20世紀初頭に、アフリカの独立と統一をめざすパン・アフリカニズム運動が発生したが、この中心的担い手もかつては奴隷貿易等により世界に離散したアフリカ出身者であった。これらの者と当時アフリカに住む一般庶民との運動とはあまり結合しなかったため、アフリカ全体を解放するような大きな運動にはつながらなかった。

3. 戦後の開発経路

戦後の開発経路は、以下のようにまとまることができる。

第1は、戦後の独立である。

第2次世界大戦は、列強自体が経済利益の再分配をめぐって交渉したり解決したりする能力のなさを示し、これに伴い植民地支配体制も崩壊した。植民地解放運動はアジアでは1940（昭和15）年代後半に発生し、アフリカでは1950（昭和25）年代後半になって高揚した。「アフリカの年」と言われた1960（昭和35）年には17カ国が独立した。また、白人政権による抵抗が強かったポルトガル領植民地やジンバブエも、1970（昭和45）年代後半には独立した。

しかし、独立は単に政治面で行われたものであり、独立後の国家建設・経済開発は極めて困難であった。また国家建設・経済開発の方向は、①政府主導型

第14表　アフリカ諸国のモノカルチャー輸出構造（輸出総額に占めるシェア：%）

国名	1928年		1958年		1984/85年		1995年	
ナイジェリア	パーム油・核	48.3	パーム油・核	24.9	原油	90.1	原油	97.3
	ココア	14.3	落花生	20.3	ココア	2.2	−	
	錫	13.2	ココア	20.2	石油製品	0.8	−	
	計	75.7	計	65.4	計	93.1	計	97.3
ガーナ	ココア	82.4	ココア	60.0	ココア	66.6	金	45.2
	金	5.0	木材	10.5	アルミニウム	5.7	ココア	27.2
	ダイヤモンド	4.0	金	10.1	鮮魚	4.0	木材	13.3
	計	91.4	計	87.0	計	76.3	計	85.7
シエラレオネ	パーム油・核	71.5	ダイヤモンド		ダイヤモンド	35.9	金鉱石	47.8
	ココナッツ	17.5	42．8		非鉄鉱石	26.3	ダイヤモンド	22.2
	−		鉄鉱石	29.2	ココア	17.6	ボーキサイト	14.3
	計	89.0	パーム油・核	15.0	計	79.8	計	84.3
			計	87.0				
タンザニア	サイザル麻	28.7	サイザル麻	55.0	コーヒー	39.0	コーヒー	21.6
	コーヒー	19.1	原綿	8.2	原綿	12.0	原綿	18.2
	原綿	12.8	ダイヤモンド	6.4	茶	6.0	カシューナッツ	9.7
	計	60.6	計	69.5	計	57.0	計	49.5

（出所）室井義雄論文「植民地の経済構造」。

第 14 表（続） アフリカ諸国のモノカルチャー輸出構造（輸出総額に占めるシェア：％）

国名	1928 年		1958 年		1984/85 年		1995 年	
ケニア	原綿	37.3	原綿	29.2	コーヒー	27.3	茶	24.2
	コーヒー	19.3	コーヒー	20.2	茶	24.7	コーヒー	14.0
	サイザル麻	7.4	サイザル麻	9.5	原油	16.9	原油	9.3
	計	64.0	計	58.9	計	68.9	計	47.5
コンゴ民主共和国	銅	44.0	銅	27.0	銅	44.7	ダイヤモンド	23.1
	パーム油・核	19.1	コーヒー	14.1	原油	22.3	コーヒー	12.5
	ダイヤモンド	8.4	ダイヤモンド	8.4	コーヒー	19.0	原油	9.7
	計	71.5	計	49.5	計	86.0	計	45.3
アンゴラ	コーヒー	22.7	コーヒー	41.7	原油	76.2	原油	94.8
	ダイヤモンド	19.6	ダイヤモンド	14.9	石油製品	4.6	石油製品	2.2
	メイズ	18.4	魚肉飼料	7.5	コーヒー	3.5	ダイヤモンド	2.2
	計	60.7	計	64.1	計	84.3	計	99.2
ザンビア	銅	30.6	銅	90.0	銅	87.7	銅	69.0
	—		—		亜鉛	1.9	コバルト	10.8
	—		—		宝石類	0.7	—	
	計	30.6	計	90.0	計	90.3	計	79.8
ジンバブエ	金	36.8	タバコ	43.7	タバコ	22.9	タバコ	26.1
	タバコ	12.7	金	17.4	銑鉄	12.1	銑鉄	11.6
	アスベスト	11.1	アスベスト	11.4	原綿	9.5	ニッケル	4.8
	計	60.6	計	72.5	計	44.5	計	42.5
モザンビーク	砂糖	30.5	原綿	27.0	鮮魚	36.0	鮮魚	43.3
	原綿	15.7	砂糖	16.6	果実ナッツ類	19.4	原綿	11.7
	サイザル麻	15.2	カシューナッツ	12.5	原綿	7.7	カシューナッツ	5.6
	計	61.4	計	56.1	計	63.1	計	60.6

（出所）室井義雄論文「植民地の経済構造」。

の「国家が主導する資本主義」、②伝統的共同体を基盤とする「アフリカ社会主義」に分かれて分裂し、また国民国家建設・経済自立化いずれもあまり進まなかった。この原因は、①部族社会が強固に存在してそれぞれの利益に固執した、②モノカルチャー経済から脱却できなかった、③戦後の IMF・GATT による自由貿易体制には、経済強者や知識・情報・商才のある者に対して有利な強者の論理が基本にあり、経済的弱者のアフリカ人には利用できなかったからである。

第 2 は、モノカルチャーへの依存が続いたことである。

モノカルチャーは、アフリカ諸国の輸出構造のみならず、生産、農民・労働者の雇用も含んだ国民経済全体が、世界市場における一次産品の需給状況や価格動向に大きく左右されることを意味する。

伝統的貿易理論は「比較優位」である。アフリカの一次産品輸出や工業製品輸入は、生産コストの相対的に安い国の輸出が促進される結果であり、これにより工業品を輸出する先進国、一次産品を輸出するアフリカともに貿易により利益を得るという静態的な理論である。しかしながら、①工業製品と一次産品の需要に対する所得弾性値が異なることは動態的に成長産業と衰退産業があることを意味し、②また工業製品と一次産品の取引者相互間で市場支配力や独占力の差があり、これらを背景としてアフリカと先進国の経済格差は戦後さらに拡大した。また戦前の先進国における技術開発が開花し、工業製品による天然原料の代替化が戦後進み（合成繊維・合成ゴム・合成樹脂等)、これにより工業原料である一次産品の需要と市況が戦後においては長期的に低迷した。これによりアジアやラテンアメリカでも、一次産品輸出により経済成長を図ることは不可能となった 。

第3は、アフリカの工業は一般的に以下の特徴を持っており、今日でもまだ工業化の初歩的段階にあるということである。

①国内市場向けの大衆消費財の輸入代替が中心を占め、国内生産は、繊維・食品・飲料・化学製品等に集中しているが加工度や付加価値率が低い。

②すなわち、製品の製造に必要な設備・原材料・部品等を輸入に仰ぎ、国内でそれらを組立て・加工する工業化である。

③一次産品輸出に頼るため外貨獲得額は十分でなく、しばしば外貨不足のため工業原材料等の輸入ができず、国内の工業生産水準を大幅に切り下げざるを得なくなる事態が発生する。

④設備・原材料・部品等を海外からの輸入に依存するため、工業と他産業との産業連関効果がなく、工業化が進んでも国内の他産業（裾野産業）が発展しない。

⑤主要企業の大部分は外資との合弁会社であり、自国資本が十分発展しない。

⑥基幹産業である重化学工業は政府管理の下にあるが、効率が悪く国家財政赤

字の原因になっている。

⑦工業化のためには経営や市場の自治・自立が必要であるが、市場よりも国家政策が優先され、さらに民間も短期的利益を重視する商人資本的な社会習慣が強く残っている。

第4は、アフリカで工業化が遅れていることは、それなりの根拠があるということである。

製造業が発展するためには、企業単位での計画性が必要であり、製品を販売できる市場があり、また必要な生産要素（経営資源）を周辺から調達できる市場があることが必須である。

まず販売市場については、同一社会意識を持つ人口集団が相当大規模に存在しなければ市場とはいえず、市場がない場合、産業は育たない。衣服や繊維産業でも、数万～数10万人が共感を抱き、かつ相互に交流と関与を行う社会集団がないと産業は育たない。アフリカは人口の少ない部族社会が主体で構成されてであり、相互に競争と反目を続けているために市場がなかなか育たない。

生産要素の調達については、①やる気のある企業家・技術者・労働者が存在し、②電力・水道・物流等のインフラが整備され、③資金調達を行うための金融市場が存在する等の条件が必要である。しかしアフリカでは、①国内の企業家・技術者・資本は先進国に流出し、②海外の企業家・技術者・資本の流入に依存するため、内発的な工業化がなかなか進まない。インフラ建設や初等教育・労働者教育も遅れている。また国内の経済活動に必要な原材料や機械を輸入するためには外貨が必要であるが、それを調達するために伝統的な一次産品の輸出に頼らざるを得なく、これが工業化や工業輸出をますます遅らせるという矛盾した構造になっている。

また国内での工業化の遅れは、保護関税により工業製品の輸入障壁を高める動きにつながり、これは国内物価の上昇・消費者購買力の低下につながり、国内市場がいつまでたっても拡大しない。さらに輸入障壁は、密輸や地下経済の繁栄をもたらし、市場は圧迫される。

第5は、工業化の発展経路の現段階である。工業化において「輸入代替」は政府の政策だけでできるが、「輸出代替」は世界市場で競争できる民間企業の努力がないと不可能であり非常に難しい。すなわち、「輸入代替」政策では、単に工業製品の輸入を抑制すればそれだけで国内の工業化が進むが、これは高価・低品質の工業国産化であり、国内の消費者は騙せても世界市場からは目を背けられる。また「輸入代替」政策では、国内の企業家・技術者・労働者は育たず、外資・外国技術もあまり流入しないし、国内市場も小さいままであり、生産投資も拡大しない。このことから、戦後1960（昭和35）年代頃に発展途上国の開発戦略を主導したプレビッシュとシンガーは、「輸出代替」工業化をめざすべきであるという命題を提示した。

アフリカ諸国が採用した工業化戦略は、一般的に「輸入代替」と「輸出代替」の混合型であるといわれる。しかしながら、①政府は外資導入促進策をとっているが国内の民間企業が外資支配を嫌っている、②一部の工業製品については高関税が残っている、③国産の工業製品の多くは消費財であり、高品質よりも低価格指向である等の特徴を持っており、発展性のない「輸入代替」となる傾向が強い。

4. アフリカの構造調整政策

1980（昭和55）年代以降、ラテンアメリカと同様にアフリカ諸国も、IMFや世界銀行の提案によって構造調整政策を採用せざるを得なかった。

1980年代以前においての世界の開発経済学では、「構造主義」が主流であった。これは発展途上国を、①経済だけでなく社会・政治等も併せてみる、②これら諸要素の相互関係の中で開発をめざす、③市場とともに政府や制度・慣行等の役割も重視するものである。他方「構造調整政策」は、「構造主義」とまったく異なり実質は「市場主義」のことであり、政府の市場に対する介入を排除して市場に任せて資源配分の効率化を図ろうとするものである。すなわち、①レーガノミクスやサッチャーリズムが1980（昭和55）年代に先進国全体に流行し、② 1982（昭和57）年以降のメキシコの債務危機に対処するのにIMFや世界銀行による「構造調整」が強調され、ラテンアメリカの債務国は構造調整の受諾か債務危機の深刻化かの選択を迫られ、③この市場主義による開発戦略が流行し、④アフリカにおいても市場主義による開発が強調された。

IMFや世銀による構造調整政策の提案の背景には、以下の考えがある。

第1は、アフリカの経済危機は対外不均衡によるものであり、この解決のためには過大な国内需要・過大な信用供与（貨幣供給）の抑制が必要である。

第2は、したがって構造調整政策は、信用統制を通じて内需抑制を図り、すなわち、経常収支赤字と財政収支赤字を削減することである。

第3は、この背景にはケインズ政策ではなくマネタリズムの思想を反映しており、また市場の自己調整機能に対して信頼感を示したということである。

この背景や思想に基づきIMFや世界銀行は、以下の構造調整政策を示した。

①経常赤字の削減（輸出促進と輸入抑制）

②財政赤字の削減（財政支出の削減）

③公共部門の縮小と経営効率化（政府企業の民営化）

④価格の歪み是正（補助金の撤廃）

⑤貿易の自由化（関税引き下げと輸入障壁撤廃）

第15表　構造調整を実施した42カ国のマクロ経済指標

	低所得国			中所得国			サハラ以南アフリカ諸国		
	調整前	調整中	調整後	調整前	調整中	調整後	調整前	調整中	調整後
GDP成長率（%）	4.1	3.7	4.4	4.9	3.9	3.5	3.4	2.5	2.4
GDP/人成長率（%）	1.5	1.4	1.9	2.7	0.9	1.7	0.5	-0.8	-0.6
国内投資/GDP（%）	20.7	22.6	21.3	24.1	20.7	21.2	22.1	16.0	13.5
財政収支/GDP（%）	-7.1	-12.6	-15.6	-3.3	-10.2	-3.4	-6.0	-6.8	-7.0
関税収入/GDP（%）	4.2	3.2	3.4	3.6	3.5	3.3	5.2	6.0	5.1
保健教育/GDP（%）	3.1	3.8	3.7	4.9	4.8	4.4	4.8	4.8	4.6
為替レート：1980年=100	113.6	97.7	76.5	106.0	87.9	130.8	96.5	94.3	80.9
経常収支/GDP（%）	-5.2	-8.1	-7.5	-4.4	-5.1	-2.6	-6.9	-6.1	-2.8
実質輸出増加率（%）	3.5	4.1	5.9	7.4	6.6	7.7	3.0	4.4	2.6
製造輸出/総輸出（%）	3.1	4.5	7.0	4.8	8.1	11.9	1.9	2.2	2.4
対外債務/GDP（%）	35.1	70.4	118.6	32.1	69.5	70.4	40.4	96.7	96.5
債務返済/GDP（%）	2.6	4.8	5.3	5.0	8.2	8.4	3.0	6.2	8.4
債務返済/輸出（%）	12.9	21.9	25.1	25.8	34.0	31.4	10.6	22.6	31.6
物価上昇率（%）	12.9	10.6	10.8	25.2	41.1	449.6	21.5	26.1	37.2

（出所）World Bank "Adjustment Lending:Lessons of Experience, Sept 1993".

⑥為替の自由化（対ドル為替レートの切り下げ）
⑦信用・通貨量の統制（信用・通貨量の削減、金利の引き上げ）

アフリカがこの構造調整政策を取り入れやすくするため、世界銀行は1980（昭和55）年に構造調整融資制度を、また1983（昭和58）年に部門調整融資制度を設け、従来の長期的なプロジェクト融資とは異なり短中期の国際収支調整のための融資を行った。借入国の条件は、①世界銀行の勧告する構造調整計画を受諾する、② IMFからも国際収支調整のためのスタンドバイクレジットや拡大融資を受ける必要がある等である。現在では、世界銀行の融資合計額のうち25％程度が構造調整融資である。

またIMFは、ラテンアメリカ債務危機に対処するベーカー米財務長官構想を具体化するため、1986（昭和61）年に構造調整融資制度、1987（昭和62）年に拡大構造調整融資制度を創設した。融資枠は、前者でIMFクウォータの50％、後者で同190％であり、融資期間は5～10年である。借入国の条件は、今後3年にわたる構造調整計画を提出し、毎年見直しを行うことである。

しかし、この構造調整政策は成功したとはいえない。世界銀行が1993（平成5）年に行った評価によると、① 1980（昭和55）年代前半～1990（平成2）年代前半における42カ国の構造調整は概ね成功した、②うちアフリカの18カ国について、経常収支は半数の国で改善したが、大半の国で財政赤字の拡大と国内投資の鈍化が見られ、成長率の格差が拡大したと指摘した。すなわち、アフリカでは成功しなかったといえる。成功しなかった理由として、以下を指摘することができる。

第1は、為替自由化政策の効果である。

輸入代替政策国では通常為替レートを高く設定する。この理由は、機械・原材料・部品等すべてを輸入しなければならず、それを基にして国内生産を進めるので、輸入品の国内価格を抑制する必要があるからである。しかしながら、為替自由化政策によって自国通貨を切り下げると、①国内インフレを引き起こす、②他方、一次産品輸出は国際市場における供給過剰という構造的要因があるために増加せず、③さらに外貨不足の下での為替自由化は、自国通貨を際限なく切り下げる結果となった。

第 2 は、貿易自由化政策の効果である。

為替レート切り下げにより、国産品は輸入品と比べて安価になり競争力が強くなるはずだが、実際には消費者は高品質の輸入品の方を選択するため、国産製造品はますます低品質・低価格品に特化する。

第 3 は、財政赤字縮小策の効果である。

アフリカでは、民間部門が発展せず政府主導で開発が進められ、かつ多くの国では財政支出の半分以上が内外債務返済のための固定的支出であった。この状況で財政支出を無理に削減したため、公務員の解雇・社会福祉関連支出の激減が続き、社会不安・貧富の格差拡大がもたらされ、国家の統治能力と求心力が弱まった。

第 4 は、価格自由化政策の効果である。

補助金の削減は , 生活必需品価格の大幅上昇となり（数倍に上昇した国が多い)、これは貧困層に打撃を与え、社会不安や暴動が勃発した。

5. 今後の課題

第 1 にアフリカの経済社会開発にとって最も重要なことは、従来の開発は「点」として行われ「面」としては行われず、不十分であったことである 。すなわち、①工業化は機械・原材料・部品の輸入によるスクリュードライバー工業化であり、地方資源を利用しないため国内に付加価値が滞留しない、②このため農林牧畜関連産業をまず着実に工業化し、地方資源と地方雇用を増やす必要がある、③この趣旨を理解する国内企業はもとより、外資企業・NGO 等の新たな取組みを求める必要がある。

第 2 に重要なのは、社会（コミュニティや国家）に対する人々の一体感を醸成することであるが、これは短期的には政策的にどうにもならない。特に部族の個人的つながりに基づき社会が維持されているため、社会という意識や公共意識が乏しく、すべては個人的コネが優先される。このため、政策的にある程度できることは、国家行政について公共の全体の利益を優先する習慣をつくることであるが、これも実際に行政人事はスポイルズ･システムでありメリット・

システムではなく、上司の人事異動があると部下が全部交代する習慣があって汚職の温床になっており、短期的な改善は困難である。

また多くの国では、政治的独立後に公務員給与は10分の1程度に下がり、①公務員のやる気を損ね、②副業や汚職が盛んになり、③公金や援助資金の流用が盛んになった。このため公務員の待遇は民間に準拠する必要がある。アジアでも低開発水準の時代においては同じような公務員の腐敗が見られた。しかし、経済成長に伴い長期間かかって所得水準が高まったサラリーマン等が、①中産階級化し、②民主化の担い手となり、③公務員の腐敗の批判を強めてきた。アフリカがこのようになるのには時間がかかる。基本的には一般大衆の経済・社会・生活水準を上昇させることにより、人々が政治・経済・社会が向上するということに自信を持ち、この結果国民による政府のガバナンスが高まることが最良の対策である。

第3は、貧困解決のための社会政策とともに、自立的な経済成長を指向する政策を根強く行うことである。アフリカは貧困状態がひどく、食糧不足や債務累積等の緊急に解決を迫られる問題の対処に追い回されてきたが、自助努力により自立的な経済社会を建設する基本を忘れてはならない。このため、①人づくり教育、②ソフトおよびハードのインフラづくり、③農業開発と食糧自給度向上等の長期的な基盤形成が必要である。

人づくり教育は、基礎教育の充実、中小零細企業家の組織化と支援、高等教育経験者の国内定着のための待遇改善等が必要である。ソフトおよびハードのインフラづくりは、法制度の整備・公務員の待遇改善に併せ、今後の成長の基礎となる灌漑施設・道路・港湾等の整備が必要である。

また農業開発と食糧自給度向上は、①アフリカにおける多数者の生活と経済の底上げ、②慢性的・構造的な食糧輸入依存からの脱却のためにも必要であり、東アジアや東南アジアにおいて工業化が成功した真の原因は、食糧増産や農村の所得増加が達成された結果、これが国内需要の拡大につながり工業の成長を支えたことを忘れてはならない。

第2章　開発戦略と経済協力

第1節　国際開発目標について

1．国際開発の7目標

OECD開発援助委員会（DAC）は1996（平成8）年、上級会合において7つの開発目標（International Development Targets：IDTs）を提示した。これらの7目標は、①個々の目標の重要性、②広義の開発目標としての代表性等を考慮して選択されている。すなわち、単なる経済成長だけでなく、BHN（Basic Human Needs：基礎的な人間のニーズ)、環境問題等を包含して、人間として持続可能で生活しやすい環境づくりをめざすものである。すなわち、発展途上国の開発は、①経済・健康・教育等のBHNのバランスを取り、②経済成長の持続性、すなわち経済成長と環境保全とのバランスを取り、③教育等により人的資本の蓄積をめざすものでなくてはならない。このため、限られた経済資源等を有効に利用し、やる気のある人に活動する機会を与えることが必要である。

このDACの7目標は現在では「国際開発目標」として、先進国のみならず発展途上国や国連等の国際機関を含めて国際的な共通の目標として認知されている。また7目標相互の整合性・効率的資源配分や重点配分・実施の担い手等については、国際機関や国家が中央集権的に行うと必ず失敗するため、現地の事情に応じて住民参加の下に弾力的に行われる必要がある。この理由は、経済成長や開発を生み出すの原動力は住民や大衆であり、政府でないことによる。これを誤解すると、成長・開発・生活向上を達成することはできなくなる。政府の役割は、側面からの環境整備と制度的な用意をすることくらいである。

第16表　OECD開発援助委員会（DAC）による開発7目標

1. 2015年までに、極端な貧困の下で生活している人々の割合を半減する。
2. 2015年までに、すべての国において初等教育を普及させる。
3. 2005年まで（2015年までではない）に、初等・中等教育における男女間格差を解消し、それにより男女平等と女性の能力の強化（Empowerment）に向けて大きな前進を図る。
4. 2015年までに、乳児と5歳未満幼児の死亡率を3分の1に削減する。
5. 2015年までに、妊産婦の死亡率を4分の1に削減する。
6. 2015年を最終目標として可能な限り早期に、適当な年齢に達したすべての人に対する基礎保健システムを通じて、性と生殖に関する医療保健サービス（Reproductive Health Service）を享受できるようにする。
7. 2015年までに、現在の環境資源の減少傾向を、地球全体および国ごとに増加傾向に逆転させる。

（出所）OECD・DAC.
（注）基準年は1990（平成2）年である。

2. 7目標の意義

1996（平成8）年におけるOECDの7目標設定の前において、発展途上国の開発目標は主として経済水準の引き上げであり、また個人ベースではなく国家ベースのマクロ指標であった。ところが、これを7目標のように、①経済開発分野のみならず社会開発分野を重視した、②貧困・女性・教育・乳児死亡率等を重視した、③環境資源の保全等を重視したのは、戦後における発展途上国の経済社会開発の実態・経験・反省を踏まえたものである。すなわち、持続可能な成長・発展途上国自身の住民と政府の主体的参加・経済開発の成果の住民全体への均てん等が図られないと結局経済成長は長続きせず、また経済成長の結果人々の生活向上が実現しないため、何のための成長だか分からなくなり成長の正当性が失われる。

7目標の前提をなす「持続可能な成長（開発）」を実現するための条件は、OECDによれば以下の6つである。

第1は、持続的な成長を促すためには、激しいインフレ・財政の大幅赤字・国際収支の不均衡による外国為替レートの乱高下等による不安定な経済基盤を是正して、経済環境を整備する必要がある。

第17表　持続可能な成長を実現するための諸条件

1. 持続的な成長を促すための安定した経済基盤
2. 社会開発への投資（特に基礎教育、基礎保健医療、人口活動に対する投資）
3. すべての人々、特に女性の政治経済活動における参加の拡大と社会的不平等の縮小
4. 良い統治と行政、民主主義に基づく統治の信頼性、人権の保護、法の支配
5. 環境保全のための慣行
6. 潜在的な紛争の原因に対する抜本的取組み、軍事支出の制限、長期的和解と開発に焦点を当てた復興と平和構築への努力

（出所）OECD "Shaping the 21st Century：The Contribution of Development Cooperation".

第2は、基礎的な識字能力や計算能力は、貧困を削減して政治・経済・文化活動に参加するための必要条件である。また基礎保健医療も、健康という生きる権利であるとともに政治・経済・文化活動に参加するための必要条件である。人口活動に対する投資については、妊産婦・乳幼児の健康維持は適正な人口規模の維持につながるという認識がある。

第3は、経済社会活動の底辺を支えて実際の活動の担い手となっている女性に、実態に伴った種々の決定権を与える必要がある。

第4は、良い統治とは、汚職・政情不安があると経済社会開発が中断するためそれを避けることであり、また民主主義・人権の保護・法の支配により経済・社会・政治活動を保証する必要がある。

第5は、環境問題は地球規模から地域規模に至るまで多様であるが、環境保全（公害防止、自然環境資源の涵養）をすることが経済成長を持続させるために必要不可欠であることについて国際的コンセンサスがある。

第6は、持続的成長のためには、軍事費削減・紛争の解決が必要である。

3. 7目標の内容

この7目標は、OECDが恣意的に定めたものでなく、国連その他の国際機関における長期間の議論と経験が集大成されたものである。

第1は、2015（平成27）年までに極端な貧困の下で生活している人々の割合を半減することである。1995（平成7）年の社会開発サミットにおけるコペンハーゲン宣言で、「世界の貧困撲滅は、人類の倫理的・社会的・政治的および経済的な責務」であるとしている。また世界銀行は、1 人当たり平均年間所得 765 米ドル（1 日約 2 米ドル）以下の国を低所得国とし、さらに個人で 1 人当たり年間所得 370 米ドル（1 日約 1 米ドル）を極端な貧困の基準としてきた。7 目標の中における貧困目標は、個人ベースでの極端な貧困率を半減するものと解釈されている。

第 18 表　発展途上国 1 人当たり年間所得による分類基準（米ドル）

世界銀行分類			OECD・DAC 基準		
	1995 年基準	2002 年基準		1992 年基準	1998 年基準
高所得国	9,386 以上	9,076 以上	高所得国（HICS）	8,355 以上	9,361 以上
中所得国	766 ～ 9,385	736 ～ 9,076	高中所得国（UMICS）	2,696 ～ 8,354	3,031 ～ 9,360
上位中所得国	3,036 ～ 9,385	2,935 ～ 9,076	低中所得国（LMICS）	676 ～ 2,695	760 ～ 3,030
下位中所得国	766 ～ 3,035	736 ～ 2,935	低所得国（LICS）	675 以下	759 以下
低所得国	765 以下	735 以下			

（出所）世界銀行等資料。

第 2 は、2015（平成 27）年までにすべての国で初等教育を普及させることである。この目標は 1990（平成 2）年ジャムチェンでの世界教育会議の提案に基づくものであり、1995（平成 7）年の社会開発サミット、北京での世界女性会議において 2015（平成 27）年を目標とすることを承認された。基本的な識字能力および計算能力の習得は、経済・政治・社会活動への参加に際して必要な条件であり、目標年においてすべての国におけるすべての者が初等教育を終了することを意味する。

第 3 は、2005（平成 17）年まで（2015（平成 27）年までではない）に初等・中等教育における男女格差を解消することである。この目標は 1994（平成 6）年カイロで開催された国際人口開発会議、1995（平成 7）年に開催された社会開発サミット・世界女性会議において提言されたものであり、女子教育への投資は開発の最も重要かつ基礎的な要素であり、また教育における男女平等は経済社会の公正と効率を促進する。

第4は、2015（平成27）年までに乳幼児死亡率を1990（平成2）年水準の3分の1に低下させることである。1994(平成6)年の国際人口開発会議において、2015（平成27）年までに乳児死亡率を出生1,000人当たり35人未満に、また5歳未満幼児の死亡率を出生1,000人当たり45人未満に低下させる目標が設定されたことに基づくものである。乳幼児の死亡率は、社会的に最も弱い者の保健と栄養状態を示す尺度である。

第5は、2015（平成27）年までに妊産婦死亡率を1990（平成2）年水準の4分の1に低下させることである。1994（平成6）年の国際人口開発会議において発展途上国の妊産婦死亡率を、①2000（平成12）年までに1990（平成2）年水準の半分に、②2015（平成27）年までにそれをさらに半減することが目標とされた。この目標は1995（平成7）年の世界女性会議でも承認された。妊産婦死亡率は先進国と発展途上国とでは著しく異なるものであり、1980（昭和55）年代における発展途上国の妊産婦死亡率は、平均して出生10万人当たり350人であったと推定されている。

第6は、2015（平成27）年までのできるだけ早期に、適切な年齢のすべての個人が基礎保健システムを通じて、性と生殖に関する保健医療サービスを受けられるようにすることである。この目標は1994（平成6）年の国際人口開発会議において採択されたものであり、世界人口の安定、性と生殖に関する健康、子供の健康の改善、開発の持続可能性をめざしたものである。

第19表　後発発展途上国（LLDC）

LLDCは、国連開発委員会（CDP）が定めた以下の要件の1つに該当し、国連総会で承認された国である。 1. ①1人当たりGDP600米ドル以下、②人口7,500万人以下、③APQLI（就学率や識字率等を指数化した人的資源開発度）47以下、④EDI（GDPに占める製造業比率、電力消費量等を指数化した経済構造脆弱度）22以下の4条件をすべて満たす国 2. 1人当たりGDP600米ドル以下、人口7,500万人以下の2条件を満たす内陸国、または人口100万人以下の小国（いずれもAPQLIで47以下またはEDIで22以下の国に限る）

（出所）国連開発委員会資料。

第 20 表　発展途上国の分類（DAC リスト、2001 年初時点、1998 年米ドル価格）

第 1 部　発展途上国（ODA 供与適格国）（次表に続く）				
後発発展途上国（LLDC）		低所得国（LICS）1 人当たり所得 759 米ドル以下	低「中所得国」（LMICS）1 人当たり所得 760 ～ 3,030 米ドル	
Afgahanisitan	Madagascar	Armenia.	Albania	Micronesia
Angola	Malawi	Azerbaijyan	Algeria	Federated States
Bangladesh	Maldives	Cameroon	Belize	Morocco
Benin	Mali	China	Bolivia	Nambia
Bhutan	Mauritania	Congo,Rep.	Bosnia and	Niue
Burkina Faso	Mozambique	Cote d' Ivoire	Herzegovina	Palestinian
Burundi	Myanmar	East Timor	Colombia	Adnministered
Cambodia	Nepal	Ghana	Costa Rica	Area
Cape Verde	Niger	Honduras	Cuba	Papua New
Central Africa	Rwanda	India	Dominica	Guinea
Republic	Samoa	Indonesia	Dominican Rep.	Paraguay
Chad	Sao Tome and	Kenya	Ecuador	Peru
Comoros	Prinscipe	Korea Democratic	Egypt	Philippines
Congo,Democratic	Senegal	Rep.	El Salvador	South Africa
Rep.	Sierra Leone	Kyrgyz Rep.	Fiji	Sri Lanka
Djibouti	Solomon	Moldova	Georgia	ST Vincent &
Equatorial Guinea	Islands	Mongolia	Guatemala	Grenadines
Eritoria	Somalia	Nicaragua	Guyana	Suriname
Ethiopia	Sudan	Nigeria	Iran	Swaziland
Gambia	Tanzania	Pakistan	Iraq	Syrian
Guinea	Togo	Tajikistan	Jamaica	Thailand
Guinea-Bissau	Tuvalu	Turkumnnistan	Jordan	Tokelau
Haiti	Uganda	Viet Nam	Kazakhstan	Tonga
Kiribati	Vanuatu	Zimbabwe	Macedonia	Tunisia
Laos	Yemen,Rep.		Marshall Islands	Uzbekistan
Lesotho	Zambia			Wallis and Futuna
Liberia				Yugoslavia
				Federal Repubblic

（出所）OECD・DAC.

第20表（続） 発展途上国の分類（DACリスト、2001年初時点、1998年米ドル価格）

第1部　発展途上国（ODA供与適格国）（前表から続く）			第2部　市場経済移行国（公的支援供与適格国）		
高「中所得国」（UMICS）1人当たり所得3,031～9,360米ドル		高所得国（HICS）1人当たり所得9,361ドル以上	中東欧および旧ソ連からの独立国	発展した発展途上国または地域	
世銀融資非適格（1人当たり所得3,031～5,249米ドル）	世銀融資非適格（1人当たり所得5,250ドル以上）				
Botswana Brazil Botswana Chile Cook Islands Croatia Gabon Grenada Lebanon Malaysia Mauritius Mayotte Mexico Nauru Palau Islands Panama St Helena St Lucia Trinidad and Tobago Turkey Uruguay Venezuela	Anguilla Antigua and Baruda Argentina Bahrain Barbados Montserrat Oman Saudi Arabia Seychelles St Kitts and Nevis Turks and Caicos Islands	Malta Slovenia	Berarus Bulgaria Czech Rep. Estonia Hungary Latovia Lithuania Poland Romonia Russia Slovak Rep. Ukuraine	Aruba Bahamas Bermuda Brunei Cayman Islands Chinese Taipei Cyprus Falkland Islands French Polynesia Gibrartar Hong Kong China	Israel Korea Kuwait Libia Macao Netherlands Antilles New Caledonia Nothern Marianas Qatar Singapore United Arab Emirates Virgin Islands(UK)

（出所）OECD・DAC.

第7は、2005（平成17）年までに、すべての国が持続可能な開発のための国家戦略を新たに策定することである。またこの国家戦略に基づき、現時点では森林・漁業・淡水・気候・土壌・生物多様性・オゾン層・有害物質の蓄積等に示される指標で環境資源の減少傾向が見られるが、それを2015（平成27）年までに世界ベースおよび国別ベースの双方とも効果的に改善させる。この目標は、1992（平成 4）年のリオ・デ・ジャネイロにおける国連環境開発会議における提案に基づくものである。

この国際社会で要請された国家戦略である開発 7 目標は、「将来世代のために資源基盤と環境を保護しつつ社会的に責任ある経済開発を行う」ための参加重視型の戦略である。2015（平成 27）年までに持続可能な経済社会開発政策を確立し、環境問題への対処能力を身につけることをめざすものである。

4．7 目標間の整合性

7 目標を、ODA（政府開発援助）のセクター分類に基づき分類すると以下のように整理できる。

・経　　済：①目標 1（貧困克服）
・教　　育：②目標 2（初等教育普及）、③目標 3（教育男女格差解消）
・保健医療：④目標 4（乳幼児死亡率の減少）、⑤目標 5（妊産婦死亡率の減少）、⑥目標 6（性と生殖サービスの普及）
・環　　境：⑦目標 7（環境保全）

これらの 7 目標を達成するためには、7 目標それぞれに対して個別的かつ一律に資源配分するのではなく、効果的・効率的に資源配分する必要がある。効果的・効率的資源配分を確保するためには、一定の経済社会モデルを想定して開発戦略を策定して、それに基づき資源配分することが適当と考えられる。それによる実際の経験を蓄積して、当初の想定した経済社会モデルや当初策定した開発戦略を修正することになる。

この場合国際機関が発表している統計を利用すれば、経済成長および 7 目標それぞれを代表していると考えられる統計を選定することができる。

この統計を選定した後、簡単な成長モデルを構築して分析すると、以下のことがいえる。

第 1 に、一時点のクロス・カントリーモデルを前提とすれば、経済成長（1 人当たり GDP）と 7 目標の間には有意な相関がある。すなわち、経済成長は、多くの経済社会問題を解決する基本的な手段になる。このクロス・カントリーモデルにより得られた7目標それぞれを被説明変数とし、経済成長をそれぞれ説明変数としたときのパラメータを採用して、後は各国とも経済成長が実現すれば平均的に7目標が実現されると前提すれば、粗いが大局的・平均的な7目標の達成見通しを得ることができる。なお、7目標と経済成長の相関が悪い場合には、他の説明変数を用いることとする。

第21表　7目標を代表する統計データと説明変数の統計データ

OECD：Geographical Distribution of Financial Flows to Aid Recipients
先進国の分野別（経済、教育、保健等）の ODA 供与
IMF ：Government Finance Statistical Yearbook
経済サービスへの公的支出
UNDP：Human Development Report
森林面積（目標7：環境保全）
Heston andR.Summers：Penn World Tables
1人当たり実質 GDP
貧困線を下回る人口比率（目標1：貧困克服）
GDP に占める投資比率
人口増加率
World Bank：World Development Indicators
初等教育就学率（目標2：初等教育普及）
経済サービスに対する公的支出
初等および中等教育への公的支出
女性の初等および中等教育就学率（目標3：教育男女格差解消）
栄養失調発生割合
保健医療への公的支出
産業の CO_2 発生量（目標7：環境保全）
安全な水へのアクセス（目標7：環境保全）
WHO：Global Health-for-All Indicators Database
乳幼児死亡率（目標4：乳幼児死亡率の減少）
看護資格者から看護を受ける幼児割合（目標6：性と生殖サービスの普及）
妊産婦死亡率（目標5：妊産婦死亡率の減少）
家族計画実施割合

（出所）内閣府等資料。

第2は、7目標と経済成長の相関が悪い場合の事例は、目標4（乳幼児死亡率の減少）と目標7（環境保全）である。目標4（乳幼児死亡率の減少）の低下のためには、単なる経済成長の成り行きに任せるだけでは不十分であり、公的支出を投入して特別の対策を講ずる必要があることを示唆している。また目標7（環境保全）については、経済成長に伴い、森林等の自然資源（環境資源）の減少、公害の発生、CO_2の排出の増加等が発生する。したがって、意図的に環境保全を重視した持続可能な政策を実施する必要がある。

5. 7目標の達成状況

7目標は、単にOECDのみならず国連や世界銀行等を含めた国際機関全体の開発目標であり、発展途上国および先進国共通の目標である。7目標設定後においても、国連機関の決議等によって目標内容が豊かになっている。

第1は、貧困削減目標である。貧困目標は、①極端な貧困者（所得が1日1米ドル以下）の割合に加えて、②栄養不足児童の割合を1990（平成2）年から2015（平成27）年にかけて半減することとした。世界全体の貧困者数は1999（平成11）年で12億人いる。低所得だけが貧困の特性であるとはいえず、教育機会がなく栄養不良でありまた不健康も貧困の特性である。また貧困者は、自然災害や犯罪から被害を受けやすく、政治的な自由や政治的な発言力もない。父親（夫）が病気になると家族はたちまち困窮し、父親が病気から回復し再就業するまで貧困状態から脱却できない。

第22表　発展途上国の貧困率（1990年基準で1人1日1米ドル未満の者の割合）：％

	1990年	実績（1999年）	2015年目標
発展途上国合計	29.6	25.0	14.5
東アジア・大洋州	30.5	15.6	13.8
欧州・中央アジア	1.4	5.1	0.8
ラテンアメリカ・カリブ海	11.6	11.1	8.4
中東・北アフリカ	2.1	2.2	1.2
南アジア	45.0	36.6	22.6
サハラ以南アフリカ	47.4	49.0	22.0

（出所）世界銀行資料。

貧困率は、最低消費水準または所得分布状態を参考にして推計されている。

貧困率は多くの発展途上地域において低下している。東アジアの貧困減少の主因は中国での減少であり、中国では2015（平成27）年の半減目標を達成する見込みである。市場経済移行国である東欧・中央アジアでは、貧困率が上昇している。貧困者の絶対数は南アジアで多いが、貧困率の水準ではサハラ以南アフリカが悪く、しかもこの地域では近年戦乱が続いたため悪化している。サハラ以南アフリカ、南アジア、ラテンアメリカを除く他のすべての地域で、経済成長が持続し所得分配が悪化しなければ、貧困目標は達成できるかもしれない。

また栄養不良児童数は、各年齢の身長と体重を比較することにより推計される。発展途上国においては1.5億人の栄養不良児童がいると推計される。栄養不良児童の減少のためには所得上昇だけでは不十分であり、母親への教育や健康医療サービスの提供が重要である。

第23表　発展途上国の栄養不良児童比率：%

	1990年	実績（1999年）	2015年目標
アジア	36.5	29.0	18.3
ラテンアメリカ	10.2	6.3	5.1
アフリカ	27.3	28.5	13.3

（出所）世界銀行資料。

第2は、2015（平成27）年における初等教育の皆普及である。1990（平成2）年の世界教育会議開催後約10年たった1999（平成11）年において、まだ1億人の児童が初等教育を受けていない。初等教育就学率は教育の一部の実態しか示していず、初等教育達成率（卒業率）や教育内容の質も重要である。このためには、教師の質、学校施設の充実、生徒にとって魅力があり生徒が自主的に通学するように教科内容も充実する必要がある。政治経済社会情勢が乱れ災害が発生して両親の所得が減少すると、児童は退学して都会における家事奉公人として出稼ぎをし、両親に送金すること等が求められる。

初等教育普及率は、東アジアで水準が高く、また上昇している。他方サハラ以南アフリカと南アジアではほとんど上昇していない。これらの2地域を除けば、これまでの趨勢が続くことにより2015（平成27）年には目標達成するかもしれない。また発展途上国によっては、今後 15 年間少子化傾向が続くため学童数が減り、また生産年齢人口（15 ～ 64 歳）が増加することも影響している。なおアフリカでは初等教育の皆就学を実現するためには、8,000 万人の追加的な学童受け入れが必要である。

第 24 表　発展途上国の初等教育普及率：%

	1990 年	実績（2000 年）	2015 年目標
高所得発展途上国	97	97	100
東アジア・大洋州	96	97	100
欧州・中央アジア	85	93	100
ラテンアメリカ・カリブ海	84	93	100
中東・北アフリカ	82	86	100
南アジア	66	73	100
サハラ以南アフリカ	54	60	100

（出所）世界銀行資料。

第 3 は、2005（平成 17）年まで（2015（平成 27）年まででではない）に、初等・中等教育における男女間格差を解消し女性の地位向上を図ることである。戦後多くの発展途上国において、女性の地位の向上は著しい。しかしながら、まだ女性の不平等は強く残っており、この原因は、社会規範と法制度、家庭の選択と習慣、経済的規制や政策的干渉が強く残っているからである。初等・中等学校があっても、先生が不在であり適切な学校管理者（校長）がおらず、安全・衛生上問題であるものが多く、そのしわ寄せは女生徒が受ける。

発展途上国のすべての地域において、女性の法的・社会的・経済的権利は男性と比べて低い。女性は男性よりも、経済的に豊かでなく経済的機会が少なく政治的参加が低い。女性、とりわけ少女が不平等のコストを最も負うが、不平等の被害は最終的にはすべての者が受ける。性の不平等は、貧困層で最も著しくかつコストがかかるため、開発問題の中心的課題である。

男女就学率格差はサハラ以南アフリカと南アジアでは順調に縮小していないが、他の多くの地域では縮小しており、東アジアは達成可能性が最も高い。サハラ以南アフリカでは初等教育普及率が順調に進まないのみならず、男女就学格差の縮小もはあまり進んでいない。またラテンアメリカ等の中等教育について、男生徒よりも女生徒就学率の方が高い地域があるが、これは男生徒が早く就業するからである。なお一国内における女生徒就学率は、貧富の違いにより大きな格差があることが知られている。

第25表　発展途上国の初等中等教育における男生徒に対する女生徒の比率：%

	1990年	実績（1999年）	2005年目標
高所得発展途上国	96	99	100
東アジア・大洋州	83	97	100
欧州・中央アジア	90	98	100
ラテンアメリカ・カリブ海	98	102	100
中東・北アフリカ	79	92	100
南アジア	68	81	100
サハラ以南アフリカ	79	82	100

（出所）世界銀行資料。

第26表　発展途上国の乳児死亡率（新生児1,000人当たり死亡者数）：人

	1990年	実績（1999年）	2015年目標
高所得発展途上国	8	6	3
東アジア・大洋州	40	35	13
欧州・中央アジア	28	21	9
ラテンアメリカ・カリブ海	41	30	14
中東・北アフリカ	60	44	20
南アジア	87	74	29
サハラ以南アフリカ	101	92	34

（出所）世界銀行資料。

第4は、乳児（新生児）と幼児（年齢5歳未満）の死亡率を1990（平成2）～2015（平成27）年までの期間で3分の1に低下させることである。乳児死亡率の主たる原因は、出生前後における不衛生である。また肺炎・下痢・マラリア・麻疹は乳児に死を招く場合が多く、特に乳児の栄養状態が慢性的に悪い場合は問題である 。

乳幼児が麻疹等にかかった場合、病院で治療すれば治るが、両親の所得がない場合、死亡することがある。また乳幼児死亡率が高い理由は、栄養不良・不

第 27 表　発展途上国の幼児（5 歳未満児）死亡率（1,000 人当たり死亡者数）：人

	1990 年	実績（1999 年）	2015 年目標
高所得発展途上国	9	6	3
東アジア・大洋州	59	44	20
欧州・中央アジア	44	36	15
ラテンアメリカ・カリブ海	53	34	18
中東・北アフリカ	77	54	26
南アジア	129	99	43
サハラ以南アフリカ	178	171	59

（出所）世界銀行資料。

衛生な水道・戦争と内乱・エイズの蔓延等がすべて影響している。さらに免疫・予防・下痢治療方法の知識の普及により、乳幼児死亡率は低下できる。

幼児（5 歳未満児）死亡率の水準は地域によって大きく異なり、死亡率削減目標の進展はあまりない。サハラ以南アフリカでは幼児死亡率は戦後低下してきたが、1990（平成 2）年代では横ばいに転じており、目標達成には懸念が持たれる。

第 5 は、1990（平成 2）～ 2015（平成 27）年までに妊産婦の死亡率を 4 分の 1 に削減することである。妊産婦の死亡者数の 99％は発展途上国で発生している。熟練した助産婦の介護が圧倒的に重要である 。先進国と発展途上国とを合わせると、世界全体で出産の半分が熟練した助産婦によって介護されている。

妊産婦の死亡は、適切な介護があればほとんどが防止できる。感染・失血・不衛生な妊娠中絶が死亡の太宗を占める。よりよき介護は、これらの死亡を削減するポイントであり、ハイテクや高価な医薬品は必要としない。熟練した助産婦の存在は、出産の安全を著しく高める。また家族計画の情報を与えることにより、女性と子供の健康管理に大きく役立てることができる。

第 6 は、2015（平成 27）年を最終目標として、すべての人に対して、性と生殖に関する医療保健サービスを享受できるようにすることである。性と生殖に関する医療保健サービスは、特に少年少女（15 歳～ 24 歳）にとって重要である。少女は毎年 1,400 万人子供を出産し、また 440 万人妊娠中絶をする。ま

た少年少女が、新規エイズ感染者の半分強を占めている。多くの少年少女は、出産や新規家庭の形成により貧困化するのを望まない。

第 28 表　出産時における助産婦の介護率：%

	1990 年	実績（1999 年）	2015 年目標
ラテンアメリカ・カリブ海	70	77	90
中東・北アフリカ	48	61	90
アジア（中国・インドを除く）	29	32	90
サハラ以南アフリカ	50	46	90

（出所）世界銀行資料。

第 29 表　発展途上国における既婚女性の避妊実施率：%

	1993 年	実績（2000 年）
高所得発展途上国	70	72
東アジア・大洋州	73	76
欧州・中央アジア	50	55
ラテンアメリカ・カリブ海	66	70
中東・北アフリカ	42	51
南アジア	41	51
サハラ以南アフリカ	15	25

（出所）世界銀行資料。

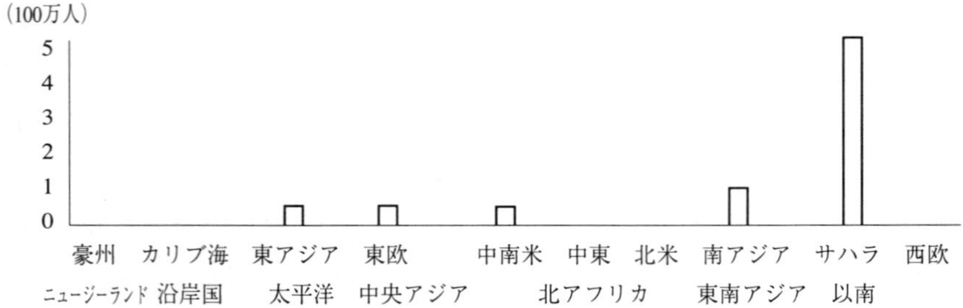

第 14 図　新規エイズ感染者数（2000 年、推定）

（出所）世界銀行資料。

（注）豪州ニュージーランド、カリブ海沿岸国、中東・北アフリカ、北米、西欧の各地域はゼロに近い。

性と生殖に関する医療保健サービスは、男女が自分と家族の健康を守るための知識を得ることである。これには、家族計画・性病感染予防（エイズ予防を含む）・女性に対する危険行為の防止が含まれる。また既婚女性の避妊実施率を地域別に見ると、サハラ以南アフリカは25%と低く、東アジアは76%と高い。今後20年間、妊娠可能な年齢に達する男女は3億人増加するので、性と生殖に関する医療保健サービスはもっと強化する必要がある。

第7は、現在地球の環境資源が減少傾向にあるが、2015（平成27）年までに地球全体および国ごとに増加傾向に逆転させることが必要である。このために2005（平成17）年までに、すべての国において持続可能な開発のための開発戦略の策定が求められ、またこれまで見られた環境資源の減少傾向を2015（平成27）年には逆転して増加することが目標とされた。この目標の一部として、改善された水道供給の恩恵を受けない人口比率を1990（平成2）～2015（平成27）年に半減することが求められた。

人類は、財貨サービスの供給を受けるに当たって、現在・将来とも環境資源（天然資源）に依存している。しかし、環境条件と人間の福祉水準の関係は複雑である 。環境の変化は健康や生活を悪化させ、また自然災害からの保全を図る費用負担のために、貧困水準が悪化する場合がある。また経済成長は、環境資源に対する需要を増加させ環境を破壊する副作用を蓄積するため、環境に新たな圧力をかける。しかし環境資源は、経済成長を促進し貧困を減らすためにも必要である。また経済成長は環境の改善のための手段にもなり、また経済成長に伴い環境の改善に対する需要を発生させる。

先進国を含む世界人口の20%は、改善された水道供給や日常的な水道供給を受けていない。都市住民は農村住民よりは水道供給を受けているが、水道水も細菌に汚染され、または工場汚染物質に汚染される場合がある。2015（平成27）年目標を達成するためには、15億人が新たに改善された水道供給を受ける必要がある。

第30表　発展途上国の改善された水道供給率：%

	1990年	実績（1998年）	2015年目標
高所得発展途上国	100	100	100
東アジア・大洋州	70	75	85
欧州・中央アジア	83	90	91
ラテンアメリカ・カリブ海	81	85	91
中東・北アフリカ	85	89	92
南アジア	79	87	90
サハラ以南アフリカ	49	55	74

（出所）世界銀行資料。

第2節　開発プロジェクトの収益性

1．開発プロジェクトの経済・財務分析

開発プロジェクトの財務分析は、企業全体の財務分析ではなく、企業の行うプロジェクトを企業体（収益発生体）と見て、当該プロジェクトの収益性を財務的に分析するものである。財務分析は企業体における資金の流れ（フロー、すなわち流出入）を基礎として行われ、実現した収入額と支出額が実際の財務分析に使われる。

財務分析がプロジェクトを単位とした企業体の収益性を計算するのに比べ、経済分析は国民経済（マクロ経済）全体の立場からプロジェクトの収益性を分析するものである。すなわち、経済分析において、プロジェクトの費用とは国民所得を減少させるものであり、プロジェクトの便益とは国民所得を増大させるものである。

プロジェクトの「経済的キャッシュフロー」は、プロジェクトの「財務的キャッシュフロー」における費用項目と収入項目ごとに「転換要素：Conversion Factors」を乗ずることにより計算できる。転換要素は、プロジェクトのキャッシュフローにおける費用項目と収入項目ごとに、経済価値と財務価値の相互関係を示している。例えば経済価値の計算に当たって、租税・課徴金・補助金等

の市場を歪める要因は、転換要素を乗ずることにより除外される。

プロジェクトの評価は、①予定したプロジェクトを実施した場合の費用・便益額と②プロジェクトを実施しない場合の費用・便益額を相互比較することにより行われる。プロジェクトを実施した場合と実施しない場合のネット便益額（便益額－費用額）の差額は、プロジェクトの実施に伴う「追加的ネット便益額：Incremental Net Benefit」と定義される。

次に便益・費用分析する場合の基本概念は以下のとおりである。

第1は、「現在価値」である。

①式　$$PV = \frac{Q}{(1+r)^{n}}$$

この場合、

PV：現在価値

Q：n年において発生すると予定される便益（収益）または費用の額（n年時点における時価）

r：現時点の金利（割引率）

である。

第2は、「便益または費用の流れ（フロー系列）」である。

②式　$$S = \frac{A}{1+r} + \frac{A}{(1+r)^{2}} + \cdots\cdots + \frac{A}{(1+r)^{n}}$$

この場合、

A：現在からn年までの期間において各年ごとに発生する便益または費用の額（便益または費用が発生した年における時価）：毎年同額（A）と仮定

S：現在からn年までの期間における便益または費用の発生総額の現在割引価値（現時点の割引率rで割り引く）

である。

②式の両辺に（1＋r）を乗じると、次の③式が得られる。

③式　$(1+r)S = A + \frac{A}{1+r} + \frac{A}{(1+r)^2} + \cdots\cdots + \frac{A}{(1+r)^{n-1}}$

②式と③式の左右の両辺について引き算（③式－②式）を行うと、次の④式が得られる。

④式　$rS = A - \frac{A}{(1+r)^n}$　すなわち　$rS = A\left\{1 - \frac{1}{(1+r)^n}\right\}$

両辺を　$\left\{1 - \frac{1}{(1+r)^n}\right\}$　で割り、左辺と右辺を入れ替えれば⑤式が得られる。

⑤式　$A = \dfrac{rS}{1 - \frac{1}{(1+r)^n}}$

n年が十分長期である場合、$\frac{1}{(1+r)^n}$は十分小さくなり0に近づくので、⑥式が得られる。

⑥式　$A \fallingdotseq rS$（近似式）　すなわち　$S \fallingdotseq \frac{A}{r}$

これは、プロジェクト存続期間における便益または費用総額の割引現在価値（S）は、単年度の名目便益または費用（A）を現時点の割引率または調達金利（r）で除した金額と同じであることを意味する。仮にrを5%とすると、S＝20Aとなる。

第3は、「割引率」である。

公的部門で使用される割引率は政府によって特定され、また同一分野の公的事業では同一の割引率が適用される。政府は、いくつかの異なるプロジェクトから最も費用効果の高いプロジェクトを選択すべき立場にある。

第4は、「言葉の定義」である。

「名目価格（時価）」とは、当該期間において発生したインフレーションまたはデフレーションを反映して、この価格変動を織り込んだ（含めた）後の価値の表示方法である。

「不変価格（実質価格）」とは、インフレーションの影響を除去するために調整された数年間の期間における支出額または収入額を指す。この場合、数年間にわたる計数は、同一年次の不変価格表示を行う。多くの経済計算は、インフレーションの影響を除外して計数を比較するために、不変価格表示にする。

「GDP デフレータ」とは、名目 GDP ／実質 GDP であり、

$$\frac{\sum_{i} P^{i}_{t} * Q^{i}_{t}}{\sum_{i} P^{i}_{0} * Q^{i}_{t} \times 100}$$

である。消費者物価指数と卸売物価指数は､それぞれ以下の式により計算する。

$$\frac{\sum_{i} P^{i}_{t} * Q^{i}_{0}}{\sum_{i} P^{i}_{0} * Q^{i}_{0} \times 100}$$

「購買力平価（PPP：Purchasing Power Parity)」とは、通貨の異なる地域をまたがる物価指数であり、全体の経済活動・消費活動等にとって同等な購買力を生む物価水準を基準として計算した通貨の交換価値である。購買力平価は、外国為替レートに基づく通貨の交換価値と通常異なる。

2. 投資決定判定基準（ネット現在価値､便益･費用比率､内部収益率）

投資決定判定基準として重要な､① Net Present Value（NPV：ネット現在価値)、② Benefit-Cost Ratio(BCR：便益・費用比率)、③ Internal Rate of Return（IRR：内部収益率）は、基本的には三者とも同じ手法に基づく判定基準であるが、それぞれ長所と短所を有している。IRR は、工業プロジェクトの判定の際によく利用される。

第 1 は､「NPV」である。

$$NPV = \frac{\sum_{t=1}^{t=n} (Bt - Ct)}{(1+r)^{t}}$$

この場合、

B：毎年発生する収益（便益）

C：毎年発生する費用

t：プロジェクトの稼動する年（ t 年）

r： 金利（割引率）

である。

すなわちNPVは、プロジェクトにより毎年発生する追加的なネット便益（収益）についての割引現在価値の合計額であり、予定されるプロジェクトが経済的・財務的に意味があるかを示す。つまり、①NPVがプラスであることは、予定されるプロジェクトの収益額が資本の機会費用よりも高いことを意味し、②NPVは絶対額であり、この絶対額が大きいほどネット便益額は大きくなり、③したがってNPVは、相互に代替的・排他的な多数のプロジェクトの選択肢から最良のものを選ぶのに使われ、④しかし大きなNPV（収益額）はIRR（収益率）が高いことを必ずしも意味しない。

第2は、「BCR」である。

$$BCR = \frac{\dfrac{\sum_{t=1}^{t=n} Bt}{(1+r)^t}}{\dfrac{\sum_{t=1}^{t=n} Ct}{(1+r)^t}}$$

すなわち、①BCRは便益の現在価値と費用の現在価値の比率であり、②BCRが1より高いとき、便益は費用よりも大きくなり、③またBCRは、費用1単位使うことにより何倍の収益がもたらされるかを示す、④BCRを計算するときに、割引率を特定する必要がある。

公的部門のプロジェクトに使われる割引率は、政府によって特定され、同一分野では同じ割引率が適用される。したがって政府は、異質のプロジェクトの間から最も費用対効果の大きなプロジェクトを選択する立場にある。

第3は、「IRR」である。

IRRは、$\dfrac{\sum_{t=1}^{t=n}(Bt-Ct)}{(1+r)^t}=0$　となる割引率（r）を示す。

すなわち、①IRRは、プロジェクトから発生する粗収益の現在価値がプロジェクト費用の現在価値と等しくなる割引率である。すなわち、IRRはNPV（ネット現在価値）が0となる割引率である、②IRRはプロジェクトの収益性を示す指標として使うことができる、③もしIRRが資本の機会費用よりも高ければ、このプロジェクトは経済的または財務的に適正であると判断される、④NPVやBCRの計算と異なり、IRRの計算では割引率を恣意的に定める必要がないため、IRRはNPVやBCRよりも優れている、⑤この優位性のため、IRRは現在国際的に広く用いられている。

しかしながら、IRRの欠点もある。すなわち、①NPVと異なりIRRは相対的な比率であるので、IRRが高くてもNPVが大きいとは限らない、②すなわちIRRを用いても、相互に代替的・排他的な予定プロジェクト群の中から最適プロジェクトを選定する目的には使えない。

第4は、NPV、BCR、IRRの比較である。

それぞれを比較すると、①この3基準は、同じ割引手法を使い同じ結論を得る。すなわち、NPVがプラスのとき、BCRは1より大きく、IRRは資本の機会費用よりも大きくなる、②IRRを用いることは、国際金融機関の標準手法になっている、しかし③相互に代替的・排他的なプロジェクトを比較する場合にはIRRは使われず、その場合NPVを使うことが推奨されている。

第5は、「感応度」の分析である。

プロジェクトの経済性の分析は、不確かな将来発生する事実や不正確なデータに依拠せざるを得ない。毎年発生する費用額と収益額のフローに影響する基礎的な要因は、①投入と産出の価格と数量の動向、②一国経済に蔓延しているshadow pricingの動向に影響されており、1つの要因を代表する統計指標だけで合理的に代表させることができない。したがって便益・費用分析においては、①これらの基礎的要因の変化を多くの指標により検証して採用する、②便益・費用計算結果に含まれる不確実性の程度を、分析結果の注として添付することが望まれる。

このための簡単な手法は「Sensitivity：感応度」分析であり、経済諸変数の変化に対応してNPVやIRRがどの程度変化するかを検証し、NPVがゼロになるための（経済的にプロジェクトが意味ある最低線）経済諸変量の変動の範囲を明確にする必要がある。NPVがゼロになる経済諸変量の数値を、「Switching」または「Cross-Over」といい、プロジェクトの成果を判定する決定的要因を理解するのに役立つ。

3. 経済分析手法

プロジェクトを実施することによる追加的な便益と費用の評価は、「プロジェクトがある場合」と「プロジェクトがない場合」の差として比較される。

便益は、①直接便益と②外部経済が存在する。直接便益は、数量化可能便益と数量化不可能便益に分けられる。数量化不可能便益は、プロジェクト計画書に定性的な説明を記載することにより評価する。外部経済には、消費者余剰等が含まれる。消費者余剰は、通常のマクロ経済学によるものと同じである。

消費者余剰は、（購入する財の量）×（価格）で示される。社会全体として、プロジェクトの実施に伴い財貨サービスの供給能力の増加と価格の低下がもたらされるため、社会全体の消費者需要は需要曲線に沿って増加し、結局消費者は価格の低下分と購入量の増加分だけ追加的（限界的）に余剰（利益）を受ける。すなわち消費者余剰は、曲線 AD・直線 AB・直線 BD に囲まれる面積である。同様に、生産者も生産者余剰（曲線 CD・直線 BC・直線 BD に囲まれる面積）を受ける。消費者余剰と生産者余剰の両者を合わせて社会的余剰という。

なお、生産者は追加生産を 1 単位増加するごとに、（価格）－（限界費用）＝（利潤）を得るが、完全競争を前提とすると、最適生産水準で（利潤）＝0 となる。すなわち、効率的な供給者にとって（限界費用）＝（価格）となるため、限界費用が計算できれば、これを基として市場価格（価格）の推定が可能となる。

プロジェクトの経済分析による評価は、以下により行う。

第 1 は、プロジェクトによる便益である。世銀の電化プロジェクトで例示すると、便益額には以下が含まれる。

①発電プロジェクト：電気の売上額は、（Long Run Average Incremental Cost：LRAIC すなわち増加費用の長期的な平均値＝長期平均増加費用）に相応する価格から計算する。

②他の便益：SO_2、NO_X、粉塵、CO_2 等の環境排出量の削減

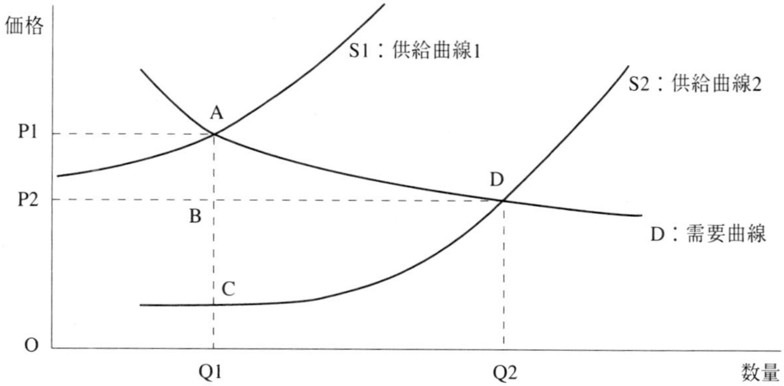

第15図　消費者余剰と生産者余剰

（出所）著者作成。

③送電・配電プロジェクト：電力ロス削減、信頼性向上、停電発生率削減、自家発不要等

④計算対象外の非技術的損失：料金徴収管理費用、盗電による損失（プロジェクト財務分析では費用になるが、国民経済全体の経済分析では費用ゼロとなる。）

第2は、プロジェクトによる費用である。これには投資費用、運転･管理費用、燃料コスト等が含まれる。

第3は、価格における歪みの是正とShadow Pricingである。価格における歪みには、①国境を越える際の歪み（輸入関税・輸入賦課金、輸出税・輸出賦課金、輸出補助金等がある）、②国内市場の歪み（税、補助金等）がある。また、Shadow Pricingは、財務的（現実）価格を経済的価格に転換するために用いられ、その際に財務的（現実）価格に含まれていた税金・補助金は、経済的価格では控除される。すなわち、財務的価格は歪んだ価格であるが、経済的価格は歪みのない価格である 。このとき、国境を越える際の歪みと国内市場の歪みの双方を除去する。また貿易財の価格は国際価格で評価し、輸入財はCIF表示で、輸出財はFOB表示で行う。また現地で調達できる労働力や原料・資機材等の非貿易財の価格は、現地価格を国際価格に転換する際のConversion Factors（CF：

転換要素）を明確にする必要がある。

1994（平成 6）年における中国の国内労働費用の転換要素を例示する。まず労働を①農村単純労働、②都市単純労働、③熟練労働の 3 種類に分けて、概ね以下のように国内賃金率を国際賃金率に転換する。①農村単純労働は、プロジェクトの実施される地域の雇用労働者の財務的費用（労賃）が適用される、②公的部門に雇用される都市単純労働の評価は、都市手当等により公務員の賃金が計算上高めに設定されることを考慮して名目賃金を 0.67 倍して低く評価し、公的部門に雇用されない都市単純労働の評価はその財務的費用で評価する、③熟練労働の評価は、賃金を低評価しているとの確固たる証拠がない場合には名目賃金を用いるが、名目賃金の 2.00 倍に評価を高めたはなはだしい例もある（中国国内では熟練労働が安く使われていた）。

Standard Conversion Factors（SCF：標準転換要素）の計算は、以下のとおりである。これは、発展途上国では通常公的為替レートが著しく歪んでいることを是正するものである。

SCF ＝公的為替レート／ Shadow 為替レート

SCF ＝（輸入＋輸出）／ {輸入（1 ＋平均輸入関税率）＋輸出（1 －平均輸出補助率）}

なお、輸入は CIF 建て、輸出は FOB 建てとする。

第 4 は、①長期限界費用（LRMC：Long Run Marginal Cost）と②長期平均増加費用 (LRAIC：Long Run Average Incremental Cost) であり、通常のマクロ経済学による用語と同じである。限界費用の概念は、世界銀行その他の国際金融機関における応用経済学や発展途上国経済学等の実務家によって広く認められている。経済システムが拡大する場合の長期的最適化を詳細に示す補完的計算方法として、（価格－限界費用＝利潤であることを利用した）限界費用手法は、諸プロジェクトの計画段階において費用の最もかからず手軽に計算できる手法である 。

また LRMC 計算の近似法の 1 つとして、平均増加費用 (AIC：Average Incremental Cost) が最も多く使われている。AIC は、①システムの拡大投資額の割引額およびその拡大されたシステムを運転する毎年の経常費用フローの割

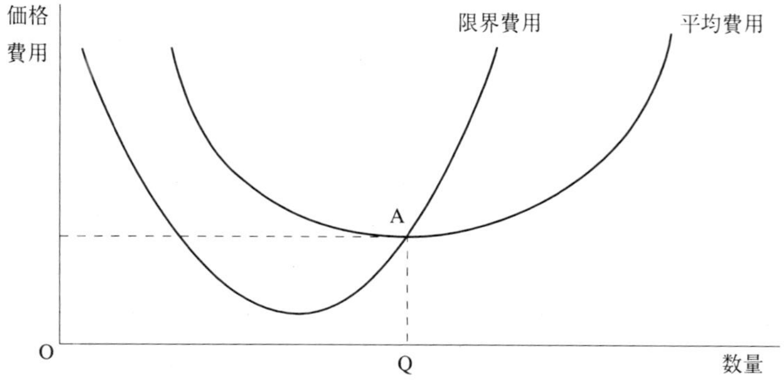

第 16 図　平均費用と限界費用

（出所）著者作成。

（注）平均費用＝ AQ ／ OQ
限界費用＝ d （AQ）／ d （OQ）

引額の合計額と、②追加的な売上（便益）フローの割引額を比較するという単純な方法によって計算される。

これに比べて LRMC 手法では、経済効率原理に基づく純粋または厳密な LRMC 計算を行う。もし価格が厳密に LRMC と同値に設定されたとしても、消費者はもっと消費を増やすことにより合図を市場に送ることができ、この場合生産者は投資をして生産能力を増加させることが正当化される。また市場において価格は限界費用の水準に設定されるが、価格設定の第 2 段階においては実際には財務的目的等の他の企業目的にかなうように価格が設定される場合があり、このとき厳密な LRMC が修正される場合がある。もし価格が厳密な LRMC と等しく設定されても、財務的な余剰が発生する場合がある。このようになる理由は、単位当たり供給費用が増加するとき限界費用は平均費用を上回って計算され、それに合わせて供給価格を高く設定することが多いからである。厳密な LRMC の現実的な定義は、①システム拡大計画において設備投資増加も含めて最適対応した場合の増加費用と、②将来も持続する可能性のある需要のわずかな増加に対応するために、設備投資をせずにシステムの稼動率を上昇させた場合の増加費用の問題である 。長期増加費用（Long Run Incremental

Cost）と長期限界費用（Long Run Marginal Cost ）の差はわずかであり限定的であるので、これらの2つの費用は相互に互換性がある。

例えば、世界銀行の中国の発電プラント融資における事例でみると、長期平均増加費用（LRAIC）方式は、発電量単位当たりの費用すなわち、元／k Whまたは米ドル／k Whで表現され、発電プラントの端末・高圧送電端末・低圧配電端末におけるそれぞれの電力量単位当たり限界費用を決定するのに使われる。LRAICは、①システム拡大設備投資額とそれによる経常費用増加のフロー額の割引額と、②システム拡大に伴う電力量（kWh）販売増加フロー額の割引額から単純に計算される。長期平均増加費用（LRAIC）は、長期限界費用（LRMC）に近似した代替的な計算方法である。他方長期限界費用（LRMC）は、わずかだが将来長期的に持続する需要増加に対応するため、電力システム全体が投資拡大や稼働率向上も含めて最適対応した場合の限界費用（費用の増大）である。このように限界費用手法は、システム拡大の詳細な長期的最適化を計算する手法の代替手段として、最小費用で計画立案を行う便利な尺度になる。

第5は、経済的内部収益率（Economic Internal Rate of Return：EIRR）である。経済的内部収益率は、プロジェクトによる便益（収益）の割引現在価値がプロジェクト費用の割引現在価値と等しくなる割引率である。すなわちプロジェクトのネット現在価値（NPV）がゼロとなる割引率である。

4．財務的分析手法と財務的プロジェクト費用

財務的分析手法は経済的分析手法と同じであるが、現実に実現した便益や費用が使われ、例えば、実際の料金表に基づいて収入（便益）が計算される。

なお、財務的費用を経済的費用に計算するためには、①金融費用、②転換率（国際価格と国内価格の相異を示し、さらに税と補助金の相異等が含まれる）、③為替レート、④物価上昇、⑤経済的費用を調整する必要がある。

プロジェクト費用（財務的費用）表は、プロジェクトを、①基礎的な工事・財貨・サービスの費用、②見積もり外の数量に関する費用（通常基礎的費用の5～15％ある）、③見積もり外の価格に関する費用（国内価格と国際価格のイ

ンフレーション指数による）の3種類の費用に分割する。

プロジェクト予算とプロジェクト基礎費用は、通常実質価格により計算される。プロジェクト費用表からプロジェクト資金計画表に変換する過程で、プロジェクト交渉時点からプロジェクト完成時点の価格上昇の効果に備えて引当金を用意する必要がある。価格変動準備金は、プロジェクト費用表における実質価格による費用計算と、プロジェクト資金計画表における時価ベースでの費用計算との差額を用意する。国際的なインフレーションに備えて、世銀ではMUV指数（Index of Manufactured Export：製造品輸出価格指数：米独仏英日5大工業国の平均輸出価格指数）を用いている。

さらに④税と税外負担金、⑤プロジェクト建設段階の金利費用が加算される。またプロジェクト費用表から、①プロジェクト費用概要表、②調達予定概要表、③資金調達計画表、④年度別契約および支払予定表が簡単に作成できる。この資金調達計画表において、現地通貨および外国通貨で支払う総資金額が示される。この情報に基づき、プロジェクト資金計画、資金調達の種類、協調融資先等が検討される。

5．計算例その1（世界銀行の中国に対する電力プロジェクトへの融資）

第1は、プロジェクトの概要である。中国の電力拡張計画に基づき、電力需要の増大に対応して、以下のように発電所の新設が必要になったとの前提を置く。

	建設費（US$/kW）	耐用年数（年）
石炭火力発電（2基×60万kW）	ガス・タービン発電（3基×10万kW）	コンバインド・サイクル発電（2基×30万kW）

第2は、生産物（電力）のロス率と稼働率であり、LRAIC算定のために異なる電圧ごとにロス率と稼働率を、例えば以下のように算定する。

	ロス率：%	稼働率：%		ロス率：%	稼働率：%
発電	5	80	中圧第1次配電	2	65
高圧送電	5	70	低圧第2次配電	8	60

第3は、発電端末におけるLRMCC（Long-Run Marginal Capacity Cost：長期的能力拡大限界費用）である。上記発電プラントにおける加重平均の投資費用と耐用年数は、それぞれ707.1US$／kW、22.1年と計算されるとの前提を置く。

$$年間投資収益要素（Annuity Factor）=\frac{r}{1-\frac{1}{(1+r)^n}}$$

である。rは割引率、nは耐用年数である。nは22.1年であり、また割引率を9%とすると、年間投資収益要素は0.106となる。kW当たり年間投資収益額は、75.0US$／kW年（＝707.1×0.106）となる。

さらに、料金の政策引き下げ率を20%、発電所内の電力自家消費率5%を考慮すると、発電所の送電端末におけるLRMCCは98.4US$／kW年（＝75.0／(0.8×1.05)）となる。

また稼働率は80%（すなわち年間7,008時間稼動）であるため、kWh当たりの発電限界費用（設備費用）は1.40US¢／kWh（＝98.4US$／kW年÷7,008時間）となる。

第4は、発電の運行・維持（Operation & Maintenance）費用である。
運行・維持費用をkW年当たり投資費用の3%と仮定すると、0.30US¢／kWh（＝707.1×0.03）となる。

第5は、限界発電費用である。

発電所の長期限界発電費用を決定するためには、発電所の3種類ごとの特性と燃料費の相異を考慮する必要がある。1999(平成11)年の発電統計によると、基礎的負荷および中間的負荷の発電は総発電量の80%を占めるが、それらは従来型の石炭燃焼蒸気発電と天然ガス（NG）燃焼コンバインド・サイクル発電によって行われる。基礎的負荷および中間的負荷の発電合計量（総発電量の80%）のうち、石炭燃焼蒸気発電で80%を発電し、また天然ガス燃焼コンバインド・サイクル発電で20%を発電する。また抽出油（DO）燃焼・ガスタービン発電は尖頭負荷時発電として、総発電量の20%を生産する。

kWh当たりの平均熱消費量は、1999（平成11）年の燃料消費実績に基づき以下のように前提を置く。

	平均熱消費	熱効率
	（kcal/kWh）	
基礎的負荷および中間的負荷 （蒸気熱発電およびコンバインド・サイクル発電）	2,457	0.350
尖頭負荷時発電（ガス・タービン発電）	2,700	0.319

（注）計数は昇圧変圧器出口で計測されたものであり、変圧ロス・発電所内自家消費が含まれる。

石炭、NG、DOのカロリーは、それぞれ4,800kcal/kg、9,400kcal/Nm³、10,200kcal/kgである。またこれら燃料費は、石炭では40US$/t、NGでは2.2 US$/mmBTU（3,412 British Thermal Unit=860kcal）、DOでは160 US$/tである。

これらの前提によれば、限界発電費用は2.50US¢/kWhと計算される。すなわち、

①発電所の種類ごとによる追加的発電シェア：

蒸気熱発電およびコンバインド・サイクル発電　80%

ガス・タービン発電　20%

② 1kWhの電力生産のために消費されるカロリー値：

石炭：2,457 kcal/kWh × 0.8 × 0.8 ＝ 1,572.6 kcal

NG：2,457 kcal/kWh × 0.8 × 0.2 ＝ 393.1 kcal

DO：2,700 kcal/kWh × 0.2 ＝ 540.0 kcal

③ 1kWhの電力生産のために消費される燃料費：

石炭：1,572.6 ÷ 4,800 × 40 ÷ 1,000 × 100 ＝ 1.31（US¢）

NG：393.1 × 3,412 ÷ 860 × 2.2 ÷ 10^6 × 100 ＝ 0.34（US¢）

DO：540.0 ÷ 10,200 × 160 ÷ 1,000 × 100 ＝ 0.85（US¢）

したがって、1kWh当たり燃料費総額は、1.31US¢、0.34 US¢、0.85US¢を合計して、2.50 US¢と計算できる。

上記の第3、第4、第5の計算を総合すると、発電段階（昇圧変圧器出口）

における 1kwh 当たり LRAIC 合計は、①設備費用 1.40 US¢、②維持管理費用 0.30 US¢、③燃料費 2.50 US¢の和である 4.20 US¢になる。

第6は、送電・配電段階である。高圧送電・中圧第1次配電・低圧第2次配電の平均設備投資費用は、それぞれ kW 当たり年間で、30.1US$/kW、80.0 US$/kW、50.0 US$/kW と仮定できる。

各々の電圧水準における LRMCC は、第2で述べた各々の損失率および稼働率を前提とすれば、以下のように計算できる。まず第3で計算したように、発電所の送電端末における LRMCC は 98.4US$／kW 年であるため、

①高圧送電の LRMCC

（98.4 ＋ 30.1）× 1.05 ＝ 134.9（US$／kW 年）

②中圧第1次配電の LRMCC

（134.9 ＋ 80.0）× 1.02 ＝ 219.2（US$／kW 年）

③低圧第2次配電の LRMCC

（219.2 ＋ 50.0）× 1.08 ＝ 290.8（US$／kW 年）

それぞれの電圧ごとの負荷率を計算して、それぞれの電圧ごとの限界エネルギー費用（LRAIC）が以下のように計算される。この場合、それぞれの電圧ごとの負荷要因に対応する年間稼働時間は、高圧・中圧・低圧発電それぞれ 6,132 時間・5,694 時間・5,256 時間とする。

①高圧送電の LRAIC

134.9（US$／kW 年）÷ 7,008 × 1.05 × 100 ＋ 30.1 × 1.05 ÷ 6,132 × 100 ＝ 2.54（US¢／kWh）

②中圧第1次配電の LRAIC

2.54 × 1.02 ＋ 80 ÷ 5,694 × 100 ＝ 4.00（US¢／kWh）

③低圧第2次配電の LRAIC

4.00 × 1.08 ＋ 50 ÷ 5,256 × 100 ＝ 5.27（US¢／kWh）

送電・配電施設の年間維持管理費用を計算するための投資費用は、高圧送電は 1.5%、中圧と低圧配電は 2.0%である。送配電施設の耐用年数が 25 年と仮定すると、割引率 9%の下における Annuity Factor は 0.101806 になる。各電圧ごとの限界維持管理費用は、以下のようになる。

①高圧送電の LRAIC

0.30（US¢／kWh）× 1.05 ＋ 30.16（US$／kW 年）÷ 0.101816 × (0.015 ÷ 6,132) × 100 ＝ 0.39（US¢／kWh）

②中圧第 1 次配電の LRAIC

0.39（US¢／kWh）× 1.02 ＋ 80（US$／kW 年）÷ 0.10806 × (0.02 ÷ 5,694) × 100 ＝ 0.59（US¢／kWh）

③低圧第 2 次配電の LRAIC

0.59（US¢／kWh）× 1.08 ＋ 50（US$／kW 年）÷ 0.101806 × (0.02 ÷ 5,256) × 100 ＝ 0.82（US¢／kWh）

さらに各電圧ごとの限界燃料消費費用は、以下のようになる。

①高圧送電

2.50（US¢／kWh）× 1.05 ＝ 2.63（US¢／kWh）

②中圧第 1 次配電

2.63（US¢／kWh）× 1.02 ＝ 2.68（US¢／kWh）

③低圧第 2 次配電

2.68（US¢／kWh）× 1.08 ＝ 2.89（US¢／kWh）

第 7 は、以上の計算により①資本費用、②維持管理費用、③燃料費用が計算できたので、各電圧ごとの LRAIC は、以下のようになる。

（US¢／kWh）

	発電段階	高圧段階	中圧段階	低圧段階
資本費用	1.40	2.54	4.00	5.27
維持管理費用	0.30	0.39	0.59	0.82
燃料費用	2.50	2.63	2.68	2.89
計	4.20	5.56	7.27	8.98

以上の財務的分析に基づき、内部収益率（経済的分析手法）の計算が可能となる。以下でこの計算例を示す。世界銀行による中国の電力プロジェクトに対する貸付に際しての計算例である。

まず、実際の計算作業手続きに必要な諸元のフロー見通しである。

第 31 表　計算手続き作業（内部収益率計算）の実例（中国発電プロジェクトの例：100 万元）

年	発電所建設		燃料費	維持管理費	費用合計	便益		純便益
	費用	現在価値				GWh	100 万元	
1994	0	0	0	0	0	0	0	0
1995	147	117	0	0	147	0	0	-147
1996	765	544	0	0	765	0	0	-765
1997	985	626	0	0	985	0	0	-985
1998	3,010	1,708	0	0	3,010	0	0	-3,010
1999	2,983	1,511	0	0	2,983	0	0	-2,983
2000	788	357	0	0	788	0	0	-788
2001	564	228	344	277	1,186	3,900	1,525	339
2002	317	114	689	287	1,293	7,800	3,050	1,757
2003	0	0	689	287	976	7,800	3,050	2,074
2004	0	0	689	287	976	7,800	3,050	2,074
2005	0	0	689	287	976	7,800	3,050	2,074
2006	0	0	689	287	976	7,800	3,050	2,074
2007	0	0	689	287	976	7,800	3,050	2,074
2008	0	0	689	287	976	7,800	3,050	2,074
2009	0	0	689	287	976	7,800	3,050	2,074
2010	0	0	689	287	976	7,800	3,050	2,074
2011	0	0	689	287	976	7,800	3,050	2,074
2012	0	0	689	287	976	7,800	3,050	2,074
2013	0	0	689	287	976	7,800	3,050	2,074
2014	0	0	689	287	976	7,800	3,050	2,074
2015	0	0	689	287	976	7,800	3,050	2,074
2016	0	0	689	287	976	7,800	3,050	2,074
2017	0	0	689	287	976	7,800	3,050	2,074
2018	0	0	689	287	976	7,800	3,050	2074
2019	0	0	689	287	976	7,800	3,050	2,074
2020	0	0	689	287	976	7,800	3,050	2,074
2021	0	0	689	287	976	5,850	2,287	1,496
2022	0	0	517	275	791	5,850	2,287	1,496
2023	0	0	517	275	791	5,850	2,287	1,496
2024	0	0	344	275	619	3,900	1,524	906
2025	0	0	344	275	619	3,900	1,524	906
2026	0	0	344	275	619	3,900	1,524	906
合計	9,559	5,205	16,187	7,386	33,132	183,300	71,670	38,538

（出所）世界銀行資料。

次に、一番重要な指標となる内部収益率（経済的分析手法）を計算する際の、前提条件と計算結果である。

第32表　経済分析手法の実例：経済計算（中国火力発電プロジェクトの例）

前提条件		経済計算結果	
公的為替レート（元/＄）	8.43	経済的内部収益率（EIRR）	15.2%
Shadow 為替レート（元/＄）	8.43	投資コストの現在価値（元）	5,205.16
標準転換要素（Standard Conversion Factors）	1.00	総コストの現在価値（元）	8,505.00
石炭価格		便益の現在価値（GWh）	25,832.66
輸出価格（＄/TCE）	35.00	便益の現在価値（元）	10,100.57
輸出価格（元）	295.00	ShadowAIC（元/kWh）	0.33
発電プラントまでの Shadow 運賃（元/t・km）	0.08	損益分岐料金（元/kWh）	0.33
石炭の Shadow 価格	267.00	Shadow 設備費用（元/kW）	6,002.00
熱換算率（gCE/kWh）	315.00	財務的設備費用（元/kW）	7,965.65
発電自家消費用	0.05	原単位（元/kW）	0.75
Shadow 燃料費用（元/kWh）	0.09		
維持管理費用	0.03		
稼働時間（時間/年）	6,500		

（出所）世界銀行資料。

6. 計算例その２（世銀の中国に対する別の電力プロジェクトへの融資）

これまで計算してきた世界銀行の中国に対する電力プロジェクトとは異なった第２の電力プロジェクト（300MW 発電プラント×２基の建設）を例示して計算例を示す。まず国民経済単位による経済分析をするためには、プロジェクト（企業）単位の収益計算（財務的分析手法）を行い、それに概念調整を行って国民経済ベースの計算を行うことになる。財務的分析に当たっては、①まず分析時点（固定価格時点）を特定し、②投資内容と投資期間を設定し、③現地通貨（元）での財務的な投資費用を計算し、④米ドル換算するために現地調達する非貿易財価格については別途計算した転換要素を乗じ、さらに公的為替レートにより米ドル建ての費用を計算し、⑤米ドル換算した費用を固定価格表示にすることにより実質化する。

第33表　財務費用から経済費用へ

（投資費用、1994年末の転換率、1992年実質価格）

年	投資費用（100万元）			標準転換率	転換率	公的為替レート	経済的費用（100万$）	エスカレーション指数（MUV）	経済的費用（実質）	
	基礎投資	付帯投資	合計						1992年（100万$）	1992年（100万元）
発電プラント										
1988				0.67	0.871	3.7				
1989	230	20	250	0.95	1.235	3.73	81.5	88.7	91.9	533.0
1990	110	240	350	0.95	1.235	5.24	71.7	93.8	76.5	443.5
1991	81	285	366	0.98	1.274	5.38	72.2	95.9	75.2	436.4
1992	80	240	320	0.92	1.196	5.8	57.9	100.0	57.9	335.7
1993	54	12	67	0.77	1.001	5.75	11.5	97.7	11.8	68.2
1994				0.97	1.261	8.7				
1995				1	1.3	8.43				
送電線										
1988				0.67	0.871	3.7				
1989	129	0	129	0.95	1.235	3.73	42.6	88.7	48.2	278.6
1990	113	0	113	0.95	1.235	5.24	26.6	93.8	28.3	164.2
1991	114	0	114	0.98	1.274	5.38	26.9	95.9	28.0	162.6
1992	49	2	51	0.92	1.196	5.8	10.4	100.0	10.2	60.5
1993	53	26	80	0.77	1.001	5.75	13.9	97.7	14.2	82.4
1994	33	3	36	0.97	1.261	8.7	5.1	100.6	5.1	29.8
1995		1	1	1	1.3	8.43	0.2	102.1	0.2	1.0
配電網										
1988				0.67	0.871	3.7				
1989				0.95	1.235	3.73		88.7		
1990				0.95	1.235	5.24		93.8		
1991				0.98	1.274	5.38		95.9		
1992				0.92	1.196	5.8		100.0		
1993				0.77	1.001	5.75		97.7		
1994		22	22	0.97	1.261	8.7	2.6	100.6	2.5	14.7
1995		46	46	1	1.3	8.43	5.5	102.1	5.4	31.2

（出所）世界銀行資料。

第 34 表　財務費用から経済費用へ

（投資費用、維持管理費用、売電、1992 年価格、単位：100 万元）

年	投資費用			維持管理費用			費用合計	発電	売電	収入	純便益（収入－費用）
	発電	送電	配電	発電	送配電	燃料費		GWh	GWh		
1988											
1989	533	279					812				-812
1990	444	164					608				-608
1991	436	163					599				-599
1992	336	61		41	66	347	851	3,041	2,673	569	-281
1993	68	82		41	66	349	607	3,052	2,682	791	185
1994		30	15	43	69	363	519	3,176	2,791	938	419
1995		1	31	43	70	366	510	3,200	2,812	1,015	505
1996				43	69	363	475	3,180	2,795	1,079	604
1997				43	69	361	472	3,160	2,777	1,072	600
1998				42	68	359	469	3,140	2,760	1,065	596
1999				42	68	357	466	3,120	2,742	1,058	592
2000				42	67	353	462	3,090	2,716	1,048	587
2001				41	67	351	459	3,070	2,698	1,042	583
2002				41	66	349	456	3,050	2,681	1,035	579
2003				41	66	346	453	3,030	2,663	1,028	575
2004				41	65	344	450	3,010	2,645	1,021	571
2005				40	65	342	447	2,990	2,628	1,014	568
2006				40	65	339	444	2,970	2,610	1,008	564
2007				40	64	337	441	2,950	2,593	1,001	560
2008				39	64	335	438	2,930	2,575	994	556
2009				39	63	333	435	2,910	2,558	987	552
2010				39	63	329	430	2,880	2,531	977	547
2011				39	62	327	427	2,860	2,514	970	543
2012				38	62	325	424	2,840	2,496	963	539
2013				38	61	322	421	2,820	2,478	957	535
2014				38	61	320	418	2,800	2,461	950	532
2015				37	60	318	415	2,780	2,443	943	527
2016				37	60	315	412	2,760	2,426	936	524
2017				37	60	313	409	2,740	2,408	930	520
2018				37	59	311	406	2,720	2,391	923	516
合計	1,817	779	46								

（注）NPV：1 万 7,307 元（12%、割引現在価値フロー合計：売電（2 万 1,415 元）－費用（4,108 元））、
内部収益率：15.9%、LRAIC（：0.19 元 /kWh）
投資費用の Shadow 価格（現地通貨分：元）：CF（転換率）=SCF（標準転換率）× ｛0.7 ×（労賃・資材）＋ 0.3 ×（機材）｝
燃料費用価格：0.13 元 /kWh
電力販売価格：0.386 元 /kWh（卸価格）
自家消費ロス：5.5%、送配電ロス：7.0%

（出所）世界銀行資料。

また、投資費用のみならず運転費用（維持管理費用）についても、同様に実質価格による費用のフローを計算する。さらに売電（収入）についても実質価格によるフローを計算し、この結果実質価格による純便益（収入－費用）が計算できる。これにより財務計算から経済計算に転換した換算が可能になり、その後は一定の割引率で割引現在価値を計算すれば、NPV や内部収益率等が計算できる。

7. 計算例その3（世銀の中国に対するさらに別の電力プロジェクトへの融資）

またこれまでの電力プロジェクト 2 件とは異なり、世界銀行が中国に融資した第 3 の電力プロジェクト案件について設備建設費用の計算例を示す。この事例では、①設備建設費用の詳細、②設備建設資材の国内調達と海外調達に伴う内貨（元）と外貨（米ドル）の資金調達必要額、③インフレーションの補正、④建設が開始されてから完了し（電力を販売するまでの）の建設期間利子の計算等が示される。これによりプロジェクトの財務的計算は、実際に行われる資材調達額や資金調達額とさらに整合的になり、会計担当者が実務的に処理できるようになる。

第 1 は、インフレーションによる費用増加である。設備建設費用は計画策定時点の価格（固定価格）で算定されているため、実際の設備資材の調達に当たっては調達時点での価格に変更する必要がある。

第 35 表　インフレーション補正（2000 年基準、交換レート：1 米ドル＝ 8.3 元）：%

年	2000	2001	2002	2003	2004
（ドル表示分）					
現地インフレーション	2.6	2.7	2.6	2.5	2.5
年半ばのインフレ費用累増分	1.3	4.0	6.7	9.5	12.2
国際的インフレーション	2.6	2.7	2.6	2.5	2.5
年半ばのインフレ費用累増分	1.3	4.0	6.7	9.5	12.2

(元表示分)					
現地インフレーション	6.0	6.0	6.0	6.0	6.0
年半ばのインフレ費用累増分	3.0	9.2	15.7	22.7	30.0
国際的インフレーション	6.0	6.0	6.0	6.0	6.0
年半ばのインフレ費用累増分	3.0	9.2	15.7	22.7	30.0

(出所) 世界銀行資料。

(注) インフレ費用増加分は、資機材調達の必要性が当該年の中央時点で発生したと仮定してインフレ補正をしている。

第2は、資機材調達の内外区分をすることである。国内で調達できる資機材は内貨(元)で調達し、海外から調達する資機材は外貨(米ドル等)で調達する。通常内貨調達は発展途上国政府の自助努力(自己負担)により資金負担をする額とし、また外貨調達は先進国政府、国際援助機関、国際金融市場から外資の調達を受ける額とする。

第36表　設備建設関係の諸費用(米ドル表示分、交換レート:1米ドル=8.3元):10万米ドル

年	2000		2001		2002		2003		2004		合計		
	内貨	外貨	内貨	外貨	内貨	外貨	内貨	外貨	内貨	外貨	内貨	外貨	総計
工事													
基本	5	0	10	0	20	0	20	0	20	0	75	0	75
数量増加分	1	0	1	0	2	0	2	0	2	0	8	0	8
価格上昇分	-	0	-	0	1	0	2	0	3	0	7	0	7
税	0	0	0	0	0	0	0	0	0	0	0	0	0
小計	6	0	11	0	23	0	24	0	25	0	89	0	89
機材													
(ボイラー)													
基本	0	15	0	30	0	30	0	40	0	40	0	155	155
数量増加分	0	1	0	2	0	2	0	2	0	2	0	8	8
価格上昇分	0	-	0	1	0	2	0	4	0	5	0	13	13
税	4	0	8	0	8	0	11	0	11	0	40	0	40
小計	4	16	8	33	8	34	11	46	11	47	40	175	216
機材													
(タービン発電機)													
基本	0	16	0	40	0	40	0	50	0	30	0	176	176
数量増加分	0	1	0	2	0	2	0	3	0	2	0	9	9
価格上昇分	0	-	0	2	0	3	0	5	0	4	0	14	14
税	4	0	8	0	10	0	13	0	8	0	46	0	46

小計	4	17	8	44	10	45	13	57	8	35	46	198	224
コンサルタント・サービス													
基本	0	1	0	1	0	1	0	1	0	1	0	5	5
数量増加分	0	0	0	0	0	0	0	0	0	0	0	0	0
価格上昇分	0	0	0	0	0	0	0	0	0	0	0	0	0
税	0	0	0	0	0	0	0	0	0	0	0	0	0
小計	0	1	0	1	0	1	0	1	0	1	0	5	5
合計													
基本	5	32	10	71	20	71	20	91	20	71	75	336	411
数量増加分	1	2	1	4	2	4	2	5	2	4	8	17	24
価格上昇分	-	-	-	3	1	5	2	9	3	9	7	26	33
税	8	0	18	0	18	0	24	0	19	0	86	0	86
総計	14	34	29	77	42	79	48	104	44	83	173	379	554
建設期間利子	1	1	2	3	6	6	10	10	14	14	32	34	67
資金必要額	14	35	31	80	47	86	58	115	58	98	208	413	621

（出所）世界銀行資料。

（注）設備建設関係の諸費用（元表示分）もあるが、省略した。

第37表　建設期間中における支払利子（米ドル表示分）：10万米ドル

年	2000	2001	2002	2003	2004	合計
(ドル通貨分)						
期首資産負債残高	0	35	115	201	315	
期中における資産使用額	34	77	80	104	83	
建設期間中における支払利子	1	3	6	10	14	34
期末資産負債残高	35	115	201	315	413	
(元通貨分)						
期首資産負債残高	0	14	45	92	150	
期中における資産使用額	13	29	41	48	44	
建設期間中における支払利子	1	2	6	10	14	32
期末資産負債残高	14	45	92	150	208	

（出所）世界銀行資料。

（注1）米ドル借入金利：4%、元借入金利：8% と仮定した。

（注2）元表示分の計算書もあるが、省略した。

第3は、建設仕掛中の期間における支払利子である。この計算のためには、期首資産負債残高、期中における資産使用額・期末資産負債残高（次期の期首資産負債残高になる）を計算する必要がある。この計算は内貨・外貨それぞれ使用して設備に建設を行った場合には、それぞれについて支払利子負担が発生するので、内貨・外貨双方の支払利子を計算する。

第4は、実行計画と調達・支払計画の策定である。実際の設備建設において契約や調達の進捗計画を確認し、それに合わせて支払が円滑に行われるように支払計画を立てて必要資金額の目途を立てなければならない。

第5は、資金調達計画である。必要資金額は、①自己資金（中国の電力会社等）による調達、②当該銀行（この場合は世界銀行）による融資のみならず、③内貨（元）必要額に対する現地銀行（中国）による融資、④外貨（米ドル）必要額に対する民間銀行（外国銀行等）による融資（世界銀行の融資に対する協調融資となる）によりまかなわれる。この全体の資金調達計画が完成しないと、電力プロジェクトの設備建設は資金調達面から失敗する。このため各銀行は、資金計画全体に対して常に注意を払い、他の銀行の融資行動を見守る。

第6は、資機材等の調達計画である。資機材等の調達計画と融資計画を結合することにより、調達と資金提供の不整合が発生すればチェックすることができる。

第38表　実行計画と調達・支払計画（米ドル表示）：10万米ドル

年	2000	2001	2002	2003	2004	合計	注
1. 工事	6	11	23	24	25	89	世銀非融資
2. 機材							
ボイラー	20	40	41	57	58	216	世銀融資等
(うち外貨分)	16	33	33	46	47	175	
タービン発電機	21	54	55	71	43	243	世銀融資等
(うち外貨分)	17	44	45	57	35	198	
3. コンサルタント・サービス	1	1	1	1	1	5	その他
合計	47	106	121	152	127	554	
(うち世銀融資と協調融資額)	34	77	79	104	83	379	

（出所）世界銀行資料。

第39表　資金調達計画（米ドル表示）：10万米ドル

	現地通貨	外貨	合計
1. 現地銀行（中国）A	100	34	134
2. 電力会社の自己調達（内部留保・社債発行等）	108		108
3. 世銀と世銀の協調融資		379	379
①世界銀行		279	279
②世界銀行の協調融資銀行（民間銀行1）		50	50
③世界銀行の協調融資銀行（民間銀行2）		50	50
合計	208	413	621

（出所）世界銀行資料。

第40表　資機材等の資金調達計画（米ドル表示）：10万米ドル

	計画案			プロジェクト費用合計
	世銀融資	民間銀行の協調融資	協調融資以外	
1. 工事			89	89
2. 機材				
ボイラー	175		40	216
タービン発電機	198		46	244
3. コンサルタント・サービス		5		5
合計	374	5		554
（うち世銀融資と協調融資額）	374	5	175	379

（出所）世界銀行資料。

第3節　経済協力政策

1. OECD開発援助委員会（Development Assistance Committee：DAC）について

DACは、OECD諸国であってDAC加盟国（援助国）がそれぞれ2国間援助を行うに当たり、途上国の持続ある開発を支援して援助の効率性を向上させるために設けられた援助国の協議組織であり、OECDの中にある約25ある委員会のうちの1つである。DACが他のOECDの委員会に無い特徴は、①年間

15 回以上も頻繁に会合を開きまたこのため議長は OECD 事務局員が行う、② DAC は委員会の加盟国および理事会（OECD の最高意思決定機関）の加盟国に対して直接勧告を行える、③議長は DAC 参加国の援助動向に関する年次報告書を発行している等である 。DAC は発展途上国の持続可能な経済社会開発の支援のために、国際的な援助の調整・統合・効率化・適正化を助長する。発展途上国の開発は最終的には発展途上国が責任を負うべきであるとの考えに基づき、DAC は発展途上国が世界経済に参加する能力や発展途上国国民が貧困を克服し、社会参加する能力を高める等の自助努力を支援するために、国際協力を側面から行うことに重点を置く。

DAC 加盟国は、先進国が援助計画の実施に際して共通目標を立てるように期待される。DAC 会合は、各国の OECD 代表部および本国の出張者の出席により開かれる。年に 1 回高級事務レベル会合が開かれ、援助全体の評価や現行 DAC 政策の見直しが行われる。DAC はまた年に 1 回閣僚または援助機関の長を構成員とする高級会合を開く。この高級会合は、DAC の活動および DAC 加盟国の共通目標についての基本政策の方向づけを政治レベルで行う。

DAC はまた、作業グループ・専門家グループ・一時的タスクフォース・非公式会合を開き、この会議に際して DAC 加盟国は援助専門家を派遣して協議する。これらのグループ会合のテーマは DAC が直面する課題を反映しており、①開発援助の金融的側面、②環境に関する開発援助、③援助統計、④援助評価、⑤男女平等化、⑥住民参加型開発と国家行政、⑦紛争・平和と開発、⑧制度および能力開発等である。

2. DAC による発展途上国問題の認識

DAC による最近の発展途上国問題の認識は、DAC 年次報告書を見ればある程度分かる。これまで発表された DAC 年次報告書の概要と特徴は、以下のとおりである。

第 1 は、南北問題の認識である。

1990（平成 2）年代は世界の多くの部分で経済繁栄が続いたが、地球全体で見ると5人に1人は1日1米ドル以下で生活しており、2015（平成27）年までにこれらの貧困者を半減する国際約束は国際開発協力分野における最優先課題であり、援助政策の基本テーマである。

第2は、援助政策の重点である。

貧困とそれがもたらす悲惨からの解放という国際目標を達成するためには、①健康のための投資・両性の平等に配慮し、②それを政策の中心に置く必要がある。国際目標の達成は容易ではないが、成功した国の経験は他の国の参考になる。これによると、①発展途上国･先進国間、②政府･市民社会･民間部門間、②国際機関間の協働が必須である。協働行動とは、かつてなく国際社会の賛同を得て作成されたMillennium Development Goals等の国際目標を達成するための責任の分担であり、貧困とそれがもたらす悲惨からの解放をめざす実施面の協力である。

第3は、グローバル化と発展途上国開発問題である。

発展途上国開発問題の解決のためには、発展途上国が政策づくりを自分で作成できるようにする（Ownership）よう先進国と発展途上国が協働行動を行うことの必要性が近年認識されてきており、これが発展途上国援助問題の実施面を変化させている。グローバリゼーションは、発展途上国と先進国との協働行動に対して新しい機会を提供する。グローバリゼーションが統合または排除をもたらすか、協力または対決をもたらすかは、環境変化を管理し方向性を見定める国際社会の能力にかかっている。成功の条件は、①貧困な女性・男性・子供の発言力強化と選択機会の拡大、②経済の成長と安定の達成、③基礎的社会サービス（基礎教育・医療介護等）の万人への普及、④開発資金の適正量確保と適正目的への使用である。国際社会にとっての新たな挑戦は、グローバリゼーションが貧困者に利益をもたらしうることを証明するために、共同しかつ一貫した政策を策定できるかということである。

第4は、開発金融の動向である。

アジア通貨危機以降、銀行貸付と債券発行は低調であるが、民間海外直接投資（FDI）は堅調であり今や発展途上国資金フローの太宗を占めている。FDIは成長の高い国に集中している。貧困国でも石油・鉱山産業に対してFDIは流入するが、このような資源を持たないほとんどの貧困国に対しては、これまでと同様に流入していない。援助資金量は 1999（平成 11）年以降漸減しており、これは先進国における低成長と財源難が影響している。

3. DAC による援助額

2003（平成 15）年 4 月に発表された DAC 資金援助実績の 2002（平成 14）年報告の概要は、以下のとおりである。現時点での DAC 加盟国は、オーストラリア・オーストリア・ベルギー・カナダ・デンマーク・フィンランド・フランス・ドイツ・ギリシア・アイルランド・イタリア・日本・ルクセンブルグ・オランダ・ニュージーランド・ノルウェー・ポルトガル・スペイン・スウェーデン・スイス・イギリス・アメリカの 22 カ国プラス EU という国際機関である。

第 1 は、DAC 加盟国の ODA（政府開発援助）の金額である。

2002（平成 14）年の ODA は DAC 諸国の合計額で 570 億ドル（米ドル換算）になり、前年の 523 億米ドルと比べて 9.0％増加したが、実質ベースでは 4.9％の増加にとどまった。また DAC 諸国の経済成長率は停滞気味に推移したので、ODA の GNP 比率は前年の 0.22％から 0.23％に上昇した。1990（平成 2）年代後半から 2002（平成 14）年までの間、この GNP 比率は 0.22 ～ 0.23％の低水準にとどまっている。

第 2 は DAC 諸国による今後の政策表明である。

2002（平成 14）年 3 月メキシコのモントレーで開催された「開発のための金融会議」で先進国が表明した ODA 額を増加させるという政策は現在も維持されており、DAC 事務局がこの各国の目標額を集計すると、2006（平成 18）年の ODA は①実質値で 31％増（実質値で 160 億米ドル増額）、② GNP 比率は 0.26％になる。それでも 1992（平成 4）年以前の平均値である GNP 比 0.33％と比べれば低水準である。

第 3 は、DAC 諸国間の特徴である。

DAC22 カ国は、DAC 以外の国も含む全世界が供与する ODA の 95％を担っている。供与額の大きな国を順に掲げると、アメリカ、日本、ドイツ、フランス、イギリスである。また国連のODA到達目標(GNPの0.7%)を達成した国は、デンマーク、ルクセンブルク、オランダ、ノルウェー、スウェーデンの5か国だけである。

なおベルギーは2010（平成22）年までに、アイルランドは2007（平成19）年までに0.7%目標を達成すると表明しており、またフランスは2007（平成

第41表　DACによるODA供与額（ネットベース）

国　名	2001年		2002年	
	億米ドル	GNP比（%）	億米ドル	GNP比（%）
オーストリア	8.73	0.25	9.62	0.25
オーストラリア	5.33	0.29	4.75	0.23
ベルギー	8.67	0.37	10.61	0.42
カナダ	15.13	0.22	20.13	0.28
デンマーク	16.34	1.03	16.64	0.96
フィンランド	3.89	0.32	4.66	0.35
フランス	41.98	0.32	51.82	0.36
ドイツ	49.50	0.27	53.59	0.27
ギリシア	2.02	0.17	2.95	0.22
アイルランド	2.87	0.33	3.97	0.41
イタリア	16.27	0.15	23.13	0.20
日本	98.47	0.23	92.20	0.20
ルクセンブルグ	1.41	0.82	1.43	0.78
オランダ	31.72	0.82	33.77	0.82
ニュージーランド	1.41	0.27	1.24	0.23
ノルウェー	13.46	0.82	17.46	0.91
ポルトガル	2.68	0.25	2.82	0.24
スペイン	17.37	0.30	16.08	0.25
スウェーデン	16.66	0.77	17.54	0.74
スイス	9.08	0.34	9.33	0.32
イギリス	45.79	0.32	47.49	0.30
アメリカ	114.29	0.11		0.10
DAC22カ国合計	523.37	0.22	95.81	0.23
DACの努力水準		0.40	569.91	0.40
参考　輸出信用額	59.61		65.02	
EU加盟国	262.90	0.33	290.93	0.34
G7	382.02	0.18	417.36	0.19
非G7	141.35	0.47	152.55	0.46
韓国	2.65	0.06	2.86	0.06

（出所）DAC.

19）年までに 0.5%を達成し、2012（平成 24）年までに 0.7%を達成すると表明している。これらの国の多くは国内でも社会福祉政策に重点を置いている国であり、アングロ・サクソンや日本と比べれば国内的・国際的に弱者に配慮した政策を実行しているといえる。

アメリカは、従来から軍事援助と経済援助を結合させてきたが、2001（平成13）年以降テロ防止のためにこれを強化した。すなわち、アメリカは 2002（平成 14）年に ODA を実質 11.6%増大させて、名目値で 129 億米ドル支出した。この理由は、① 2001（平成 13）年 9 月 11 日に勃発したテロの防止のため軍事援助（ODA にならない）を強化するとともに、②テロ防止を図る目的で関係地域や周辺地域の健康・人道援助（ODA になる）を増大させたからである。

第 42 表　DAC 統計による ODA 受取国（グロスベース：2001 年）：億米ドル

個別国ベース		所得グループ別（2 国間援助）		地域別（2 国間援助）	
パキスタン	19.38	低開発途上国	133.84	南サハラ・アフリカ	133.50
インド	17.05	他の低所得国	132.56	南・中央アジア	74.93
インドネシア	15.01	低「中所得国」	121.21	他のアジア・大洋州	64.87
中国	14.60	高「中所得国」	16.56	中東・北アフリカ	47.89
ベトナム	14.35	高所得国	1.27	中南米・カリブ海	59.77
ユーゴスラビア	13.08	分類不明	111.36	欧州	33.46
エジプト	12.55			分類不明	84.82
タンザニア	12.33				
エチオピア	10.80				
バングラデシュ	10.24				

（出所）DAC.

（注）低開発途上国（LLDC）：（アフガン・バングラデシュ等）

他の低所得国：1998（平成 10）年の 1 人当たり所得 759 米ドル以下（中国・ガーナ等）。

低「中所得国」：1998（平成 10）年の 1 人当たり所得 760 ～ 3,030 米ドル（アルジェリア・イラン・フィリピン等）。

高「中所得国」：1998（平成 10）年の 1 人当たり所得 3,031 ～ 9,360 米ドル（ブラジル・メキシコ・トルコ・マレーシア等）。

高所得国：1998（平成 10）年の 1 人当たり所得 9,361 米ドル以上（マルタ・スロベニア）。

高所得国は、2003（平成 15）年当初から DAC リスト第 2 部（公的支援を受け取る市場経済移行国）に含まれることとなった。

また日本のODAは、2001（平成13）年の98億米ドルから2002（平成14）年には92億米ドルに減少した。この理由は、国内政策（特に不況政策）の優先、円の米ドルに対する減価等が挙げられる。

第4は、途上国等に対する総資金フローである。

総資金フローの中味としては、まず（1）公的開発金融として、①途上国に対する公的開発援助（ODA：Official Development Assistance）、②市場経済移行国等に対する公的支援（OA：Official Aid）、③他の国に対する公的開発金融（ODF：Official Development Finance）があり、次に（2）輸出信用があり、さらに（3）民間資金の流れとして、①直接投資、②銀行貸付、③債券投資、④株式投資等がある。公的開発金融の目的は、発展途上国等の経済社会開発であるが、輸出信用（公的）の目的は先進国政府による輸出促進であり、また民間資金の流れの目的は先進国企業（多国籍企業等）による私的利益追求である。

1990（平成2）年代における総資金フローの動きをみると、①公的開発金融の金額の停滞、②民間資金の急速な増大がみられ、この動きは1980（昭和55）代にも既に見られたが、1990（平成2）年代になり顕著になった。公的開発金融の金額が停滞している理由は、先進国における①経済成長の停滞懸念の強まりと人口高齢化への意識増大、②財政面における年金・医療費の圧力や財政構造改革の圧力増大があり、援助疲れが見られる。また発展途上国においては、①高度経済成長に成功した東アジア等の一部の発展途上国を別とすれば、経済社会開発が一般的に遅延しており、アフリカ諸国では最近20年間ではむしろ後退している、②公的開発金融によりインフラ整備や社会開発は促進されるものの経済成長には必ずしもつながらない、③発展途上国の企業は大衆消費者需要を開拓する気力がなく、発展途上国の政府においては私的利益を得る目的で国家統治を行っている等の基本問題が続いている。

民間資金の流れのうち、①直接投資（除株式投資）、②銀行貸付、③債券投資、④株式投資いずれも急増したが、民間資金が流入した発展途上国は極めて限定されており、いわば先進国企業にとって利益を生める地域に限定される。すなわち先進国の成熟産業（家電・自動車・電子産業）の生産基地をコストの安い発展途上国に移転して生産し、その製品を先進国に逆輸入すれば、①先進国にとっては成熟商品の価格が極めて安くなるため成熟商品といえども需要はまだ増大する、②発展途上国にとってみれば資本・技術を先進国から確実に調達でき、しかも国産品の対先進国輸出が確保される。このため多国籍企業の企業戦略により、成熟商品の再生産に適した労働力豊富・従順・現地の中間管理技術職の育った東アジア等を中心にして、直接投資（除株式投資）・銀行貸付・債券投資・株式投資が急増した。しかしこのような先進国市場に依存し、しかも先進国で既に成熟している商品に依存した経済開発路線は、先進国経済のみならず発展途上国経済にとっても、遠からず供給能力過剰に陥り経済開発が挫折する危険性を常に抱えている。

4. DAC 諸国による ODA の特徴

DAC 諸国により供与された ODA の、DAC 諸国別に分けた特徴は以下のとおりである 。

第 1 は、国別の援助額の推移である。

ネットベース（＝新規援助供与額－既援助元本回収額）の名目援助額（米ドル）の推移をアメリカ・EU（除北欧）・北欧・日本の 4 地域に分けて特徴を見ると、① 1980（昭和 55）年代初頭までは、いずれの地域でも名目額の増加があった、② 1980（昭和 55）年代に入ると、石油危機の後遺症・先進国の成長停滞に伴う援助疲れがみられて援助額は増勢鈍化し、③特にアメリカは 1990（平成 2）年以降援助額を削減したため、日本は 1993（平成 5）年以降アメリカに代わって世界最大の援助国になった、④その日本も、バブル崩壊が顕著となった 1990（平成 2）年代半ば以降援助額が概ね横ばいに転じ、⑤他方 EU（北欧を除く）・北欧はわずかながらも増勢が続いた。1990（平成 2）年代はアメリカの長期的な経済成長に原因するドル高傾向により、米ドル換算した欧日の援助額は過小になるが、現地通貨表示で見てもこれらの基本的な援助傾向はあまり変わらない。この結果、2001（平成 13）～ 2002（平成 14）年においてアメリカの ODA 額は日本を上回った。

この背景には、欧米日における国内基本政策と援助政策の役割の相違がある。

アメリカは、①社会主義諸国との競争に勝ったためにソ連との間で発展途上国の獲得競争をする必要がなくなった、②財政赤字の見通しが当時は厳しかったため援助資金を削減した、③その後テロリスト国家に対する軍事介入を補完す

第43表　DAC諸国の総資金流れ

	1992年		1995年		2001年	
	億米ドル	%	億米ドル	%	億米ドル	%
Ⅰ公的開発金融（Official Development Finance）	783	49.1	876	33.0	683	36.8
1 政府開発援助（Official Development Assistance）	583	36.6	591	22.3	506	26.5
①2国間	414	25.9	406	15.3	350	18.4
②多国間	170	10.6	184	7.0	156	8.2
2 公的援助（Official Aid）	60	3.8	84	3.2	64	3.4
①2国間	52	3.3	71	2.7	36	1.9
②多国間	8	0.5	13	0.5	28	1.5
3 他のODF	140	8.8	201	7.6	113	5.9
①2国間	80	5.0	140	5.3	16	0.9
②多国間	59	3.7	61	2.3	97	5.1
Ⅱ輸出信用	10	0.6	56	2.1	28	1.5
Ⅲ民間資金の流れ	801	50.2	1,720	64.9	1,195	62.7
①直接投資	302	19.0	596	22.5	1,153	60.5
うちオフショア・センターへ	95	6.0	63	2.4	269	141
②国際銀行貸付	346	21.7	769	29.0	106	− 5.6
うち短期貸付	250	15.7	400	15.1	−	−
③債権投資	75	4.7	260	9.8	97	5.1
④他の資金の流れ（株式投資を含む）	18	1.1	35	1.3	− 54	− 2.8
⑤NGOの贈与	60	3.8	60	2.3	104	5.5
総資金の流れ（Ⅰ＋Ⅱ＋Ⅲ）	1,594	100.0	2,651	100.0	2,480	100.0
（参考）						
援助受入国の金利支払	− 680		− 1,123		−	
IMF信用のネット使用額	8		156		133	
非DAC諸国のODAまたはOA	11		8		10	
（相互比較）						
DAC 2国間ODA＋（国際機関拠出－国際機関支払）	608		589		523	
うち2国間贈与	348		362		334	

（出所）DAC.

るために政府開発援助を増加させた等が挙げられる。日本は、①発展途上国であれ国内の政策であれ、経済成長目的が優位を占めており、国内では援助の増額に一応説得力があった、②予算が増分主義であり過去のシェアが尊重された、③外交手段として相変わらず援助に頼り過ぎた、④しかし、財政危機に直面してから以降援助予算も厳しく抑制された。EUと北欧は、国内経済動向は厳しいが欧州型福祉社会を信奉しているため（特に北欧）、発展途上国の福祉向上や援助の必要性について国全体のコンセンサスがある。

この先進国の地域別特徴は、先進国国民経済に占める援助負担を示すODAのGNP比を指標とすればさらに顕著になる。各地域とも戦後高度成長が続いた1950（昭和25）～1960（昭和35）年代は、GNP比は急速に上昇した。しかしアメリカとEU（北欧を除く）のGNP比は1970（昭和45）年代に急速に下落し、1980（昭和55）年以降も概ね横ばいが続いた。ただし、最近のGNP比の水準はアメリカが0.1％程度であるのに比べ、EU（北欧を除く）は0.3％程度とアメリカの3倍程度の水準を保っている。世界の覇者であるアメリカは覇権を維持するために、①軍事援助を優先し経済援助（ODA）は軍事援助を補完する役割を果たさせた、②援助国もアメリカの原油輸入に重要な中東や、テロリスト国家包囲網をつくるための紛争周辺の発展途上国、アメリカの影響地域である中南米に重点を置いている。EU（北欧を除く）の援助は、①アフリカを中心とする旧植民地の経済社会開発・語学文化学習支援、②輸出・直接投資の拡大効果を狙った対アジア支援等が特徴的であるが、③発展途上国に欧州型福祉社会の影響を与える意図もある。EUのうちイギリスとフランスの援助政策は、かつて覇権国であり植民地を持っていたことからアメリカにやや似ており、他方ドイツの援助政策は、日本と同じく戦後植民地を失い経済復興・工業国家開発・輸出促進政策を講ぜざるを得なかったことから、ドイツの援助は発展途上国の経済開発・経済成長目的に重点を置いているといえる。

日本のGNP比は、1970（昭和45）年代の0.2％から1980（昭和55）年代に0.3％程度に上昇し、その後はこの比率で横ばいに転じ、経済停滞下にある現在ではEU（北欧を除く）よりも低い0.2％強の水準にある。援助目的は経済開発（公共事業）が中心であり、①いわば日本型高度成長・開発モデルの移転を意図した、

第44表　DACによるODA供与額の推移（ネットベース）：億米ドル

	1950～1955年平均	1960年	1970年	1980年	1990年	2000年
オーストリア		0.59	2.12	6.67	9.55	9.87
オーストラリア			0.11	1.78	3.94	4.23
ベルギー	0.10	1.01	1.20	5.95	8.89	8.20
カナダ	0.23	0.65	3.37	10.75	34.70	17.44
デンマーク		0.05	0.59	4.81	11.71	16.64
フィンランド			0.07	1.11	8.46	3.71
フランス	5.00	8.23	7.35	28.89	71.63	41.05
ドイツ	0.38	2.24	5.99	35.67	63.20	50.30
ギリシア						2.26
アイルランド				0.30	0.57	2.35
イタリア	0.42	0.77	1.47	6.83	33.95	13.76
日本	0.10	1.05	4.58	33.53	90.69	135.08
ルクセンブルグ				0.05	0.25	1.23
オランダ	0.17	0.35	1.96	16.30	25.38	31.35
ニュージーランド			0.14	0.72	0.95	1.13
ノルウェー	0.01	0.05	0.37	4.86	12.05	12.64
ポルトガル				0.04	0.14	2.71
スペイン				1.62	9.65	11.95
スウェーデン	0.03	0.07	1.17	9.62	20.07	17.99
スイス	0.01	0.04	0.30	2.53	7.50	8.90
イギリス	1.90	4.07	4.82	18.54	26.38	45.01
アメリカ	11.18	27.60	31.53	71.38	113.94	99.55
DAC22カ国合計	19.53	46.76	67.13	261.95	529.61	523.36

（出所）DAC.

②また援助により間接的に日本の輸出促進や直接投資促進を狙っている。

他方北欧のGNP比は、1950（昭和25）～1960（昭和35）年代の0.1％以下から、1970（昭和45）年代には0.4％、1980（昭和55）年代には0.8％と急上昇し、1990（平成2）年代にも0.9％をめざして着実に上昇し、2000（平成12）年以降も高水準を維持している。北欧の国家基本政策はEUの福祉社会モデルを極限まで追求したものであり、国内政策理念と対外政策理念を結合させようという理想に基づく。このため援助地域も、①LLDC（低開発途上国）②サハラ以南アフリカがほとんどであり、いわば国内の福祉社会理念を発展途上国にも普及させようという意図があるといえる。

第2は、援助における先進国の負担である 。

先進国のODA（援助）の相互比較は絶対規模で行うべきではなく、援助国（先進国）の経済規模、すなわち援助能力との相対比較で行う必要がある。

まずアメリカの特徴が目立つ。アメリカでは、① GNP比は近年では先進国最低水準であり（0.1%）、②国民1人当たり援助負担額も先進国で最低に近く、③援助地域も貧困国に対する援助は少なく、④国際機関を通ずる援助は少なく、アメリカ政府が直接実施して自国の外交目的のために援助を利用している。この理由は、前述したように覇権を持つアメリカが常に自国の裁量性を確保し、援助を覇権維持目的に利用している事実に基づく。

欧州は、① EU（除北欧）、②北欧に大別できるが、オランダ・スイス等は準北欧型であるといえる。北欧の特徴は、①援助額をGNP比でみても国民1人当たり負担額で見ても、先進国最高水準にある、②国際機関を 通ずる援助の比率が最も高く、2国間の外交の道具に援助を使うのではなく途上国のための経済社会目的に限定して使っている、③貧困国に対する援助の比率が最も高く社会福祉目的を重視している、④政府開発援助とは別に民間主導・民間資金のNGOの援助比率も相当高水準にある。これに比べ、EU（北欧を除く）は良くても悪くても先進国の平均的な援助象を提示するが、発展途上国の経済開発目的ばかりでなく社会開発目的にも配慮し、したがって貧困国援助もある程度は行っている。オランダ・スイス等は小国とはいえども欧州社会の中で福祉社会国家としての独自性を持つ性格が強く、これらの国は援助額のGNP比・国民1人当たり負担額、国際機関を通ずる援助の比率、貧困国に対する援助の比率、政府開発援助とは別のNGOの援助比率等でみても、北欧諸国に近似した相当高い水準を保っている。他方日本は、国民1人当たりの負担額でみても先進国の平均負担水準と同じであり、援助形態や援助先は良くも悪くも自己主張や特徴の少ない先進国の平均的な援助実態を示している。最近日本では、国益目的の外交や援助が強く主張されているが、アメリカと同じようにならない様に気をつけ、欧州と同じように国益よりも地球社会全体の利益（コミュニティ益）をめざした福祉向上を目的とすることが望まれる。

第3は、目的別援助の特徴である。

援助目的を、①社会行政基盤、②経済基盤、③産業開発、④その他（プログラム援助、債務救済、緊急援助等）に分類すると、援助国により以下の特徴がある。

まず、北欧を初めとする欧州経済小国は社会行政基盤に重点を置いており、経済開発とともに社会基盤の整備を行い、社会の連帯性強化や福祉社会の建設をめざしている。このため、教育、健康、水道・衛生、行政・市民等の基礎的社会基盤整備により、貧困解決や国家・コミュニティづくりをめざして重点を置いている。なお、これらの欧州経済小国において複数分野にまたがった多部門援助が比較的大きいのは、国内政策の執行面で多くの省庁が協力する体制が整備されており、これらの体制が援助実施においても大きな役割を果たしている可能性がある。

次にドイツ・日本・イギリス・アメリカ等の経済大国は、経済基盤の整備に重点を置いている。この理由は、経済基盤の整備により経済活動の活性化を図り、国民経済全体としての所得上昇を確保し経済開発の突破口を図ろうという、経済主義・市場重視・マクロ経済アプローチをとっているからである。特にドイツ・日本では、戦後の復興や高度成長が経済インフラストラクチャー整備によって可能になったとの成長体験を有しており、これを発展途上国に適用できるという思想を有している。

第 45 表　DAC による ODA 供与の負担水準（ネットベース：2001 年）

	ODAのGNP比（%）	多国間援助のGNP比（%）		貧困国援助のGNP比（%）		援助国民1人当たり負担（米ドル）		（参考）NGO支援額のGNP比（%）	
		除EC	含EC	低所得国	LLDC（最貧国）	1988～1989年	1998～1999年	1988～1989年	1998～1999年
オーストリア	0.26	0.06	—	0.14	0.06	51	50	0.03	0.05
オーストラリア	0.29	0.05	0.10	0.14	0.05	56	59	0.03	0.03
ベルギー	0.37	0.07	0.15	0.16	0.11	80	83	0.02	0.05
カナダ	0.24	0.07	—	0.07	0.04	82	54	0.05	0.02
デンマーク	1.07	0.34	0.39	0.52	0.34	221	309	0.02	0.01
フィンランド	0.32	0.09	0.13	0.15	0.09	129	73	0.02	0.01
フランス	0.38	0.04	0.11	0.13	0.08	114	71	0.02	0.00
ドイツ	0.30	0.06	0.12	0.11	0.06	185	61	0.05	0.04
ギリシア	0.31	0.02	0.11	0.03	0.02	—	20	—	0.00
アイルランド	0.19	0.04	0.11	0.18	0.15	19	68	0.07	0.12
イタリア	0.16	0.04	0.10	0.05	0.04	49	26	0.00	0.00
日本	0.28	0.07	—	0.14	0.04	104	97	0.00	0.01
ルクセンブルグ	0.77	0.09	0.17	0.39	0.26	84	302	0.02	0.03
オランダ	0.86	0.19	0.24	0.39	0.23	158	196	0.08	0.07
ニュージーランド	0.25	0.06	—	0.10	0.06	25	30	0.03	0.03
ノルウェー	0.82	0.23	—	0.39	0.27	282	290	0.13	0.12
ポルトガル	0.32	0.02	0.08	0.17	0.11	19	26	0.00	0.00
スペイン	0.27	0.03	0.09	0.10	0.03	24	36	0.02	0.00
スウェーデン	0.80	0.19	0.24	0.36	0.23	189	205	0.06	0.01
スイス	0.34	0.10	—	0.16	0.10	113	124	0.05	0.06
イギリス	0.33	0.07	0.13	0.17	0.11	56	78	0.04	0.03
アメリカ	0.11	0.03	—	0.04	0.02	55	38	0.05	0.04
DAC22カ国合計	0.24	0.05	0.07	0.10	0.05	75	63	0.03	0.03

（出所）DAC.

（注）援助国民 1 人当たり負担は、1998（平成 10）年米ドル換算額。

第 46 表　DAC の目的別の援助比率（コミットメントベース：2001 年、合計 100%）：%（次表に続く）

	社会・行政基盤							経済基盤		
	小計	教育	健康	人口問題	水道衛生	行政市民	その他	小計	交通通信	エネルギー
オーストリア	47.9	9.0	9.4	3.8	3.4	18.5	3.9	9.8	8.2	0.4
オーストラリア	44.0	12.9	11.0	0.0	12.0	7.5	0.6	0.9	－	0.6
ベルギー	41.3	12.6	10.5	1.3	1.8	11.4	3.6	7.5	3.2	0.2
カナダ	29.4	9.6	4.2	3.1	1.6	9.3	1.5	4.9	1.5	1.6
デンマーク	23.8	2.1	3.1	0.5	22.0	14.5	1.6	2.8	1.2	1.0
フィンランド	41.5	8.7	5.0	2.6	3.8	14.9	6.5	0.9	0.4	0.1
フランス	38.6	24.0	4.7	0.3	2.9	0.9	5.8	7.7	4.8	0.8
ドイツ	40.4	16.4	2.1	1.4	10.9	5.4	4.1	19.4	7.2	7.1
ギリシア	80.5	9.9	6.6	0.0	0.4	59.3	4.3	4.7	1.3	－
アイルランド	59.4	20.2	15.4	－	4.3	－	19.5	2.9	2.9	－
イタリア	26.6	9.5	2.5	0.3	2.3	1.9	10.1	4.9	0.5	2.4
日本	17.0	6.8	2.5	0.1	5.4	0.5	1.6	34.0	25.7	8.0
ルクセンブルグ	－	－	－	－	－	－	－	－	－	－
オランダ	31.3	8.8	7.0	1.5	4.9	1.7	5.3	6.8	5.0	1.3
ニュージーランド	51.2	33.3	2.5	0.8	1.6	9.6	1.8	4.0	1.3	1.5
ノルウェー	44.4	7.0	1.4	2.9	4.2	13.7	5.9	13.8	4.8	7.0
ポルトガル	56.2	17.0	2.0	0.0	0.7	25.3	9.2	11.2	3.9	0.3
スペイン	34.5	11.0	1.2	0.5	3.0	4.3	8.9	11.5	2.8	4.3
スウェーデン	33.6	3.8	0.5	1.6	4.9	4.6	6.6	11.1	5.9	2.7
スイス	18.4	4.2	1.3	0.3	3.3	5.1	0.3	7.4	2.3	0.0
イギリス	23.8	7.1	2.5	2.2	1.5	5.5	2.8	8.0	3.0	1.7
アメリカ	45.4	3.3	2.1	8.5	4.7	13.3	11.3	3.6	0.2	1.0
DAC22 カ国合計	32.4	8.6	2.1	2.7	4.8	6.8	5.4	14.9	9.2	3.7
多国間融資 ODF 計	38.3	3.1	1.2	1.3	4.2	17.4	9.7	31.3	12.8	6.8
EU	28.5	3.9	0.5	1.8	3.6	6.8	8.0	15.4	5.2	7.4
世界銀行	37.4	3.1	1.3	1.6	4.6	16.8	8.5	36.3	13.5	6.5
地域金融機関	43.1	3.0	1.4	0.7	3.8	22.0	11.8	30.3	14.7	7.0

（出所）DAC.

なおフランスは、旧植民地等に対するフランス語の普及に大きく力を注いでおり、フランス文化に自信を持ち世界に情報発信をする意気込みを示しており、経済大国の中では得意な援助構造を示している。これとやや似たのが、経済小国のニュージーランドとオーストラリアであり、英語圏という有利な状態を利用して周辺のアジア大洋州に対する英語教育の援助に重点を置いている。

第46表（続）　DAC諸国の目的別の援助比率（コミットメントベース：2001年、合計100%）：%

	経済	産業				その他					
	その他	小計	農業	鉱工業建設	商業観光	多部門	プログラム	債務救済	緊急援助	管理費用	その他
オーストリア	1.1	10.5	9.7	0.3	0.5	13.4	2.2	1.4	6.6	6.8	1.2
オーストラリア	0.3	2.2	0.7	0.3	0.3	1.8	0.6	39.9	4.8	2.7	3.1
ベルギー	4.2	9.3	8.2	0.3	0.3	7.4	6.1	10.3	5.1	4.4	8.6
カナダ	1.8	5.5	2.9	0.1	0.1	7.8	7.4	0.9	17.0	11.1	16.1
デンマーク	0.6	7.6	4.0	0.3	0.3	9.1	0.3	4.3	12.4	8.9	30.8
フィンランド	0.4	8.5	8.0	0.2	0.2	22.0	1.5	1.9	13.5	6.4	3.7
フランス	2.1	8.3	7.5	0.7	0.2	9.9	3.8	24.3	0.3	5.4	1.7
ドイツ	5.0	4.8	4.2	0.5	0.1	12.9	0.6	5.4	6.9	6.4	3.3
ギリシア	3.4	3.5	0.9	2.4	0.3	3.0	1.6	—	5.1	—	0.7
アイルランド	—	9.6	8.0	1.0	0.6	1.6	—	5.9	9.7	7.4	3.5
イタリア	2.0	8.5	3.0	5.3	0.2	9.4	16.0	2.2	11.0	4.9	16.6
日本	0.3	14.5	12.3	1.9	0.2	5.9	0.4	15.2	0.3	6.2	6.6
ルクセンブルグ	—	—	—	—	—	—	—	—	—	—	—
オランダ	0.5	6.2	5.3	0.4	0.5	7.5	12.2	0.3	10.8	0.3	19.2
ニュージーランド	1.2	5.4	3.1	0.5	1.8	8.0	2.4	8.4	3.0	8.4	17.6
ノルウェー	1.9	7.0	4.1	2.7	0.2	7.0	2.2	2.3	11.9	2.3	9.4
ポルトガル	7.0	4.0	2.9	0.8	0.3	3.8	7.9	3.6	1.3	3.6	1.4
スペイン	4.3	6.1	3.3	2.6	0.2	8.5	0.5	4.4	3.0	4.4	0.9
スウェーデン	2.5	5.2	4.5	0.4	0.3	10.9	3.6	6.2	19.5	6.2	9.3
スイス	5.0	5.8	4.3	0.5	1.0	26.9	6.1	2.8	20.7	2.8	11.9
イギリス	3.4	7.7	4.4	3.1	0.2	4.0	6.6	10.5	9.4	10.5	16.3
アメリカ	2.3	6.4	3.7	0.7	2.0	3.9	19.3	8.2	11.8	8.2	—
DAC22カ国合計	2.0	8.8	6.7	1.4	0.6	7.2	6.8	6.5	7.1	6.5	6.6
多国間融資ODF計	11.7	10.1	7.3	1.3	1.5	9.4	3.6	0.3	1.4	0.3	5.6
EU	2.9	11.8	7.7	2.6	1.5	21.1	8.8	2.4	9.7	2.4	1.9
世界銀行	16.4	9.5	8.0	0.7	0.8	3.8	3.9	—	—	—	—
地域金融機関	8.7	10.3	6.0	1.7	2.6	12.6	1.2	—	0.1	—	2.3

（出所）DAC.

さらに、発展途上国が国際環境の変化により国際収支難に陥ったとき、援助国の対応としては、①プログラム援助（商品援助）、②債務救済、③緊急援助等により対処することがある。債務救済は一種の破産処理であるため、①債務救済を行った場合新しい援助は当分の間行えない、②緊急援助は政治決断がいる、③しかしプログラム援助は行政ベース（官僚ベース）で日常的に対処できる。この官僚による予算執行面の裁量（財務関係省）とプログラム援助実施の裁量性（援助関係省庁）は、政治と官僚機構の力関係に問題があることを示している。多くの援助国は緊急援助で対処するが、日本とカナダがプログラム援助で対処するのは、援助当局が財政当局と組んで政治や議会とは独立して、援助政策を官僚的に実行していることを示している可能性がある。

5. DAC の政策（開発問題と経済協力）

開発問題と経済協力の基本的考え方は OECD の DAC でも長年議論されており、2001（平成 13）年 5 月にはガイドラインとして一応考え方がまとめられている。

第 1 は、ガイドラインの背景および内容であり、以下にまとめられる。

① 1992（平成 4）年の国連環境開発会議（UNCED）において、持続可能な開発のために国家戦略を採用することを各国政府は約束した。リオ・デ・ジャネイロで要請されたこの戦略は、「将来世代のために資源と環境を保全しつつ、社会的に責任ある経済開発を確保する」ものである。1996（平成 8）年に発表された OECD の「21 世紀への構想：Shaping the 21 st Century」は、すべての国は 2005（平成 17）年までにこの戦略を策定し実行することおよび開発援助機関に対して発展途上国での戦略策定を支援することを要請した。この戦略は、国際開発 7 目標（Internatinal Development Goals）のうちの 1 目標に含まれる。また 1997（平成 9）年の国連総会・特別会議では戦略策定年を 2002（平成 14）年とすること定めた。

② UNCED 以降 10 年経過したが、この国際約束を実行する手順が示されていない。国際経験の蓄積と発展途上国内の利害関係を見直すこと踏まえ、持続可能な開発のための効果的な国家・地域戦略を明確にし、かつ開発援助機関が発展途上国を支援する指針を明確にすることが必要である。

③この指針は援助供与国に対するものであるが、「持続可能な開発に関する世

界首脳会議」に提出され、国際討議と合意の基礎となることが期待される。

第2は、戦略策定の必要性であり、以下にまとめられるる。

①持続可能な開発が緊急であるとの理解はUNCED以降普及し、環境悪化・社会経済的困窮について周知がなされた。しかし持続可能な開発のための伝統的手法は政策当局者から無視されやすく、また環境・社会・経済の改善が図られた場合でもそれが他部門に対して新たな問題を発生させた。

②持続可能な開発のために異なった国ごとに異なった解決が必要であり、それらはいずれも厳しい選択をとることを迫られる。戦略は、選択が現実的・効果的・永続的に策定され実行されるために必要である。

第3は、戦略の内容であり、多くの発展途上国との共同作業の結果以下にまとめられる。

①戦略策定に当たっての重要事項は、以下の点である。

・戦略を実施するための責任・参加・先導役・自主性
・新しい発想や情報の討議、討議すべき問題点の明確化、コンセンサス形成と実施に際しての政治的支援を確保するための貧困者や市民社会等との広範な協議
・これまで不利益を受け困窮した者や将来世代に対して、持続的な利益の発生を確保すること
・地域問題を考慮に入れ、現状の総合的な評価・将来の見通しとリスク評価を含む確固たる分析
・経済・社会・環境の相互補強政策の策定と実施における総合性の確保、それらが相反しないような管理
・明確な予算の優先順位に裏付けられた実行可能な目標

②対処能力向上に当たっての重要事項は、以下の点である。

・既存の国内能力（公的・市民社会・民間）による戦略実行の担い手としての強化
・戦略の開発・実行の全過程における地方への権限委任を含む国と地方の連携
・進捗状況を把握・管理するための、明確な指標に基づく持続的な監視と評価制度の確立

第3は、国家開発戦略と各種政策との整合性確保である。

環境は、成長と貧困削減のための決定的な要素であり、長期的・地球規模の環境問題は開発の主要計画段階で組み込まれなければならない。これらの相乗効果が、国際的に議論されまた国家レベルにおける現行計画の枠組みの中で収斂していること（貧困撲滅計画：Poverty Reduction Strategy Papers、総合開発枠組：Comprehensive Development Framework、国家展望・行動計画：National Visions and National Action Plans の策定と実施）を歓迎する。現在は環境問題と他の持続可能な開発問題の統合が貧困削減戦略に集中している良い機会であり、長期的に持続可能な貧困削減戦略になることを期待する。

6. DACの政策（パートナーシップ）

発展途上国の経済開発を効果的に行うためには、単に先進国が援助をすれば良いのではなく、先進国と発展途上国で相互に協力する必要があり、これがパートナーシップである。

第1は、OECDがパートナーシップを強調した最初は1995（平成7）年5月OECD・DAC高級会合であり、発展途上国の開発に関する先進国の共同責任を認識し、また先進国の財政事情が苦しいため効果的援助が必要であることも言及された。発展途上国の開発状況に対する評価は以下のとおりである。

①過去30年間、アジアとラテンアメリカは成長率が高く、生活水準の向上、貿易・資本・技術のフローが増大した。開発における協力の効果があったと考えられる。

②しかし、開発が進まなかったり後退した国もあった。またアフリカ諸国の中には、経済政治改革を採用して、相互依存する世界の中で競争力促進策をとった国もあった。

③開発と相互依存に対処するためには、発展途上国内部における高水準の努力・高い責任義務・市民社会が必要である。このためには開放的・参加型の経済社会システムが重要である。また安全保障の概念を再定義して、人間のニーズ・関心、環境の質の保障に重点を置く必要がある。

④持続可能な進歩のためには、良きガバナンス・貧困削減・環境保護の能力を高める必要がある。内乱・テロ・人口流出圧力・流行病・環境破壊・国際犯罪・政治腐敗は発展途上国の努力を阻害している。

⑤発展途上国のパートナー活動を盛んにすることは、発展途上国や世界にとって繁栄と安全のために貢献するものであるとの新しい認識に立つ必要がある。

この評価の上に立って、以下の政策方向を打ち出した。

①開発協力は、将来に対する投資である。過去の開発協力において先進国は新しいパートナーである発展途上国の貿易・投資・雇用の増進を支援し、また先進国内の経済調整も進めた結果、OECDの対途上国輸出は最近5年間で50%も増加した。

②発展途上国における貧困との根本的な戦いが、中心的課題である。このため最貧困者の機会拡大と生活改善に焦点を絞る必要がある。

③成功する戦略が存在する。過去の経験から見ると、発展途上国で以下の政策が必要であるといえる。

・民間部門の活力重視、政府の財政基盤の適正化
・社会開発、とりわけ教育・基礎的医療・人口動態に対する投資
・経済・政治分野で大衆の参加、とりわけ女性の参加と社会的不平等の減少
・良き統治、公的管理、民主主義的責任、人権保護、法の支配
・紛争の根本原因への対処、軍事支出削減、長期的和解と開発につながる復興と平和維持

④発展途上国は自国の開発に究極的責任を有し、その所得・貯蓄・税収は投資のための最も重要な資源である。加えて先進国からの民間投資資金は成長率の高い発展途上国に流入し、また民間の寄付金は緊急人道目的にとって重要であり、さらに政府開発援助は貧困国の投資目的のために不可欠である。

⑤他の政策は、開発目標と整合的でなければならない。貿易・投資の拡大、国際経済システム（とりわけWTO）の中における発展途上国の役割は、OECDにとっても重要である。このためOECDも開放的な経済政策を掲げ、

発展途上国の開発目的を邪魔してはならない。

⑥ OECDの協力が2国間援助と国際機関援助の組み合わせを通じて効果的・効率的になるように、OECDは援助において相互に政策調整・援助効果の評価・相互の意見交換・最適政策の実施に努める必要がある。このため援助の実施に際して、成果指標に基づく等により公的責任を取ることが重要である。

⑦持続可能な開発は基本的に重要であり、効果的開発協力が雇用増大に結びつき、それらが成長・社会連帯の醸成に結びつく必要がある。

第2は、OECDがパートナーシップを強調した2回目の会議は、1998（平成10）年1月のOECD・DAC高級会合と同時に開催されたフォーラムであり、DAC加盟国の経験と5パートナー国（発展途上国）の事情が紹介され、パートナーシップの改善、援助供与手続きの単純化および相互協調化に努力することが必要であると指摘され、以下のチェックポイントが提示された。

①援助供与国は、援助受取国（国内パートナー）が開発戦略を策定し、国内の優先課題を定め、戦略の実施計画と手法を設定するよう求める。この過程では、国内の市民社会や国外パートナー（援助供与国）との協議を体系的に盛り込む必要がある。国内で策定された戦略が国際的に合意された目標と整合的な場合、国内で策定された戦略を基礎とし、また戦略の基本原則を受容して援助供与国は相互に調整して援助を実施する必要がある。

②援助供与国は、援助受取国が主導する開発協力の調整努力を支援し強化しなければならない。援助受取国の調整能力（これは国際的調整を補強するが）は、援助供与国における中央本部から現場に至る各レベルでの意思決定可能な政府代表の参加と協議により改善できる。国際的に援助協議グループやラウンド・テーブルを援助受取国の首都に設置することの利害得失は、さらに実態に即して検証される必要がある。

③援助供与国と援助受取国の利害や相互信頼についての透明性は、継続的な非公式対話により、またはできれば援助受取国により設置される常設グループ会合における組織的なテーマや分野設定による活動により高める必要がある。

④国外パートナー(援助供与国)は､援助受取国内の手続きに原則として同意し、また必要な場合に援助受取国の手続きや管理能力を国際基準に到達するように支援する。DACは最良な事務処理規程を認定し、手続きの単純化と調和を図るための試験的事業を支援するために役割を果たすことができよう。
⑤紐つき援助は、援助受取国による政策自己形成能力や能力開発を妨げ、経済性および信頼性を損ねる代表的な事例である。低開発国援助を紐なしにすることからまず始めるというDAC勧告は、パートナーシップを改善し、競争入札と現地調達による具体的便益をパートナーに発生させる。
⑥援助供与国は、援助受取国の開発戦略の優先性を支援するため、雑多なプロジェクト援助を廃止してプログラム援助や財政支援援助をより多く提供すべきであるとの目標に賛同する。援助供与国は、援助受取国がこの種の援助を管理し援助金をプールして貧困撲滅等の重要分野や基礎的目標を達成するために使う実験を進める能力を高めるために、協力を強化する。援助供与国は、援助支出金を援助受取国の一般会計に統合するため、援助金の投入に当たり従来とは異なった方法で管理する必要がある。
⑦既存の技術協力は高価であり、過剰であり、援助受取国の能力開発や能力利用を妨げる場合があるため、既存の技術協力方式を変更することにより援助受取国の能力開発を支援する必要が広く認識されている。
⑧援助供与国と援助受取国による開発プログラムの共同監視や共同評価は、これまでの成果と失敗を相互に学習する目的に沿い、さらに検討され応用される必要がある。
⑨援助供与国の開発協力政策と他の政策（貿易や投資に関する政策等）との整合性を改善することは、発展途上国の援助依存を軽減するためにますます重要になっていることは明瞭である。
⑩他の形態の国内・海外投資を発生させ発展途上国に流入させるため、ODAが触媒的または、てこの役割を果たすように革新的な金融手法を構築する必要がある。これには、無償援助や有償援助のあり方と役割、援助受取国の民間部門に対する支援、援助受取国による援助資金と同額の自己資金拠出等が検討に値する。

⑪援助供与国は、援助受取国の債務負担を軽減するように援助しなければならず、このためデット・エクイティー・スワップ等の諸方式を考慮する必要がある。

7. DACの政策（貧困対策）

2001（平成13）年4月のDAC高級事務レベル会合は、貧困削減に関するガイドラインをまとめた。この内容は以下にまとめることができる。

第1は、貧困に関する基本認識であり、以下にまとめることができる。

①発展途上国は過去30年間に不均等ながらも生活水準の改善を達成し、これには先進国の開発協力が大きな役割を果たした。過去30年間において、①平均寿命は20歳延び（62歳になり）、②幼児死亡率は半減し、③基礎教育就学率は倍加した。アジアの発展途上国は低開発途上国から中所得途上国に脱皮した。

②この成果は元気づけられるものであり、貧困は克服できることを立証した。しかし戦いは終わっていない。発展途上国のうち4人に1人（12億人）、全世界のうち5人に1人が極端な貧困に置かれており、また貧困への取組みには格差がある。アジアでは急速に改善したが、まだ世界の貧困者数の大半を占める。サブサハラ・アフリカは、紛争と統治問題が原因して低成長と貧困の増加に悩み、また現在ではHIV、AIDSに苦しめられている。

③貧困の脅威は大きい。国内における格差拡大は、貧困削減の障害になっている。少数民族や社会の少数派の生活困難化は暴力紛争を引き起こし、貧困者は国内の経済社会活動や世界の動向から疎外される。貧困撲滅の挑戦を放置した時のリスクは大きく、また次第に大きくなりつつある。

④世界の動態的発展と変化は、新しい次元の貧困を生む。国家間の経済統合の加速は所得と就業をもたらし、新しい型の生産と交易を生み、通信·学習·情報共有の新たな機会をもたらし、またグローバリゼーションは能力増進・国際的な理解・連携・共同事業の増加をもたらす。しかし、また貧富の格差増大・貧困国の置き去りをもたらすため、グローバリゼーションが一部

の者のみの利益をもたらすならば、グローバリゼーションの持つ十分な利益を発揮させることはできない。

⑤グローバル化する世界にとって、貧困に伴う社会的病理（病気・不法移民・環境悪化・犯罪・政治不安・武力衝突・テロ）は、容易に国境と大陸を越えて拡散する。これに人口増加圧力が加わる。今後20年間に予想される20億人の増加人口のうち、97％が発展途上国にとどまって生活する。このため貧困撲滅は、道徳や人道問題を超えた緊急事態である。また貧困撲滅は、地球の安全保障と繁栄・環境圧力の軽減のためにも重要であり、第一級の国際公共財であり、人類全員の利益に関係する。

⑥貧困に取組む現時点の環境は、好都合である。2015（平成27）年までに最貧困と飢餓の者の割合を半減するとの国際公約がある。発展途上国はこの目標を達成するため、戦略を立案・実行に移している。国際的な開発に取組む社会は、調整され焦点の当たった対応策を集中させ、政治的意思を集め、貧困を効果的に攻撃するための取組みと組織を確立している。

⑦現時点は正に機会をつかむ時期である。貧困に取組む政治的意思は高揚し、すべての者に対してグローバリゼーションは可能性を提供し、通信・情報・生命科学の技術進歩は進んでいる。約束・確信・目標を定め、援助約束・財政資源・強固な努力が後に引き継がれる必要がある。すべての者は、世界の貧困削減のために、より効果的に働きより広範囲に活動することに賭ける。

第2は、具体的な貧困削減のガイドラインであり、以下がある。

①貧困は多次元であり、消費・食糧確保・健康・教育・人権・安全・尊厳・適正な仕事等の人間の可能性に対する略奪である。また貧困は持続可能な環境の観点からも削減すべきであり、性の不平等を減らすことはすべての貧困問題の解決に共通する。

②貧困削減のためには政府による政策の首尾一貫性が必要であり、特に関係する政策は債務救済・貿易・投資・農業・環境・移民・医療研究・安全保障・武器販売である。

③貧困削減のためには、急速かつ持続的で貧困者に有利な成長が必要である。

このため、良好な統治・賢明なマクロ経済管理・競争的な市場・活気ある民間部門・効率的な組織・持続可能な天然資源利用が必要である。成長を貧困者に有利にするためには、成長をもたらし、また成長の成果を得る過程で貧困な男女への公正な分配を必要とする。また人的能力に関する不平等、土地・訓練・金融等の資産や生産資源に対するアクセスに関する不平等を削減するための改革も必要である。

④貧困削減には政治過程が含まれる。貧困者の声を反映し民主的責任への取組みを育成することにより、貧困者の力を高める努力が必要である。社会経済的な変革をもたらすため、政府と市民社会における改革派の戦略的協力が役立つ。広範な国内対話と利害関係者を参加させるための支援は、民主的組織を建設しようとする協力者の努力と整合的でなければならない。

⑤援助資金の配分に当たり、ニーズと開発成果は重要要素となる。開発協力の資金は貧困削減のために効果的に使用される必要があり、低所得国が優先されることになろう。また他の発展途上国においても、大衆貧困層を目標とした援助もあり得る。このため貧困との戦いに対し発展途上国における政治的意思と政府による効果的政策の実施は、援助国にとって重要な配慮要因になる。同時に紛争多発等の厳しい統治問題を抱えている国における、貧困者支援は重要である。

⑥開発協力は、持続的な貧困削減に関する国家戦略で設定された目標と優先順位を支援するものである。このため開発協力は、国家政策全体を配慮するものであり、また参加型・総合的・成果重視型でなければならない。国家全体への配慮と持続性を保証するため、開発問題に携わる専門家の関心は援助機関中心から国家全体への配慮に変化し、また総合的計画やプロジェクト別・分野別支援のためにパートナーシップ協力する余地を残している。パートナーの戦略を実施するための支援の優先順位は、能力開発･制度改革･発展途上国パートナーの広範な参加等に置かれる。

⑦効果的援助のためには、援助国間による協力した活動・共同事業の実施・経験と資金の組み合わせ等により援助の調整方法を改善する必要である。DAC 諸国は高水準の責任と透明性を保ちながら、行政的・金融的要件の簡

素化と調和を行い、援助受入国の国内手続きが適正ならばそれに合わせることにより、援助受入国の行政能力と成果を改善するための支援を行うことができる。

⑧強い協力関係は、対話·相互信頼·共同責任に基づく。それぞれのパートナーは、合意した約束を果たし貧困削減の成果を達成したかにより評価される。援助機関は固有のパートナーシップ目標を開発しなければならず、これには、国家のリーダーシップ発揮、資金提供の柔軟性・予測可能性・長期性の確保、公的部門への開発援助が援助供与国の政府予算に完全に反映されていること等が含まれる。

⑧貧困削減を援助当局の重要関心事とすることにより、パートナーの能力開発との政策的整合性を図ることは援助当局の重要な組織的目標になる。これは援助当局における組織・行動・業務インセンティブ・文化に関して、変更をもたらしたり、創造的な動きをもたらす。

8. DACの政策（国際貿易）

2001（平成13）年5月にDACは能力開発と貿易に関するガイドラインを発表し、発展途上国の開発と貿易に関する考え方を明らかにした。

発展途上国は、先進国から貿易・援助・金融分野の支援を受けて世界経済に統合することにより成長することができる。このガイドラインは、この発展途上国の努力に対する回答を示し、また援助国が発展途上国の貿易能力を高めるための支援のあり方を示している。この内容は、以下のとおりである。

第1は、以下のように5つの基本認識を前提条件としている。

①第1の基本認識は、貿易とその自由化は開発に貢献することである。貿易や貿易自由化はそれ自体が目的ではなく、またそれだけで動態的・持続的な開発が生まれるものでもない。むしろそれらは、発展途上国の財貨・サービス・技術・知識に対する入手を容易にする。また民間企業活動が活発になれば、雇用創造・学習育成・民間資金流入・外貨蓄積に貢献し、持続可能な開発の資源となり貧困削減に寄与する。

②第2の基本認識は、発展途上国は世界経済への統合を望んでいることである。世界経済の統合により利益を得るため、世界経済を形成する原則と組織に参加する必要がある。このため発展途上国は改革のために大きな、また総合的な努力を行うことが必要である。この世界への統合と持続的な人間開発と結合させることは、発展途上国にとっても援助国にとっても大きな挑戦である。

③第3の基本認識は、新しい世界経済環境は機会でもあるが挫折するかもしれないことである。世界市場の複雑化、多角的貿易体制の挑戦、地域・二国間・多国間の貿易協定等の相互に矛盾する環境条件や要請は、発展途上国に対して競争力強化と政策変更を行う問題に直面させる。しかし、発展途上国は、組織や人的能力の面で欠けていることが多い。

④第4の基本認識は、貿易政策当局は発展途上国の貿易に関連した能力強化に重要な関心を持っていることである。発展途上国が貿易能力のギャップを克服し、効果的に貿易交渉し、貿易協定上の義務を継続的に守ることは、OECD諸国の利益になる。貿易に関連した能力の強化は、現在抱えている懸念に応え、また貿易と労働・貿易と環境に関する紛争に示されるような多角的通商制度に関する挑戦に応えるために価値ある手段となる。

⑤第5の基本認識は、援助国は発展途上国の挑戦に応えることにより多角的通商制度を強化できることである。先進国政府は最近総合的枠組みを強化することを約束し、最近2回の先進国首脳会議は、発展途上国における貿易能力の強化・貿易実務の改善を要請した。

第2は、効果的貿易政策の策定・実施であり、以下がある。

①一国の総合的開発戦略と統合した貿易戦略

②政府・企業・市民社会の3利害関係人の間における効果的な協議制度

③政府内部の効果的な政策調整制度

④貿易関連情報の収拾・配付・分析に関する強化戦略

⑤国内研究機関に支援された貿易政策の策定ネットワーク

⑥貿易支援組織のネットワーク

⑦民間部門内の連携

⑧対外開放的な地域・世界戦略についての全利害関係人の合意

第3は、政府・企業・市民社会の能力強化であり、以下が含まれる。

①国家開発戦略の中に包含される貿易開発戦略の策定、実施における協力

②輸入手続きの改善、輸出の数量と付加価値額の増加、輸出製品と市場の多様化、雇用と輸出増加に寄与する外国投資受入等に貢献する貿易政策と貿易制度の強化

③国家貿易政策、国際商業の原則、取引慣行の原則が多国間で策定される際、その国際組織へ参加し、交渉へ参加し、手続作成へ参加して利益を得ること

9. DACの政策（女性の役割）

DACは、持続的開発のためには女性と男性のニーズを反映しなければならないと考え、1983（昭和58）年には「開発における女性の役割を支援する援助機関の基本原則」を採択し、1989（平成1）年にはこれを改定した。また1995（平成7）年のDAC上級会議において、「性の平等：持続可能かつ大衆中心の開発に向けて」を採択した。

第1は、コンセンサスの背景にある事実認識であり、以下がある。

①少女の教育に対する投資は、他のいかなる投資よりも高い収益率を上げる可能性がある。

②女性は貧困問題に最も悪影響を受ける階層の1つであり、貧困削減と構造調整計画を効果的にするための経済主体として重要である。

③女性は自然資源管理者として重要な役割を果たすため、女性の環境計画への参加は環境の保護と維持の成功のための前提となる。

第2は、国連機関でも、以下のように性の平等が重要戦略になったと認識している。

①国連環境会議（1992（平成4）年）、国連人権会議（1993（平成5）年）、国連人口開発会議（1994（平成6）年）、国連社会開発会議（1995（平成7）年）では、性の問題が効果的な社会経済開発の指標でもあり、基礎でもあるこ

とが認識された。

② 1995（平成 7）年に北京で開催された国連第 4 回女性会議は、「平等・開発・平和のための行動」をテーマとし、国際的に合意された戦略と整合的な開発が、これまでの国連会議で決められた目標に到達するための具体的な手法になることを規定した。

③北京会議の行動計画は、女性と男性の権力配分およびより公平な協力関係が、持続可能で人々中心の開発にとって不可欠であることに焦点を当てた。

④南北女性同士の新たな協力関係を含むネットワークは、行動指向型の国際会議を準備し開催するために重要な役割を果たした。

第 3 は、DAC における援助機関の目標であり、以下がある。

①女性の役割向上により持続可能で人間中心の開発という全体戦略目標を達成するため、性の平等が基本であるを確認する。

②開発の社会・文化的な側面、社会・経済・政治分析を総合して人々に焦点を当てる必要性を改めて強調する。

③部門別プログラム援助、構造調整、政府支出評価等の非プロジェクト型の協力形態が、女性に与えるインパクトに配慮する。

④政策分析や政策策定に当たり、また国家･部門戦略において、パートナー（発展途上国）の性の意義に配慮した役割を強化する。

⑤これら原則を継続的にかつ新たな協力分野において強調し、とりわけ参加型開発・よき統治・人権・紛争解決に当たり強調する。

⑥パートナー（発展途上国）が女性に有利な行動をとる組織的能力を高めるための、また性の平等を指向した制度開発を行うための支援を行う。

⑦パートナーとの政策対話を行う。

⑧発展途上国の地域コミュニティが性の優先課題を識別するための能力増加に焦点を当て、また援助機関と協力する行動を支援する。

⑨開発能力・管理責任・説明能力・適正な監視と成果の報告が重要である。これには、性の基準に基づき財政支出増加を約束したり、職務の内容と責任を変更すること等が含まれる。

10. DAC の政策（国際紛争解決）

暴力紛争の再発とその破壊的影響は、平和建設と紛争解決へ向けた先進国の取組みを必要とした。紛争予防は、パートナー（発展途上国）の貧困削減・経済成長促進・国民生活の向上、すなわち持続可能な開発を支援する一部であると位置づけている。先進国は政府部内で紛争予防の文化を共有しているが、発展途上国との共同作業においてもその文化を促進する必要があると考えた。このため DAC は、2001（平成 13）年 4 月の上級事務レベル会合で「暴力紛争の予防：外部パートナー（発展途上国）への指針」という政策表明を行った。この場合紛争とは、国家内部または国家を超えた集団間の紛争だけではなく、国家による集団や個人に対する暴力も含まれる。

第 1 は、紛争対策である。紛争予防のためには、貿易・金融・投資・外交防衛・開発協力等の諸政策の整合性を確保する必要がある。また、脆弱性分析、平和・紛争インパクト評価、シナリオ構築により暴力紛争のリスクと原因を分析する能力を高める必要がある。この分析は、首尾一貫した戦略づくりや紛争予防のために役立つであろう。

第 2 は、紛争の背景に関する認識である。暴力紛争の政治経済を理解し評価することが重要である。権力を持った集団・企業・個人は、暴力的または非暴力的手段を使い、暴力紛争を勃発させまたは持続させることにより既得権を取得する。兵器不拡散が必要であるのと同様に、外部パートナー（発展途上国）は政府部門でも民間部門でも、密輸等の不法輸送・腐敗資金の取引・既得権の確保・暴力紛争をあおる経済資源の流れ等を防止する必要がある。これは、国連・G8 による紛争地域のダイアモンド禁輸、「国際商業取引における外国公務員に対する賄賂禁止協定」、「OECD 企業統治原則」、「多国籍企業に関する OECD ガイドライン」、「援助資金による調達の腐敗防止に関する DAC 勧告」等を含む国際共同行動により実施できる。

アフリカは暴力紛争により、厳しい経済社会の状態を経験してきた。しかしすべての地域は多かれ少なかれ暴力紛争を経験しており、生命と開発に対する破壊的な影響を受けたことがある。よく調整された意思決定によりOECDの予防方法を発動し、必要ならば共同の分析・調整され合意された戦略手段・行動の枠組みに取組む。平和の長続き・構造的安定のためには、長期間の取組みが必要である。集団暴力の勃発を防止するため、早期の行動を支援し、特にリスクに侵された社会の自発的協力を強化する。これが実現可能ならば、事後的に暴力紛争を停止し損害を回復するよりは、人間・政治・環境・経済に与える悪影響ははるかに小さい。

第3は、紛争予防の基本原則であり、以下がある。

①国際社会が平和を優先し、暴力を防止する行動をとる可能性と限界を明らかにする。

②平和を誘導するために、建設的な約束をさせ創造的手法を使用する。

③最善をめざし意図せざる危害を避けるため、首尾一貫し整合的な政策と総合的な実行手段が重要であるという貴重な教訓に基づき行動する。

④パートナー（発展途上国）の自立性を確保するためすべてのレベルを通じて、パートナーとの間で透明性を高め、意図を相互交流し、対話を拡大・深化する。

⑤早期に平和回復活動を支援し、平和が達成されたと認識しても平和回復活動を継続する。

⑥政策策定過程・平和回復過程において、女性・男性・若者を活発に巻き込む。

⑦短期的な行動をとる場合でも、長期的な見通しと地域・国家・現地状況に関する政治・社会・経済分析に基づいて、行動は柔軟に、かつタイムリーに行う。

⑧公的政策に影響を与え、また社会的・政治的な疎外に取組むために、現場の能力を強化する。

第4は、パートナー（発展途上国）の国内問題に関する改革であり、以下がある。

①パートナーが紛争防止のために、正当で責任ある安全保障制度を採用することを支援する。これは良き統治の実施と紛争の公的管理のために不可分である。安全保障改革には、透明性の増進、法の支配、政治責任と情報公

開に基づく議論、安全保障制度を監視する立法府の強化が含まれ、軍隊・警察、司法・刑事制度、外務省、貿易・商業・市民社会の諸機関の改革が含まれる。このような改革は、安全保障関連支出を正しく使われるためにも必要である。先進国の供与する ODA には経済社会開発目的に使うという目的要件の制約があるため、この分野の協力を行う場合には非 ODA 予算を使う。

②正当な政府と健全な市民社会は相互補強的である。援助国は紛争防止努力を払うために、発展途上国の政府と女性組織を含む市民社会の双方とパートナーシップ（協力関係）を強化する必要がある。法の支配を無視し、大規模な人権無視を行い、民間人抑圧を軍事行動の対象にし、隣国の安寧を侵し戦争をしかけた政府に対しては、どのように交渉するか、またはそもそも交渉すべきかという難しい問題がある。

③暴力紛争により放逐され影響を受けたすべての人々（女性・男性・若者・子供）を社会に統合することは、開発協力が対処すべき重要な挑戦である。これには、平和状態復帰・戦闘部隊の武器放棄等が含まれる。平和経済への再統合は、雇用と成長が根づくかという動向にも依存するが、調停によってのみ完全に達成できる。

④暴力紛争の後において、正義と調停という課題に社会が応えるために支援を継続する必要があり、決してやさしい解決方法はない。しかし開発協力・対話と平和回復の機会提供・基礎的国際規範を尊重する解決策を支援する等により、外部から支援する行動をとることができる。

⑤また国内的・国際的に企業とパートナーシップを組み、企業が良い企業市民となり、紛争による負の拡大を避け、暴力防止により積極的な経済社会貢献をすることを推奨する。

⑥長続きする平和は、統治の基本原則、人の安全、民主主義の徹底、法の支配と人権の尊重、性の平等、開放的かつ適正な市場に依存する。また、地域・国際レベルにおける良き統治に依存する。OECD 諸国は平和のために、努力を促進し共同することを約束する。

11. DACの政策（テロ防止）

2003（平成15）年4月、DACは「テロ防止に関する開発協力側からの見方」という政策参考文書を発表した。本件は、国内安全保障と覇権維持にこだわるアメリカと発展途上国の経済社会開発を重視する欧州との間で基本姿勢が相当異なり、その結果参考文書という妥協した取り扱いになったものと推測される。内容は以下のとおりである。

第1は基本認識である。テロと政府・市民社会・企業・犯罪行為者とは複雑な関係がある。このため、テロ防止の役割分担を政策選択する場合、貿易・防衛・外交・金融・開発の諸機関が相互協力する必要がある。

第2は長期的な視野で構造的安定を図ることである。このため、以下が必要である。

①援助供与者と発展途上国政府は、ビジョンと協力関係を確認し実行に移す。
②テロ防止が開発目標の1つになった場合には、援助の配分および援助手法を注意深く設計する。

第3は、現状を不満と感ずる人がテロや暴力活動に訴えないように説得し、以下の対策を講じることである。

①地域コミュニティから発する開発を支援し、地域内外の相互信頼を醸成する。
②暴力を防止する強力な手段としては、効果的かつ責任を負うマスコミと公的情報の戦略によるところが大きい。
③援助供与国の援助計画において、脆弱な若者や政治参加する機会の与えられない若者の発生を防ぐため、若者の雇用機会と教育の提供を重視する。
④貧困から人々が抜け出せることに焦点を当てる。

第4は、集団や個人がテロに訴えることを否定し、また以下のように統治を健全化する。

①地域から生まれる価値のうち、民主化と近代化の価値を支援する。
②統治制度（金融、安全保障、司法）を整備し、テロ支援を未然防止する。

③紛争に巻き込まれやすい脆弱な地域に対して、関与と活動を継続する。
④テロ地域からの脱出者から情報や知識を吸収し、それらの者と共同行動をとる。

第5は、政策の首尾一貫性、諸政策の相互補完、政策の継続である。これは、テロ支援を減らすための地域的取組みをグローバル化することであり、人権に焦点を当て、かつこれらのことが誰にでも明白であるようにする。

第4節　援助・貿易・金融の総合的取組み（UNCTADの政策）

1. UNCTADによる取組みの概要

UNCTAD（United Nations Conference on Trade and Development：国連貿易開発会議）は1964（昭和39）年に第1回目の総会を開き、それ以降4年ごとに世界各地で会議を開催しており、発展途上国が自国の経済発展を促進するために先進国に対して貿易制度や援助制度における優遇措置を要求する場となってきた。発展途上国としては、自国の要求を主張する国際会議の場としてUNCTAD、国連総会、GATT（後のWTO）、IMF、世界銀行等を組み合わせて戦略的に対処してきた。

1960（昭和35）年代、UNCTADは発展途上国に対する一般特恵（GSP：General Scheme of Preference）と一次産品商品協定の制度化に成功して、貿易面の優遇措置を確保することにより発展途上国の経済開発を促進する機会を確保した。しかし、発展途上国の経済開発は一部の国を除けば順調ではなかった。この理由は、貿易等の経済活動は結局品質の良くて安い商品を顧客（輸入者）に喜んで購入してもらうことにより輸出者の付加価値が拡大して経済成長が実現し、すなわち市場を通じた需要の増大によりもたらされるものであり、恩恵的な貿易・経済制度を政治的・人為的につくることとはあまり関係しないからである。また発展途上国の国内では専制政治と政権担当者の利権追求が、国内における市場経済の発展や経済成長の実現を阻害した。

1979（昭和 54）年のメキシコ・カンクンでのUNCTAD会議において、新しい世界経済秩序（A New International Economic Order：NIEO）を構築するためのGN(グローバル・ネゴーシエーション)が主張された。これは発展途上国の経済開発を半ば自動的に達成できるようにするため、援助・貿易・金融等の国際経済制度のあらゆる側面で、発展途上国を先進国よりも制度的に有利に待遇することを交渉して条約や決議等に盛り込もうとしたものである。先進国はこの発展途上国に対する自動的な資源移転や一方的な優遇措置の提供に対して、①先進国経済ですら石油危機等で痛んでいる、②経済開発は発展途上国の自助努力が基本的であり、先進国の協力はその自助努力を側面から支援するものである、③経済優遇措置を自動化することは、努力しない発展途上国を先進国が養う義務を負い、また発展途上国の援助依存を高めることになり自立化をむしろ阻害するとして反対した。しかしながら、発展途上国は強硬な態度を崩さなかったので、先進国のUNCTAD離れが進みGNは失敗した。

とりわけ世界の盟主を自認するアメリカは、世界の貿易・援助・金融・通貨・軍事政策等に置いてアメリカの裁量の自由を確保するのに最大限の国策上の優先順位を置いている。この原則から外れて、貿易・援助・金融・通貨等の国際制度について無条件な特別待遇の供与や自動的な供与を与える制度的枠組みを整備することは、たとえ発展途上国であろうともアメリカの目から見れば許し難い行為に見える。すなわちアメリカは、①アメリカによる裁量権や拒否権の確保、②アメリカ国力（税金）の浪費の防止、③旧社会主義国の発展途上国への影響力の排除、③社会主義的な国際制度の確立防止等を重要と考え、UNCTADの方針に対して反対し基本的にはこれと対立しUNCTADを敵視した。他方欧州は発展途上国に同情的であり、日本はアメリカと欧州の間で動揺したが、基本的にはアメリカを支援した。また先進国は、UNCTADが通貨・貿易制度等の調査研究をすることには反対しないものの、これらの交渉は国連の場ではなくWTOやブレトン・ウッズ機関（IMF・世界銀行等）で行うべきであると主張し、妥協しなかった。

特に1960（昭和35）年代～1970（昭和45）年代にUNCTADは発展途上国の開発を推進するために世界経済体制の包括的改革（IMF・GATT改革等）や

国際的再分配（一般特恵、SDRの配分、援助の増額、一次産品特別対策等）を主張し、これに対して発展途上国は熱い期待を持ち応援をしたが、先進国の基本的反対と一部妥協にあって国際制度の抜本改革はあきらめて現実的な協調路線を選択せざるを得なかった。また発展途上国が比較優位を有する製造業等は、先進国においては斜陽産業であるため、先進国は国内における斜陽産業の産業保護を撤廃したり発展途上国の開発を推進したりすると先進国の失業が増大することをおそれた。このため、先進国は援助・特恵供与等を含んだ包括的な条約締結に消極的であり、二国間協定によるケース・バイ・ケースの貿易・援助交渉で解決すべきであると主張した。

第47表　UNCTADの活動成果

1. 通商
①一般特恵制度（GSP、1971年）：毎年600億米ドル以上の途上国輸出が先進国で特恵待遇を受けて低関税の適用を受けている。
②途上国間の世界特恵制度（The Global System of Trade Preference、1989年）
③制限的商慣行を規制する「原則と規則」の合意（1980年）
④発展途上国の輸出促進のためのグローバル貿易ポイント・ネットワーク（Global Trade Point Network,1994年）
2. 一次産品
①ココア、砂糖、天然ゴム、ジュート、ジュート製品、熱帯木材、錫、オリーブ油、小麦等で国際一次産品協定を締結
②一次産品共通基金の設立（一次産品の緩衝在庫と研究開発に対する支援：1989年）
3. 債務管理
① TDB「貿易開発理事会」における低所得開発途上国に対するODA債務の遡及調整の決議（1978年）：1978～2000年で50途上国に対して65億米ドル債務取り消し
②債務返済繰り延べ分野における国際活動指針（1980年）

（出所）UNCTAD.

このためUNCTADの交渉では具体的な成果が獲得できなくなり、1990（平成2）年代に入ると発展途上国は戦術を変えて柔軟な路線に切り換えた。1995（平成7）年にはUNCTADの事務局長にブラジルのリクペーロが就任して以降現実的・柔軟な路線は定着した。すなわち、自動的・制度化された先進国からの援助や支援をめざすのではなく、①発展途上国がウルグアイ交渉以後の新千年紀交渉（紀元2000（平成12）年に開始されたいわゆるドーハ・ラウンド）に実効の上がる参加方式をめざす、②その場合、発展途上国は貿易自由化に当たり従来受けていた差別的優遇措置が継続されるだけでなく、新たに税関手続き・基準認証等の法整備に当たり技術援助を受ける等により、発展途上国が実質的に世界貿易体制に参加できる能力を引き上げる措置を具体的にめざした。

2. UNCTAD 事務局長と識者 11 人の開発に関する考え方

2000（平成 12）年 2 月バンコクで開催された第 10 回 UNCTAD 総会に提出されたリクペーロ事務局長報告は、①世界的市場統合に伴い、安全と発展のための協力や知識共有の協力を行い世界共同体の形成をめざす、②発展途上国は世界市場システムに自国を合わせるように腐心するのではなく、自国発展のペースとニーズに合うように世界市場システムを形成するように働きかける必要がある、③ UNCTAD はグローバル化の説明をして理解させるだけでなく、グローバル化を良い方向に変えるため積極的に関与する必要があると指摘した。第 10 回 UNCTAD 総会と同時に、世界各国から貿易・開発専門家 11 名が招かれて高級専門家円卓会議が開催され、① 20 世紀後半における発展途上国の成功例・失敗例を検討し、②その教訓から得られる発展戦略と UNCTAD のあり方を提言してもらった。その内容は以下のとおりである。

第 1 は、リクペーロ UNCTAD 事務局長の発言である。

無差別原則による貿易自由化の促進が貧しい国の発展願望と整合的か否かは、まだ国際世論が一致していない。1999（平成 11）年の WTO シアトル貿易交渉会議で NGO が、発展と環境等をめぐりデモ活動したことも世論が一致していない証拠である。「自由貿易対開発」の問題は、1947（昭和 22）年ジュネーブでハバナ貿易会議の準備・検討を行った際にも議論され、発展途上国は「経済構造格差があるため、すべての国に平等な責任を求める通商体制は適切でない」と主張した。この格差はまだ続いているのみならず、グローバル化によりむしろ拡大している。1997（平成 9）年 7 月のタイにおける金融危機も、貿易と金融の自由化を同時に進めると厳しい状況に追い込まれ発展途上国のみが苦境に陥ることを示している。貿易と開発の問題を取り上げ、多角的貿易自由化と発展途上国の発展が両立する新しい方向が発見できるか注目される 。

第2は、フランス（パリ大学）の Chavance である。

20世紀の2大経済体制であった資本主義と社会主義の対立から以下の教訓が得られる。

①社会主義の失敗の主要原因は、社会主義国家が変化に対応できず、組織自体が革新を持続できなかったことである。

②歴史的に資本主義が勝ったことになるが、実際には結末は曖昧である。すなわち豊かな国はますます豊かになり貧しい国は置き去りにされたからである。

③資本主義にはケインズが指摘したように不安定・社会的不平等・失業の3大欠陥があり、効率と平等・連帯と自由は完全には両立せず、それらの間の妥協とトレードオフ関係は社会主義が滅びた今日の資本主義にも残っている。

④社会主義には後進国が進歩的な経済システムを通じて先進国に追いつき追い越すという目標もあり、追い越せなかった意味で失敗したが、目標自体がまったく無意味であるとはいえない。

また過去10年間の社会主義から市場経済への移行過程において以下の教訓が得られる。

①体制移行を純粋に経済的側面からだけ捉えるのは狭すぎ、経済的・社会的・政治的側面を通じた相互依存が体制の中核にあり、それが体制の正当性や持続性を決めている。

②移行の軌道は、中欧における社会的・西欧的手法、ロシアにおける不況かつ国家危機型手法、中国における漸進的・高度成長型手法等様々であり、一元化できない。

③移行が成功するためには、種々の経済・社会階層で合法的組織が形成したルールに関係者が合意することが必須であり、このため国家が移行過程において積極的に関与する役割は必要である。

第3は、イギリス（サセックス大学）の Perez である。

発展とは社会が技術能力を習得することであり、世界の知識社会化の進展により、発展について以下のように教訓が生まれた。

①成功する発展は、外国技術を自国に適用して取り入れる懸命の学習過程である。日本とアジア4新興工業国の経験は、技術を発展戦略の片隅に置くのではなく中心に置き、政府・ビジネスで最高責任者が関与する必要があることを示している。

②高度成長と発展は同じではなく、その差を生むのは技術能力である。発展は、自由化・規制緩和・マクロ経済調整の程度によりもたらされるのではなく、技術習得の方向と密度による。すなわち、成長過程が早いことがキャッチアップに結びつくものではなく、成長の仕方が重要である。

③成長の成功と発展の成功は、ほぼ同時に発生し基本要素も共通している。発展の機会はすべての国に等しく与えられ、中心国が置かれた条件で形成された発展機会を周辺国が真似して採用することにより発展は得られる。

④発展機会は流動的であり、技術革新に応じて不断に変化する。個々の社会の技術吸収力を高めて発展を促進するため、強い現代国家組織への投資が必要である。また世界レベル・国家レベル・地域レベルを通じて、すべての市民に情報アクセスを与える必要がある。

第4は、アメリカ（ハーバード大学）のBotchweyである。

サハラ以南のアフリカ諸国や南アジア諸国等の低開発国が悩んでいる問題は､短期資本ではなく長期資本による開発金融を導入することにより解決する。他方、外国直接投資は東南アジアや中南米に集中している。これら低開発国は政府開発援助に依存せざるを得ないが、援助資金は最近10年間では減少している。

このため債務救済が重要となる。債務救済により、民間投資が促進され社会部門投資を行う余裕も出る。成長の加速・競争力強化・逃避資本の還流等を図ることは発展途上国の政策責任であり、他方債務救済が行われるかどうかは先進国の責任によるが不確実である。このため低所得国に対しては、国際貿易参加・資本市場アクセスの改善・債務免除の実施等により、長期資本が流入するメカニズムを用意する必要がある。

第5は、イギリス（オックスフォード大学）のStewartである。

所得分配の公平は、①社会の団結、②貧困の削減、③国民の健康、④経済成長の実現のために重要である。しかし1980（昭和55）～1990（平成2）年代は先進国・発展途上国とも所得分配が不平等化した。その理由は、①貿易自由化、②グローバル化、③技術変化等により競争条件が激化したからである。高い所得格差や不平等は、政治的不安定性・不確実性の原因となり、また投資意欲の減退、成長抑制効果がある。

平等化の戦略は、①農業・農村の生産性上昇、②労働集約産業の発展、③教育水準の向上、④資産の再分配（土地改革等）、⑤貧困者が有利となる市場戦略の採用、⑥税引後所得の平等化と公共支出増加の6点である。もっと平等化すれば発展が実現するが、現実は逆になっている。地域レベルの行動（地域最賃水準の適正化、給付制度の地域内平準化等）、国際レベルの行動（国際資本移動への共通税率、最低生活水準を確保することによる全世界的な人権の承認等）を同時に行えば、競争力を弱めることはない。経済のグローバル化に伴い社会のグローバル化対応を行う必要がある。

第6は、インド（ネール大学）のNayyarである。

発展により生活水準が改善するのは当然だが、現在の貯蓄と将来の所得は現実の世界ではトレードオフ関係にある。すなわち、経済成長が実現されても、発展過程は国内的にも国際的にも不平等を生む。国民同士が不平等な世界では、階層間で異なったゲームのルールが存在するし、結果も不平等になる。

すなわち強調したいのは、①異なった分野では異なったルールがあり、貿易・投資にとって国境は重要でないが、技術や労働にとって国境は越え難い、② IMFや世界銀行の融資条件のように、発展途上国には厳しいルールが適用されても先進国はそもそも融資を受けないためには厳しいルールは適用されない、③多角的投資ルール案は外国投資家の権利を認めて義務を認めないように、ルールづくりは党派的である。グローバル化に相応した国際ルールづくりは、発展途上国が経済政策を自主的に策定するのを妨げる。グローバル化への対処として、①市場第一優先、②受動的な世界経済化、③戦略的な選択をして国民国家の働く余地を残すという3手法の選択がある。③を選ぶことにより、発展途上国はグローバル化に即したゲームのルールづくりに影響を与え、競争力のあるプレイヤーとなり結果が平等となることをめざす必要がある。

国際間とは異なり、国内面で国家はもっと平等な経済発展を保証する必要がある。このため、①発展の成果が広く行きわたる仕組みと政策が必要であり、②市場における排除の悪影響を抑制して社会的セーフティーネットをつくる必要がある。これにより、①平等と効率の実現、②社会的進歩と経済的進歩の同時達成、③経済中心から人々中心へ、④手段から目的へ重点を移動できる。

第7は、日本（アジア研究所）の山澤逸平である。

グローバル化は、世界銀行やIMFがつくったものではなく、企業が科学技術の進歩を最大限に活用することから発生したものであり不可逆的であるため､最大の便益を引き出し弊害を最小にする選択肢しかない｡東アジアはグローバル化により、① 1987（昭和62）～ 1996（平成8）年は奇跡的成長による便益を受け、② 1997（平成9）～ 1999（平成11）年は通貨危機という弊害を経験した。

グローバル化に対応するためには、国内的・地域的・国際的な政策処方箋を用意する必要がある。国内では、市場メカニズムが機能する法整備、グローバル化から取り残される人々に対する社会保障やセーフティーネットの用意が必要である。UNCTADやWTOは国民国家を支援する役割を果たす。またAPEC（アジア太平洋経済協力フォーラム）は先進国と発展途上国をメンバーとする地域協力組織であり、通関手続き合理化、制度・ルールの共通化、人材資源開発、科学技術向上等の経済技術協力を行っている。

第8は、イギリス（オックスフォード大学）Maizelsである。

開発の遅れた人口が依存している一次産品分野は、これらに依存している最貧発展途上国の経済社会発展を図る目的を負わせる上でに致命的な欠陥がある。一次産品経済は世界市場に強く影響され、特に一次産品価格は強く影響されている。現在の一次産品価格の低迷は大恐慌時よりひどく、一次産品生産国は交易条件大幅悪化・経済成長停滞・国内改革努力失敗・債務整理等に悩んでいる。

過去20年一次産品問題は、UNCTADや他の国際機関で十分討議されず、その間一次産品生産国の貿易の悪化や流動性の悪化が進んだ。このため一次産品価格等の問題を扱う国際共通戦略を策定する必要がある。この戦略の内容は、①自由市場メカニズムと市場介入原則の適切な組み合わせ、②異なったタイプの価格問題（長期停滞、数年周期の価格循環、短期の価格変動）の識別、③一次産品問題と金融市場等の関連分野の関係解明である。第8回UNCTAD総会では国連一次産品会議の開催が提案されたが、第10回UNCTAD総会で真剣に討議する必要がある。

第9は、イギリス（サセックス大学）Wintersである。

自由貿易は開発を促進する最善の方法であり、市場開放と無差別原則が今後とも必要であり、貿易政策は重要な開発政策である。戦後、①学会や政策担当者が輸入代替政策を主張し、②国内産業が事実上保護され、③GATTでは発展途上国の特別優遇が強く主張された。しかし成長のためには自由貿易が最も役立ち、簡素・透明・予測可能な貿易政策が最良である。他方貿易自由化の悪影響もあるので、自由化のタイミング・順序・補償措置も必要である。

また発展途上国間の地域統合は、貿易創出効果よりも貿易転換効果をもたらす。貿易制度を正しく測る尺度がないので、どの段階でどのような貿易政策が受容でき、成長のためにどれだけ市場開放すべきか簡単に結論が出ない。UNCTADで分析・測定方法を開発する必要がある。

第10は、アメリカ（マサチューセッツ大学）のAmsdenである。

WTOルールに基づけば、すべての国は工業化推進を続けられる。またWTOルールは科学技術振興を奨励・歓迎しており、それを利用すれば発展途上国も工業化を促進する機会が十分ある。他方技術的に最も進んだ国でも、研究開発・地域振興・環境保護を助成する名目で実際には工業競争力を推進しており、新規参入企業はサイエンス・パークや工業団地に特典的な条件で入居できる。またWTOルールは関税についても硬直的適用をせず、セーフガード・反ダンピング措置・国際収支を危うくする輸入水準の阻止等の手段がとれる。

発展途上国のWTOに対する懸念には、農産品貿易・金融等のサービス貿易・知的所有権・労働基準・環境保護等がある。しかし発展途上国は、WTO体制の下でも産業保護のために使える手段が多くある。産業振興のための「相互制御メカニズム：Reciprocal Control Mechanism」ルールを利用して、補助金・ビジネス支援を行い工業化に成功した国がある。これらの支援措置は、輸出目標を設定したり現地化要求をしないようにモニターされるが、現行でも利用可能である。

第 11 は、アメリカ（カリフォルニア大学）の Evance である。

21 世紀の最初の 25 年は、歴史的な新制度構築の絶好の機会になるだろう。政治･経済のグローバル化は情報と市場の分野で進行し、これに伴い複雑なルールづくりとそれを守らせるための組織化が世界的・各国内で必要になり、これによりルールの予測可能性が高まる。不平等・不安定に対処するための統治の制度的枠組みはまだ形成過程にある。

国連やブレトンウッズの生成は、社会的保護を目的とした国内制度の整備とともに起こった。国際的開放性と国内的社会保護を組み合わせることにより、開放性が社会的に有益なものとなり政治的に実現可能になる。便益が先進国のみで発生したり、保護を切り捨てる程度が予見できなければ、現在の制度は不十分であることになる。強国や多国籍企業の力を制限した貿易体制が形成されれば、発展途上国の状態は改善されよう。

WTO は形式上は民主的意思決定手続きにしたがっているが、現実には寡頭政治的な意思決定方式になっている。発展途上国は、WTO 事務局長の選出やシアトルで非公式の力を作り出せることを示した。発展途上国は合意形成手段を制度化する等の機会を活用できるが､他方 UNCTAD の能力を利用してグローバルの枠組みそのものをつくり直すように努力する必要がある。

第 12 は、世界銀行の Binswanger である。

農業開発は、発展途上国の開発と貧困の縮小のために極めて重要である。しかし世界の農産物貿易の増加が一般貿易より遅いため、農業開発は実現できないでいる。この理由は農産物貿易の障害が多く残存しているからである。特に先進国における農業保護のための補助金額は、繊維品貿易障壁の 3 倍にもなって、発展途上国に莫大な損害を及ぼし、また先進国の無償援助額とほぼ同額にもなる。

発展途上国は国内の農業改革を続けると同時に、WTO 交渉でも農産物貿易の障壁削減に焦点を当てる必要がある。すなわち、輸出補助金の禁止・国内生産補助金の削減・関税割当制の下での市場アクセスの拡大・農産加工品の逓増的関税構造の撤廃・農産物輸入における関税拘束率と範囲の引き下げ等である。このためUNCTADは、IMFや世界銀行と協力して作業計画と分担を決める必要がある。具体的には、発展途上国フォーラムの形成、貿易データベースの維持と情報提供、高度の分析の実施、基準認証と紛争処理に対する技術援助、先進国の市場開放、多角的貿易交渉における発展途上国の統一要求化と連携等である。

第13は、これらの高級専門家の発言に対する高級専門家同士および会場での視聴者との質疑応答である。

討議テーマは、①人的資源開発、②制度改革、③国家の役割、④資本蓄積、⑤技術能力、⑥グローバル統治の国内統治に対する非代替性と補完性等であった。

まずグローバル化については、①所得分配に対する不平等性、②疎外化等についての社会問題の重要性が指摘された。また重債務国や一次産品輸出国に対しては特別待遇すべきであるとの意見が出された。

国の規制緩和に関する識者の提言には、強力な国家は先進国の工業化推進に大きな役割を果たし、発展途上国にとって今必要であるとの意見もあった。

資本主義の弱点は、強者生存を強調し過ぎる点であり、社会的保護でバランスを取る必要があるとの意見もあった。

技術開発にとって最も重要なのは、発展途上国の技術習得能力を高めることである点も強調された。

また多角的貿易交渉については、①ウルグアイラウンド協定は発展途上国に対して期待したような利益をもたらさなかった、②シアトルのWTO第3回閣僚会議では発展途上国が提出した「積極的プログラム」が議論されなかった、③シアトル会議の失敗は、先進国間の意見不一致である、④多角的貿易交渉のルールには、発展途上国の貿易利益に最大考慮を払う条項を入れて、その実効性・法的強制力・発展途上国の積極的参加等を確保する必要がある等の意見があった。

3. UNCTAD設立の経緯

第2次世界大戦後、①貿易問題の大部分は最恵国待遇を原則とするGATT（関税と貿易に関する一般協定）が管轄し、②一次産品協定は国連ECOSOC（経済社会理事会）とFAO（食糧農業機関）が管轄し、③通貨・金融協力はIMF（国際通貨基金）が担当し、④多国間援助はWorld Bank（世界銀行）が担当し、⑤2国間援助は西側先進国が加盟するOECD（経済協力開発機構）のDAC(開発援助委員会)で政策調整が行われた。発展途上国は、①これらの各分野における意思決定を発展途上国の開発促進の観点から、一機関で行うことが望ましい、②先進国が主導する自由主義的国際体制の運営は不満である、③特にブレトンウッズ機関（IMF、世界銀行）とGATTは途上国の経済開発に寄与しないと考えて、国際経済体制の活動面に対する改革を求めた。

この要求には政治的・思想的背景が根強くある。戦後の植民地支配から脱却したアジア・アフリカ諸国は非同盟運動を組織化し、1955（昭和30）年にバンドンで開催されたアジア・アフリカ会議（アジア16カ国、アラブ9カ国、アフリカ4カ国）は、反帝国主義、反植民地主義、平和共存を提唱した。また1961（昭和36）年ベオグラードで開催された第1回非同盟諸国首脳会議は（28参加国）は、発展途上国における経済困難を解決するための国際会議の開催を要請した。1962(昭和37)年カイロで開催された非同盟諸国経済会議(36参加国)は、国際貿易、一次産品貿易、先進国・発展途上国間経済問題を議論する会議開催を国連に求めた。同年末国連総会は「貿易と開発に関する会議」の召集を決めた。先進国は当初この会議開催に反対したが、①西側諸国抜きで東側諸国と発展途上国だけが参加するのは困る、②国連内で発展途上国は圧倒的な多数決の力を有したため、西側は結局会議開催を認めた。また先進国内部は一枚岩ではなかった。1948（昭和23）年国連貿易雇用会議（ハバナ会議）では国際貿易機構（ITO:International Trade Organization）憲章（ハバナ憲章）が採択された。ハバナ憲章は国際経済と金融に関する問題に対して、ITOが世界銀行・IMFと共同して解決しようとするものであった。またITO発足までの暫定協定として1947（昭和22）年に調印されたGATTは関税について自由・無差別主義を原則としていたが、ITOと異なり当初のGATTは一次産品協定・制限的商慣行・海外投資に対する規定を持たなかった。しかしITOは、①アメリカからの海外投資の保全を図れない、②ITOの議決方法がアメリカの意向を反映できないというアメリカの議会や経済界から反対にあい、トルーマン大統領は議会に批准を求めることを断念し、このためITO憲章は発効しなかった。

またGATTでの交渉方法は、①品目分野ごとに主要生産国と消費国の間で行われるため発展途上国の発言力は弱い、②GATT協定は例外規定が多く、具体的運用細則がなく、紛争処理能力が弱いという欠点があった。このため、発展途上国はUNCTADを通じて未発効のITOを事実上復活させ、かつ発展途上国の意向に沿って国際経済体制の改善を図るために国際交渉をしようとした。UNCTADは公式には一国一票の議決方式により意思決定が行われる。しかし実際には、UNCTADにおける政府間会合の執行部選出の参考とするため、加盟国を地理的・社会的条件に応じて分類して分けられた4つのリスト（グループ）にしたがって、グループ間の集団交渉によって行われる。リストAはアフリカ・アジア・ユーゴスラビア、リストBは西側先進諸国、リストCはラテンアメリカ・カリブ海諸国、リストDは東中欧社会主義諸国である。第1回UNCTAD総会において、リストAとリストCに属する発展途上国77カ国は「グループ77（G77）」を形成したため、発展途上国の共通利益を代表する会派を「G77」と総称する。その後G77は130カ国に増加したが、G77の名称は生き残っている。1970（昭和45）年代に入ると発展途上国間の経済格差が拡大して南々問題が発生しているが、G77の政治的な団結力は乱れていない。その代わりG77は内部結束を保つために労力を費やし、また要求は発展途上国の最大公約数的なものにならざるを得なくなり、これが先進国の反応を鈍いものにしUNCTADの実効性が失われている原因となっている。このため近年UNCTADは、決議を投票によらずコンセンサスで採決するようになったが、これでUNCTADが活性化するかは予断を許さない。

4. UNCTADの興隆期（1960（昭和35）年代）

戦後独立したアジア・アフリカの発展途上国は開発支援する国際機関の拡充を求め、米ソは発展途上国を自分の陣営に引き込むため援助競争を行ったため、1960（昭和35）年代は開発の時代となった。1961（昭和36）年第16回国連総会はケネディ大統領の提唱により、1960（昭和35）年代を「国連開発の10年」とし、発展途上国開発·南北問題解決を重視することになった。すなわち、援助·世界貿易への参加・資本移転の増加・一次産品市場の安定化により、発展途上国の開発が促進できるという期待が強まった。

この期間においては、3つの進展があった。

第1は、発展途上国輸出品に対する特恵関税の供与である。

GATTにおける最恵国待遇原則と相互主義（相互譲許）は、開発段階が異なる発展途上国にとって不公平であるという議論が強まり、このため1965（昭和40）年GATTに「開発と貿易」に関する新章が追加され、発展途上国の重要輸出品に対する貿易障壁の拡大防止・削減撤廃、熱帯産品に対する消費国の国内税の廃止等が提唱された。しかしケネディ・ラウンド（1963（昭和38）～1967（昭和42）年）では、EECとアメリカの関税引き下げによる貿易拡大が中心テーマとなり、発展途上国の関心分野である鉄・鉄鋼製品の関税引き下げは不十分であり、農業分野は考慮されず、数量制限・非関税障壁は取り扱われなかった。

このため第1次UNCTAD総会(1964(昭和39)年)、第2次UNCTAD総会(1968（昭和43）年）における発展途上国の関心事は、先進国がすべての発展途上国から輸入する製品および半製品に対して非相互的に特恵供与するという「一般特恵制度（Generalized Sheme of Preferences：GSP)」の創設であった。GSPは、①工業製品・半製品を対象に限るか（インド・パキスタン・エジプト等の工業化発展途上国に有利)、一次産品・その加工品も含むか（アフリカ諸国に有利）で利害が異なり、②既存の地域的特恵（EECとアフリカ18カ国、イギリスと旧英連邦途上国）の取り扱いで紛糾し、③発展途上国が特定先進国からの輸入関税を下げる「逆特恵」をめぐり、これを主張するフランスとこれに反対するアメリカが対立した。国連総会は、1971（昭和 46）年初めから「第 2 次国連開発の 10 年」を宣言する際に国際開発戦略の中に一般特恵を盛り込み、同年 GATT は当面 10 年間に限定して発展途上国の輸出品に特恵関税措置を認めた。

第 2 は、国際金融における発展途上国への配慮である。

1970（昭和 45）年代初期において ODA の実質額の減少傾向が明確になり、発展途上国はこの動きを逆転させるために、先進国から発展途上国に対する政府資本および民間資本の移転数量目標の設定を主張し（先進国の GDP 比率で毎年 1%）、先進国もこの目標が強制目標ではなく努力目標ならやむを得ないと妥協した。1971（昭和 46）年ニクソン・ショックにより戦後の国際通貨体制が崩壊すると、発展途上国は米ドルに代わる国際通貨の導入を主張し、第 3 次 UNCTAD 総会（1972（昭和 47）年）において、IMF が SDR の発行を増額して発展途上国の財政資金に投入すれば、為替レートの安定と発展途上国の開発資金不足の解決になると主張した。これに対して先進国は、国際流動性の急激な増加をもたらし世界的インフレーションを生むと反対した。このため、実際には IMF 協定の改正によって、① 1970（昭和 45）～ 1972（昭和 47）年で 93 億 SDR、② 1979（昭和 54）～ 1981（昭和 56）年で 120 億 SDR、③合計して 213 億 SDR の創出と分配が行われ、すなわち比較的小額の SDR の創出と分配により妥協が図られた。

第 3 は、UNCTAD における計画機能の強化である。

1969（昭和 44）年に UNCTAD 事務局に技術協力部門が設立され、これは今日 UNDP（国連開発計画）の行う活動を実質的に担当した。すなわち、UNCTAD 事務局は発展途上国に対して技術移転を積極的に行ったため、活動分野は急激に拡大した。また発展途上国の政府に対する技術協力だけでなく、民間部門に対する技術協力も盛んに行い始めた。

第 4 は、UNCTAD 開発戦略の理論的根拠である。

東西冷戦構造とは異なり、第 3 世界の発展途上国は米ソとは当然異なった経済構造と世界観を持っている。発展途上国は、植民地時代は宗主国との一次産品輸出・工業製品輸入により宗主国に従属していた。戦後の政治的独立後に発展途上国は自立的経済開発をめざしたが、資本・技術・人材不足により開発は順調に進まなかった。UNCTADおよび発展途上国の多くは、先進国が発展途上国の開発を支援することは過去の植民地支配の反省・人道的理由等から見て当然であるとの立場をとった。

UNCTAD初代事務局長プレビッシュはこの面での理論的主導者であり、基本的には「中心・周辺理論」、「支配・従属理論」を根拠にしている。その内容は以下のとおりである。

①発展途上国（周辺国）の低開発性の原因は、農工間の国際分業が浸透する中にあって先進国（中心国）が自身の工業化の要求を満たすために、発展途上国に非工業化（一次産品特化）を押しつけたからである。

②発展途上国の主要輸出品である一次産品の価格は、工業品価格と比べて相対的に低下する傾向にあり、これは継続的かつ不可避である（所得弾力性と価格弾力性が低く、また合成原材料の技術開発のために一次産品需要が小さくなった）。

③この結果、先進工業国は国際貿易の恩恵を受け、発展途上国の受益は限定的になる。このように、市場経済原理による一次産品価格の低落傾向に加えて、先進国における制限的な商慣行や通商政策もあるため、国際的・政策的手法なしに南北間格差を縮小するのは困難である。したがってこれに対して、(i) 先進国の貿易障壁撤廃、(ii) 発展途上国の工業製品輸出に対する特恵的な市場アクセス供与、(iii) 先進国の資金援助等の政策により是正する必要があると主張した。

プレビッシュの主張の特徴は、以下のとおりである。

①多くの先進国や発展途上国は、現在でも輸入代替政策を推進している。これは工業製品輸入を抑制し、資本財や工業原材料品輸入を促進すれば、自国内部での工業製品の国産が促進されるという政策である。それとともにプレビッシュは、多くの発展途上国における伝統的な輸入代替政策は、高い保護水準によって国内産業を低効率・高コストにしていると批判している。その代わりプレビッシュは、発展途上国の工業品輸出産業を先進国は特恵供与によって育成すべきである主張した。すなわち、従来唱えられた

幼稚産業保護論に基づく輸入代替工業化は、資本財輸入増加により国際収支悪化を生み、多国籍企業の支配・影響が増大し、工業技術における先進国依存が増大するため、新しい対外従属が生まれることを懸念した。その代わり先進国市場を開放すれば、問題が小さくなると考えた。

②国際一次産品協定と南北間の補償的金融プログラムは、単に一時的に一次産品市場の安定をもたらすことにより、輸出国である発展途上国へ所得移転を確保するメカニズムでもある。このため国際貿易制度においても発展途上国が非相互的に特恵措置を受ける権利が明確でないと、発展途上国の経済開発は実現しないと考えた。

以上のUNCTADの理論的根拠である「中心・周辺理論」は、ケインジアン理論のグローバル的展開と結びついて1960（昭和35）～1970（昭和45）年代において一世を風靡した。しかし1980（昭和55）年代に入ると、先進国の経済停滞に伴い先進国間の政策協力が盛んになり、先進国中心のグローバル化と国際的相互依存が進み、グローバル化の対応に遅れた発展途上国との格差拡大が顕著となり、相互依存に乗り遅れた発展途上国のMarginalization（取り残される）が問題視されるようになった。

5．資源ナショナリズム（1970（昭和45）年代）

1970（昭和45）年代は、石油危機・一次産品交渉・国際通貨体制の不安・世界経済の成長停滞等が顕著となり、発展途上国の多くは世界経済から悪影響を受け、しかもこの後遺症は1980（昭和55）年代の発展途上国における債務累積危機に結びつく。

この期間の特徴には、以下がある。

第1は、資源戦略である。

OPEC（石油輸出国機構）の石油戦略は、1970（昭和45）年代の国際政治に大きな影響を及ぼし、発展途上国は一次産品カルテル化が有力な政策手段であることに気がついた。また1970（昭和45）年代前半で、原油･金･銅･鉛･綿花･羊毛等の工業原材料品の価格上昇が相次いだ。このため発展途上国や経済学者

（Bhagwati 等）の中では、経済力に優る先進国と対決しても発展途上国は交渉を有利に進められると主張するものが現れた。ただし、この背景にあるのは構造的な変化ではなく、①先進国の景気過熱、②世界的な天候異変による農産物価格の急騰、③アメリカの国際収支赤字による国際流動性の増加（ドルの垂れ流し）、④商品投機の旺盛化等の一時的要因が重なったことが大きい。。

第 2 は、新国際経済秩序（New International Economic Order：NIEO）と一次産品総合計画（Integrated Programme for Commodities：IPC）の提唱である。

1974（昭和 49）年に開催された第 6 回国連特別総会では NIEO の採択を迫り、また同年末の第 29 回国連定時総会では「諸国家の経済的権利義務憲章」の採択を迫る G77 の動きは急速に強まった。これらの主張は、①南北問題は先進国の覇権から発生した、②発展途上国が果実を収穫できるような世界共同体へ参加できるように諸国家の権利義務を明確にする、③先進国の通商政策を改善して、発展途上国からの輸入品に対して貿易障壁を非相互的に撤廃する等が含まれる。

しかしながら、第 4 次 UNCTAD が開催された 1976（昭和 51）年には、先進国の景気停滞・一次産品価格の低落が明らかになり、多くの議論は IPC に討議が集中した。G77 によれば IPC は、①一次産品の品目ごとにケース・バイ・ケースで政策づくりをするのではなく、包括的・体系的に取り扱う、②非石油一次産品 18 品目の国際協定を UNCTAD の管轄で取り扱うものである。また発展途上国は石油輸入代金増加に対処するのに、緊急援助をもらうより輸出収入拡大をめざす商品協定政策を望み、また産油国の資金援助により一次産品の緩衝在庫金融が可能になれば一次産品市況は回復すると考えた。UNCTAD で支持された IPC は、①複数の一次産品協定をリンクする、②各品目ごとの価格変動を相互補填する、③一次産品共通基金を創設して緩衝在庫の維持費用をまかなう、④一次産品共通基金の機能は、第 1 勘定で緩衝在庫を有する一次産品協定に資金供給を行い、第 2 勘定で一次産品に対する研究開発・品質改善・市場開拓等に資金供給を行う。

IPC は第 4 次 UNCTAD で採択されたが、石油は例外的に価格が維持されたものの、非石油一次産品の価格は低落し、発展途上国の希望と熱気がさめた。

第4次UNCTADと第5次UNCTAD（1979（昭和54）年）の間で、IPCに包含されながら国際協定のなかった一次産品12品目について国際交渉がされたが、天然ゴムだけの協定が成立した。この背景には共通基金設立協定の批准が遅れたことが影響しており、1989（平成1）年にソ連がやっと批准した結果、共通基金協定はやっと発効した。しかしこの間、一次産品に対する先進国の危機感も急速に薄れ、新興工業国と最貧国の経済格差が顕著となり、比較的経済開発の進んだ発展途上国にはオイルダラーの還流も進んだため、発展途上国は先進国に対して過大な挑戦を続けることは不可能になった。すなわち、一次産品は需要の所得弾力性が低いため、経済成長に伴い需要があまり高まらないという市場で取引される商品としての致命的な欠陥がある。

第3は、国際通商面の進展である。

GATT東京ラウンド（1973（昭和48）～1979（昭和54）年）において、UNCTADは発展途上国のために交渉支援・交渉状況のモニタリング・文書の作成と提供を行った。1971（昭和46）年に導入された一般特恵制度に基づき、先進国が個別に実施した特恵措置は、①実施国（先進国）の都合で特恵適用期間を変更できた、②特定の途上国地域のみ特恵対象となった、③発展途上国に比較優位があっても先進国市場において価格弾力性の高い品目は特恵対象外となった、④発展途上国の開発が進むにつれて特恵措置を廃止する「卒業生条項」が付された。また関税面における特恵待遇とMFN（最恵国待遇）との差が小さくなったため、発展途上国は関税障害から非関税障害に関心を移し始めた。

第4は、国際金融の動遥である。

1970（昭和45）年代は国際通貨体制の動揺期であり、IMFは固定相場制を前提としていたがその崩壊を防げなかった。すなわち、① 1971（昭和46）年8月15日、アメリカは先進国やIMFに相談することなくドルと金の交換性を停止した、②同年12月におけるスミソニアン協定による新しい固定相場の合意も崩壊した、③ 1973（昭和48）年4月までにはすべての主要通貨は変動相場制を余儀なくされた、④先進10カ国で通貨政策調整を行うとの方針はIMFの役割をさらに低下させた。

6．第二次冷戦と世界経済停滞（1980（昭和 55）年代）

1979（昭和 54）年のソ連によるアフガニスタン侵攻、1980（昭和 55）年のソ連による韓国民間航空機撃墜に端を発し、1970（昭和 45）年代末以降米ソの軍拡競争が再開された。1981（昭和 56）年レーガン大統領が就任し、軍備拡張と限定核戦争（ヨーロッパを中距離核兵器の戦場と想定）を唱え、1983（昭和 58）年にグラナダ侵攻、1986（昭和 61）年にリビア爆撃を敢行した。

他方、経済的には 1980（昭和 55）年代は石油危機の後遺症が残り世界不況と危機の時代であり、インフレーション、低成長、高失業、国際収支難が続いた。特に発展途上国においては債務危機が続き、サハラ以南のアフリカ諸国の停滞は顕著であった。また 1980（昭和 55）年代前半の 5 年間で発展途上国の半数以上で 1 人当たり GDP が減少し、また 1980（昭和 55）年代の 10 年間において発展途上国全体でみて 1 人当たり GDP が 10％減少した。「開発における失われた 10 年」（the “Lost Decade” of Development）と称される由縁である。

このような状態では国連を含む多国間交渉が進展するはずがなく、南北交渉も低調であり先進国も発展途上国も二国間交渉を重視した。この期間における開発動向には以下の特徴がある。

第 1 は、国際金融である。

1971（昭和 46）年のドル危機以来 IMF の役割が疑問視されていたが、1982（昭和 57）年になるとラテンアメリカの債務危機に対処するため金融支援が必要になった。このため IMF は、①発展途上国への救済融資を行うとともに、②融資に際してマクロ経済管理（財政・金融の緊縮）、構造改革（規制緩和・民営化・為替切り下げ）等の実施を義務づける条件を付すこと（Conditionality）により、国際金融の先導役の地位を回復した。また世界銀行も 1980（昭和 55）年に構造調整融資（Structural Adjustment Loan：SAL）制度をつくり、発展途上国の経済開発政策に対して市場原理を導入した。これにより世界銀行の政策目標は 1970（昭和 45）年代の「貧困撲滅」から「政策対話」に移行し、発展途上国に対して国際収支改善・経済成長実現・援助資金流入円滑化等に際して市場経済システムの導入を求めた。

このように、①世界銀行は従来の開発プロジェクト融資から構造改善プログラム融資に重点を移し、② IMF は従来の為替レート安定・国際収支改善融資という短期目的から市場原理に基づく構造改善という長期目的に重点を移した。他方発展途上国も、交易条件の悪化・高金利・低成長・民間資金と援助資金フローの枯渇に直面し、世界銀行・IMF の方針に従わざるを得なかった。

第2は、この経済苦境の対処方法の違いにより発展途上国間の格差がますます拡大したことである。

G77 はメンバー間の格差拡大に目をつぶり統一要求をめざしたが、1980（昭和 55）年代以降発展途上国の開発戦略の多様化と格差拡大により、コンセンサスづくりは困難になった。とりわけ、先進国の多国籍企業から直接投資を受け入れた東アジア途上国は、先進国への逆輸出（多国籍企業の開発輸入）が確保されるため、先進国市場が飽和する 10 年間程度の間は輸出指向型の高度成長が可能になった。すなわち、1964（昭和 39）年にプレビッシュ UNCTAD 事務局長が「援助より貿易を」と主張したのに比べ、1980（昭和 55）年代～1990（平成 2）年代は「貿易より直接投資を」が発展途上国に手っ取り早く高度成長をもたらす手段になった。ただし、この手段による成長は必ずしも持続的ではなかった。

これらの発展途上国間の格差拡大を背景に、UNDTAD は、最貧国または後発発展途上国問題に取り組むようになり、1981（昭和 56）年、1990（平成 2）年に UNCLDC（United Nations Conference on the Least Developed Countries）を開催し、それぞれ行動計画が採択された。後発発展途上国問題の多くはアフリカ問題であり、1986（昭和 61）年アフリカに関する特別総会が開催されて行動計画が採択され、直接投資受け入れ増大・国家管理能力向上・国内資源開発等が提言されたが、効果はほとんど生まれなかった。さらにこれらの課題は発展途上国の一部に限定されていりため、発展途上国全体の連帯向上にはつながらなかった。

第3は、国際経済体制改革のモーメント不足である。

国際経済体制再構築は、自国の経済立て直しに忙殺される先進国にとって、実現性がないばかりでなく有害ですらあった。また先進国以上に国内経済の再建を余儀なくされた発展途上国にとっても、国際経済体制の構造改革の効果を疑問視するものも生まれた。これを反映してUNCTADも新しい政策を提唱せずに、世界経済の回復を図るための実務的な政策促進に重点を置いた。

その内容としては、①SDRを発展途上国へ還流する中期策、②IMF保有金の売却による貧困国支援、③IMF補償金融措置（Compensatory Financing Facilities）の広範な活用、④IMF構造調整融資のコンデショナリティーの柔軟化、⑤ODAの増加、⑥債務免除の手法等であり、一部の政策は実現した。また第7次UNCTAD（1987（昭和62）年）においては、加盟国が経済力や政策能力に応じて持続的開発の責任を分担することが承認され、国際協調体制の弱体化を背景として発展途上国の自助努力が強調された。

7. 東西関係の変動期（1980（昭和55）年代後半～1990（平成2）年代前半）

1985（昭和60）年にソ連の大統領に就任したゴルバチョフは、安全保障の相互依存性承認、核軍縮・環境保護等の人類共通課題の緊急性、階級闘争の意義低下等を含むペレストロイカ政策を提唱し、1989（平成1）年マルタでの米ソ首脳会議を経て東西冷戦は終結した。その後東中欧社会主義体制が崩壊し、全欧安保会議における不戦の誓いにより欧州における東西対決戦争は未然防止された。また社会主義国における経済相互援助会議（COMECON）も1991（平成3）年には解散した。この期間には以下の動向がみられた。

第1は、市場経済移行国（東中欧）と発展途上国の関係である。民主化・市場経済化が生活水準を高めるという期待がある一方、現実において改革が遅延したことは、市場経済移行国の大衆をいらだたせたが、国連等の場を含めて先進国は多くの支援を与えた。発展途上国は、移行国に対する援助が発展途上国に対する援助を減らすものではないことを確認するため、援助のアディショナリティーを主張した。また国連等の国際社会で広く用いられている「開発」の用語は、移行国の民主化を含む多面的な人間中心のプロセスも含む包括的な概念に拡大されたが、発展途上国の中にはこれにより自国の非民主化政策がコンディショナリティーによって介入されるのを嫌がるものも出た。またIMF・世銀等の国際開発金融機関は、移行国支援に中心的な役割を果たし、活動を活発化させた。

第2は、貿易面における動きである。これまでGATTで行われた関税障壁撤廃は大きな役割を果たしたが、関税障壁撤廃後は非関税障壁が自由貿易を阻害することが明白になった。また1950(昭和25)年代の欧州共同体に加え1980(昭和55）年代の北米自由貿易協定の締結は、普遍的な多国間主義に挑戦するものであった。さらに、アメリカのMOSS（Market Oriented Sector Specific）協議等は、結果重視の二国間相互主義であり、またMFA（Multi-Fiber Agreement)、OMA（Orderly Marketing Agreement)、VER（Voluntary Export Restriction）等が頻繁に実施された。これらは、GATTの「最恵国待遇原則」と「ルールに基づく多国間相互主義」の精神とは異なるものである。1986（昭和61）年にはGATTウルグアイ・ラウンドが開始され、従来のルールに包含されないサービス貿易・海外投資・知的所有権等の15分野で交渉が行われ、1995（平成7）年にはWTO設立が採択された。

第3は、UNCTADの動向である。第8次UNCTAD総会（1992（平成4）年）では、先進国の保護主義・ブロック化を牽制し、保護主義削減・開放的かつ無差別貿易体制の強化を確認し、さらに伝統的な貿易問題に加えてサービス貿易・知的所有権・環境問題・競争政策・投資と技術分野等も総会の協議範囲に加えた。また協議方式として、従来のA～Dグループ・システムは実質上意味を持たなくなったので、各国が協力しやすいグループづくりを柔軟に行うことになった。

第4は、冷戦終結の影響である。冷戦終結により、国連等の国際機関は多くの人的・財政的資源を平和・開発目的に解放し、また東西軍縮により各国の「平和の配当」を多くの平和目的に使われることが期待された。しかし実際には、イデオロギー対立はなくなったものの、東西陣営のタガが外れ、民族・人種対立・武力衝突が発生し、多くの「平和のコスト」が発生した。また多くの発展途上国は軍備拡大を進め、民族浄化・国家分離紛争による内戦が勃発し、発展途上国間の武力紛争が発生した。このため先進国はPKO・PKF活動で巨額の出費を行った。

8. UNCTAD 組織存続の危機（1990（平成 2）年代後半以降）

1990（平成 2）年以降の社会主義の崩壊に伴う局地紛争の増加と、それに対処する国連活動の急増は国連財政の窮迫を生んだため、先進国は国連の組織・活動の合理化を要求した。さらに、国連の官僚主義と事務局ポストをめぐる猟官運動は長い間問題視されていた。国連組織である安全保障理事会の改革案、UNCTAD の廃止論も議論された。UNCTAD 廃止論の論拠は、① UNCTAD は発展途上国開発のためと称して自由貿易体制に対して規制を行う発想が強すぎる（アメリカの主張）、② GATT が WTO になった結果、開発問題も含めた広範な貿易問題は WTO で議論できるようになった、③発展途上国の WTO への加盟が続出した等である。国連事務総長は UNCTAD 事務局長のポストを 1994（平成 6）～ 1996（平成 8）年に空席とし、第 9 次 UNCTAD 総会（1996（平成 8）年）が開催される直前になってやっとブラジルのリキュペロを事務局長に任命した。

第 9 次 UNCTAD 総会の討議は、①貿易や資本の自由化は経済機会を増大するため一般的には歓迎したが、②国際経済と一国経済の大きさの差異があることや種々のリスクがあることを考慮すると、発展途上国が得る経済機会は限定されるため、貿易や資本の自由化を全面的には歓迎しなかった。また UNCTAD 事務局に対しては、①政策策定の方針は効率的・現実的であること、②より具体的なプログラムを実施すること、③市民社会（NGO 等）の参加・他の機関と協力すること、④活動範囲は、分析・助言・コンセンサスづくりを中心とする等が勧告された。この結果 UNCTAD の活動は、先進国が主導する IMF・世界銀行、WTO 等の政策に対して反対提案をするという従来の役割を捨てたかに見えた。しかし UNCTAD 事務局がまとめる「貿易開発報告」、「最貧国報告」における経済分析は、IMF・世界銀行等の経済分析とはやや異なり発展途上国に同情的である。すなわち、発展途上国が世界貿易に深く統合されて便益を得るために、UNCTAD は、①関税・運輸・銀行・保険・テレコミュニケーション・貿易情報等に関する基盤整備を強化し、②またグローバル・トレード・ポイント計画（貿易における物流コスト低減、中小企業の貿易情報・貿易サービスのアクセス改善を図る貿易センターを世界レベルでネットワーク化する）を強化する等の政策を打ち出した。このように UNCTAD は、事務局組織や業務の合理化を進める一方、現業的な技術支援事業を重点化することに方針転換した。すなわち、従来の世界経済体制改革をめざした政治色の濃い国際交渉の場から、コンセンサスづくりをし実効性のある技術支援をするための意見交換の場に転換した。これは、ちょうど OECD が先進各国に対して経済分析・意見交換・技術支援をする役割に似ている。この背景には発展途上国の階層分化・多様性の進展があり、一律な政策や方針では発展途上国の利益を反映させたり、持続的な成長を実現できなくなったことを反映している。ちなみに、アジア新興工業国と ASEAN 諸国の多くは、既に先進国であるといってよい。

第 10 次 UNCTAD 総会（2000（平成 12）2 月）はバンコックで開催された。1999（平成 11）年 11 月のシアトルにおける第 3 回 WTO 閣僚会議で新しい通商交渉の立ち上げに失敗した直後であり、先進国主導のシアトル会議とは異なり、多くの発展途上国は発言機会を持った。この総会では、①アジア通貨危機がロシア・ブラジルに波及して世界危機を生んだが、これらのグローバル化にどう対処するかについて議論され、② IMF 中心の構造改革が発展途上国経済の停滞を長引かせたこと等について多くの批判的意見が出された。UNCTAD 事務局長も WTO の新ラウンド開始には積極的であり、UNDTAD が発展途上国の意見のコンセンサスづくりをすることにより、WTO への発展途上国の意見反映をすることが表明された。ただし、新ラウンドの交渉分野は広範となり、UNCTAD 事務局ですら知見のないものが多くあり、これにどう対応するかは今後の努力にかかっている。

2000（平成 12）～ 2001（平成 13）年における国際金融の議論は、① IMF は国際収支赤字に対する短期融資に戻り、構造改革を含む長期開発融資を世界銀行が行う必要がある、②市場経済主義だけでは発展途上国における持続的開発は困難である（世界銀行の中の意見）等が目立つ。これに対してアメリカは、特に2001（平成13）年のブッシュ政権になり、自由市場原理に歪みを与える国家の干渉や国際経済制度の構築には反対であるとの態度を強め、世界銀行内部の弱者・貧困に同情的なエコノミストに圧力をかけ一部を辞職に追い込んだ。これはアメリカ政府が、金融業等のアメリカ多国籍企業が世界的に自由な企業活動を行って利益を確保することが国益であると確信しているからである。他方、アメリカ国民は国内外の貧困者に対して、もっと同情的である。

第3章　発展途上国経済の課題

第1節　長期的なグローバル化・格差問題・人口移動

1. 500年にわたるグローバル化の鳥瞰

グローバリゼーションは、コロンブスの新大陸発見（1492年）やバスコ・ダ・ガマの時代、すなわち500年以上遡ることができる。それは世界的な地域間の不平等化（国内の格差拡大よりも国家間の格差拡大）と関係する。本節では世界銀行の分析資料を紹介しつつ、私見をまとめてみた。この500年間の期間を、①重商主義の時代（1492～1820年）、②輸送革命の時代（1820～1913（大正2）年）、③ブロック経済の時代（1913（大正2）～1950（昭和25）年）、④自由貿易への復帰の時代（1950（昭和25）～2000（平成12）年）に4分割することができる。このうち2番目と4番目はグローバル化が進み、1番目と3番目はグローバル化が後退・停止した。国家間の格差拡大は、国家間の人口移動（移民）を引き起こしてグローバル化を促進する重要な役割を担っていたが、国内の格差拡大も国内政策に大きな影響を与えるためにこれを軽視することはできない。グローバル化には、以下の特徴が指摘されている。

第1は、1492～1820年における重商主義時代である。大航海時代は、技術移転・動植物・病気を大規模にもたらしたが、商品・生産要素の移動、すなわち経済活動に大きな影響を与えたとはいえない。グローバル化が生産要素の相対価格・生活水準・1人当たりGDPに変化を及ぼし貿易創出効果を持つ場合には、国内商品価格の変化が発生して輸出入国間の商品価格が均等化するはずであるが、この期間にはそれがあまりなかった。1492年以降、確かに世界の貿易量は急増しGDPに占める貿易シェアも上昇したが、貿易障壁は高くまた輸出入国間の商品価格の格差は縮小しなかった。商業資本の優越と産業資本の未発達が原因である。すなわち、大発見・輸送効率の改善は、貿易独占利益・関税および非関税障壁・戦争・海賊行為等によって帳消しにされ、見かけ上とは異なり経済のグローバル化は進まなかったといえる。もしこの時代から貿易障壁が撤廃されていて商品貿易による商品の移動が盛んであれば、欧州経済は3世紀にわたり成長率がもっと高く、また人口移動や資本移動（商品の生産を行うのに必要な生産要素の移動）も実際よりはずっと小さくなったものと予想される。

第2は、1820 ～ 1913（大正2）年であり、輸送手段の革命（効率的な船の建造）の時期である。1820年は国際商品価格の収斂が始まった時期であり、また重商主義が廃止され自由貿易政策に切り替わった時期である。さらに欧州大陸でナポレオン戦争後の平和復興が始まり、イギリスは農業不況（新大陸と比べて競争力の弱い農業が構造調整を迫られた）を経験し、すなわち近代的グローバル化が始まった時期といえる。1820年以降から第1次世界大戦以前の期間において輸送コストが急速に低下し、特に大西洋を挟んで欧州と新大陸との間の交易が進み、グローバル化が進展した。自由貿易に伴い比較劣位産業の衰退により一部保護主義への回帰が見られたが、大勢ではない。19世紀後半から大戦間（第1次世界大戦と第2次世界大戦の間）の期間においては欧米では保護主義への回帰がみられた。しかし他地域（発展途上国）では保護主義はみられなかった。これは発展途上国は、①欧州の植民地であった、②欧州の戦艦外交の圧力があった、③重要な輸出商品としての天然資源を管理する現地人が輸出促進政策をとったことが原因と考えられる。しかしながら、発展途上国の商品輸出は欧米の経済動向により強く影響を受けたため、広範な商品にわたって商品価格の乱高下が見られた。他方欧州の輸出商品も、発展途上国の輸出商品と同様に商品価格の乱高下を経験した。すなわち、19世紀全体を通じて厳しい自由貿易原理に基づく世界経済が実現していた。このため1870（明治3）年以降、欧米の多くの国では反グローバル政策がとられたが、1820年以前の孤立状態に戻る強い反グローバル政策ではなく、部分的な意味しか持っていなかった。すなわち19世紀末にアメリカの移民促進策は廃止されたが大量移民は引き続き自由であり、また運賃は下落を続けて貿易を促進する効果が続いた。欧州の投資家は海外の強い成長率を信じて海外投資を拡大させたため、1913（大正2）年の世界金融市場は現在以上に強く統合されていた。

第3は、1913（大正2）～1950（昭和25）年のブロック経済化によるブロック内部の自給自足期であり、世界経済が帝国主義的な政策により分断された時期である。第1次世界大戦前における交通・通信の高い効率はその後も失われなかったが、アメリカでは貧しい移民が国内に流入することを制限する政策がとられた。このため外国生まれのアメリカ人の全体に占めるシェアは、1913（大正2）年頃の14.6%から大戦間には6.9%に下落した。また高関税や非関税障壁が貿易の利益を削減した。欧米間の貿易障壁に起因する価格格差は倍増し、1913（大正2）年の欧米間の価格格差の水準は1870（明3治）年水準にまで戻った。また新技術を世界に拡散する役割を果たした投資は政策的に抑制され、海外投資フローのGDP比は1870（明治3）～1913（大正2）年の期間中で3.3%から1.2%に下がった。欧米にみられた大戦間におけるグローバル化からの退却は、帝国主義的ブロック化によりもたらされた反グローバル化政策に起因するものである。

第4は、1950（昭和25）年～現在までであり、第2次世界大戦後にグローバル化が再開された。第2次世界大戦後のグローバル化は1820年～1913（大正2）年のグローバル化と比べて異なっており、生産要素（労働力、資本等）の国際移動よりも生産物（商品）の国際移動（貿易拡大）によるものであり、移民による人口移動は小さく資本移動額も小さかった。1950（昭和25）年以降における南北アメリカ人であって外国生まれの者の割合は小さくなった。またアメリカの資本輸出額のGDP比は1960（昭和35）～1973（昭和48）年で0.5%、1989（平成1）～1996（平成8）年でも1.2%であり、これはイギリスの1890（明治24）～1913（大正2）年における4.6%と比べて小さい。貿易障壁の水準も第2次世界大戦後長い期間にわたり1913（大正2）年よりも高かったが、戦後何回も行われた貿易自由化交渉により、2000（平成12）年時点になって貿易障壁は1913（大正2）年と比べてやっと低くなったといえる。この背景には、覇者であり経済大国である当時のイギリスと現在のアメリカとの政策の相異がある。アメリカは19世紀当時には保護貿易・移民歓迎政策をとっていたが、基本的に自由貿易・移民抑制政策に態度を変えたのは第2次世界大戦後である。それでも1990（平成2）年代以降アメリカへの移民は急増している。

2．グローバル化と経済格差

次に、このグローバル化と経済格差の関係であり、必ずしも厳密な分析はできないがある程度のことはいえる。世界銀行によるいくつかの分析によると、概ね以下のことがいえる。

第1は、一般論として格差拡大がグローバル化を推進する原因になったものであり、グローバル化が経済格差をもたらしたわけではない。世界の所得格差は、1600年頃以降実質賃金・消費水準・実質地代・税収額等の指標によると、①世界的（欧米間）に、②欧州各国間と、③欧州各国内でみて、いずれも拡大している。欧州各国間の所得水準について見ると、イギリスとオランダの実質賃金は17～18世紀にかけて他の欧州諸国よりも高く、また16～18世紀にかけてイギリス・オランダ・フランスの地主・商人・工場主の所得は他の欧州諸国よりも高かった。この間贅沢品の価格は必需品価格よりも低下したため、最低生活者と富裕者のとの間の所得格差は拡大したといえる。すなわち産業革命のずっと以前において、世界の経済格差の水準は大きくかつその格差は拡大したといえる。18世紀後半に発生した産業革命も格差拡大の原因ではないと考えられる。すなわち産業革命があったから格差が拡大したのではなく、むしろ産業革命がイギリスで発生して他の欧州諸国に伝播したことは、欧州の格差縮小に寄与したとさえいえる。

また新大陸が発見され交通機関の革命が起こっても、欧州各国は欧米大陸間交易を独占し、輸出入国間で価格上乗せ率が異なったため、商品の国際競争が行われなかった。また新大陸で生産される商品は欧州国内では生産されず、また欧州国内で生産される商品は新大陸では生産が許されなかったため国際競争が行われず、貿易に関連しては欧米における国内産業を駆逐しなかった。また、貿易商品は欧州の大衆から見れば手の届かない贅沢品であった。すなわち、

1820年以前の貿易は極めて豊かな人しか影響せず、また人と資本の移動はわずかであるため、グローバル化ではないといえる。グローバル化は重商主義から自由貿易主義に切替った1820年に始まったといえる。すなわち、格差が高かった期間は少なくとも重商主義の支配した4世紀の間続いたが、グローバル化は自由貿易主義の支配した2世紀未満しか続かなかった。グローバル化が格差拡大の原因であるという通常の命題は、比較的短い期間を除けば妥当せず、格差の高水準はグローバル化があってもなくても発生した。

第2は、経済覇者の自由化政策である。19世紀におけるイギリスの自由貿易は1846年における穀物条例の廃止に代表されるが、自由化の実現のためには自由化を主導的に行おうという国が存在することに依存し、また自由化の効果は自由化を行う当事国双方と世界全体に平等に発生する。イギリスが主導した自由化が、イギリスの富者を富ませイギリスの貧者や他国の国民を貧しくしたかというと逆である。自由化により最も利益を得たのはイギリス労働者であり、貿易相手国の国民であり、また最も損害を受けた者はイギリスの地主、すなわち世界一の富裕階層である。貿易相手国がどれほど儲かりイギリスの資本家（当時は新興中小企業家）が儲かったか否かは、貿易弾性値（数量効果）と交易条件（価格効果）の変化により決まる。交易条件の効果は「世界の工場」であるイギリスにとって極めて大きかったため、イギリスはこれから発生する利益を貿易相手国と自国に労働者に配分した。イギリスは食糧輸入国であり、農業の雇用者数は少なく、また輸入品との競争産業における雇用者数も少なかったため、イギリスの労働者は自由化の恩恵を受けた。すなわちイギリス経済は底辺層を巻き込んだ全面的な発展を遂げた。これに比べて大陸欧州諸国では、農業は多くの雇用者を抱え、この雇用効果が消費水準を決めていたため、自由化によって労働者や国民経済は潤わなかった。

第3は、イギリスに対する欧州各国の追随者とアメリカである。まず欧州内部の動きを見ると、欧州各国は農業が重要産業であるため、グローバル化と格差に関する指標は、未熟練労働者賃金と農業地代の比率で見ることができる。具体的には、①未熟練労働者賃金／地主所得、②未熟練労働者賃金／熟練労働者1人当たり賃金（1人当たり国民所得）で計算できる。1870（明治3）～第

1次世界大戦の期間において、土地希少・労働力過剰の欧州では貿易拡大や出国移民の増加に伴い、労働所得は土地所得よりも相対的に増大した結果、経済格差は縮小した。さらに1870（明治3）年以降の欧州諸国では安価な外国穀物の輸入が急増したが、高関税をかけなかった国（イギリス・アイルランド・スウェーデン）では、地主が大損し労働者が大儲けした。1875（明治8）年以降安い外国穀物から地主・農民を保護したフランス・ドイツ・スペインでは、未熟練労働者賃金と比べて地代は相対的にわずかしか下がらなかった。すなわち、全体としてみれば、グローバル化の中で労働力過剰・土地希少の欧州では経済格差が縮小したといえる。他方欧州の工場主は農地を少ししか保有せず、また工場主（所得階層は比較的上位を占める）にとって工業用地から発生する所得額は小さかったので、地主（所得階層の最上位を占める）の大規模農地保有に伴う所得減少（食糧価格下落）ほど大きな損失を受けなかった。

次に欧米間（新旧大陸間）の動きをみると、グローバル化（すなわち新大陸の食糧が大量に欧州に輸出されたこと）は、土地豊富な新大陸に対して所得が増大（欧米間の格差縮小）する効果を与え、したがって大西洋をまたがる欧米の効果を総合すれば、当時発展途上国であったアメリカの所得上昇を促し格差の縮小または格差拡大効果の減殺がみられた。また欧州において、大衆消費者による市場経済が形成されたか否かという長期的視野から見ると、最高所得層である地主の地位が没落し、最低所得層である労働者の地位が上昇したことは重要であり、この結果労働者の消費が活発化し欧州の持続的経済成長が実現した。なお、新大陸は欧州に対する食糧輸出が増加するという数量効果を得たため、欧州の地主と欧州の労働者の受けた効果の中間に位置しているといえる。

第4は、1913（大正2）年以前の期間において、周辺地域（欧米以外の地域）の交易条件が改善した。交易条件の変化は、貿易により誰が儲けたかという問題である。古典派経済学は、土地・天然資源の供給が非弾力的であるために一次産品の相対価格は長期的に上昇すると考えた。他方古典派経済学は、1950（昭和25）年代にプレビッシュ・シンガー命題により、「1870（明治3）年代以降一次産品を輸出する周辺の貧困国の交易条件は下落し、工業製品を輸出する中心の富裕国の交易条件は改善している」と反論された。交易条件は、運賃・貿易政策・産品別生産性上昇率・需要弾性値・生産要素の供給弾力性等により影響される。このうち運賃は 1820 年以降劇的に下落しており、これは運輸産業以外のすべての市場取引参加者の交易条件を改善させた。また 19 世紀半ばにイギリスは自由貿易を採用したことにより交易条件改善を達成した。また周辺の貧困な非工業国も自由貿易を採用したために、同じく交易条件を改善させた。

また 1870（明治 3）年以前のアジアでは、運賃下落はなかったものの別の形で交易条件の改善があった。日本は、1858 年アメリカ軍艦の強制により自給自足経済から自由貿易経済に転換した。それから 15 年後で貿易額は 70 倍になり、貿易額の GDP 比はゼロから 7%にもなった。輸出可能財の価格は急上昇して世界価格に接近し、輸入可能財の価格は世界価格まで急下落した。この結果、日本の交易条件は 15 年間で 4.9 倍に改善し、これには運賃の低下以上に自由貿易の効果が影響したことが原因している。他のアジア諸国も植民地支配と軍艦の脅威により自由貿易の道をたどり、中国は 1842 年に開港と 5%の従価関税を採用し、タイは 1855 年に 3%の関税を適用し、韓国は 1876（明治 9）年に鎖国から開国して世界経済に統合し、インドは 1846 年自由貿易を採用した。いずれの国も交易条件が大幅に上昇した。このようにプレビッシュ・シンガー命題とは異なり、アジアにおける周辺国の交易条件は第 1 次大戦まで改善を続けたのみならず、その程度は欧州諸国の改善よりも著しかった。すなわち、第 1 次世界大戦に至るまでの 40 年間における交易条件の改善率は、欧州中心国で 2%、東アジアは 10%、その他の第 3 世界で 21%であったとの計算例がある。なぜプレビッシュ・シンガーによる交易条件の分析と異なるかについては、基礎統計の相異があるからであり、プレビッシュ・シンガーはロンドンまたはニューヨーク基準で交易条件を計算したのに比し、ここでの計算例は現地（周辺地域）の価格や取引量を基準としたからである。現地の経済開発の進捗を見る観点から、現地基準が実態に近いので適切であるといえる。

この交易条件改善は、短期的には経済成長にごくわずかのプラスの効果しかもたらさず、加えて一次産品国にとって交易条件改善は、貿易上の比較優位による一次産品への特化・非工業化という長期的効果をもたらす。しかし、一次産品よりも工業製品の方が需要の所得弾性値が高いため、動態的にみれば所得水準の上昇とともに工業製品の需要が増大して、工業化国の成長率は一次産品国よりも高くなる。また工業化が資本集約・技術変化の担い手であるとの動態的成長論の立場に立てば、交易条件は静態的利潤最適化論の立場であり、立場の相異があるといえよう。なお、現時点では先進国やいくつかの発展途上国では工業化が成熟したり極限まで進行したため、サービス経済化が今後の成長の鍵を握っている。このように発展途上国の多くはまだ工業化が課題であるものの、先進国ではサービス経済化を指向した動態的成長論を踏まえる必要がある。これらの結果を総合して結論的にいうと、1913（大正 2）年までに至る自由貿易時代の期間における発展途上国（周辺国）の交易条件の改善効果（相対価格効果）は比較的小さく、これに加えて数量効果（貿易量の増大）も小さかったため、先進国と発展途上国の経済格差はこの間拡大したといえる。

第 5 は、1913（大正 2）年までの期間において、周辺一次産品輸出国の相互間にみられる格差拡大である。この時期において力強いグローバル化の進行に伴い、大西洋地域（欧米）・ラテンアメリカ地域・中近東地域・アジア地域における各地域間および地域内で一次産品価格が収斂した。とりわけ先進地域である大西洋地域を除く発展途上地域間での収斂が強かった。関税障壁は残存していたが発展途上地域における運賃の大幅な低下は、一次産品価格の収斂に大きく影響した。同時に相対的な生産要素価格の世界的な収斂は、中心地（欧州）と周辺地における生活水準の格差や 1 人当たり所得の格差を拡大させた。この相対的な生産要素価格の世界的な収斂は、①これまでの土地豊富・労働不足地域においては（賃金／地代比率）を下落させ、②これまでの土地不足・労働豊富地域においては（賃金／地代比率）を上昇させたことからも分かる。

この一次産品価格と相対的な生産要素価格の収斂は、土地と天然資源の豊富な地域、とりわけ工業化していない東南アジア地域・南米南部地域と先進地域との間の格差を拡大させ、それとは逆に土地と天然資源の少ない地域、すなわち東アジア地域と先進地域との間の格差を縮小させた。世界価格の収斂がこれらの発展途上国にもたらした再分配効果の影響は、政治的な発展にとっても重要なものであり、20 世紀後半まで影響を及ぼしたと考えられる。

3. 北々間・南々間・南北間の大量移民

北々間（先進国同士）の移民、すなわち欧州と新世界の移民はこれまで 6,000 万人に達し、南々間（発展途上国同士）の移民もこの数字以上になると推定されるが、中国・インド等の人口輸出国や東アフリカ・満州・東南アジア等の人口輸入国の詳細な動向は明らかでない。なお、南北間の移民はこれまではわずかに過ぎないと考えられてきた。これには先進国における抑制的政策・移動費用の高さ・労働市場の分断化等が影響している。1910（明治 43）年時点における移民の影響をみると、①受入国の移民流入による労働者の増加率は、アルゼンチンで 86%、ブラジルで 4%、アメリカで 24%、②送り出し国による移民流出による労働者の減少率では、アイルランドで 45%、フランスで 1%、イギリスで 11% である。この移民により各国の貧富の格差は縮小した。すなわち 1870（明治 3）～ 1910（明治 43）年において欧米間の実質賃金格差は 28% 縮小し、1 人当たり GDP 格差は 18% 縮小し、労働者 1 人当たり GDP 格差は 29% 縮小した。もし移民がなければ、新大陸における労働者の賃金や労働生産性はもっと高くなり、旧世界ではもっと低くなったであろう。この間移民流出国における賃金は移民のため、アイルランドで 32%、ノルウェーで 10% 上昇し、また移民流入国の賃金は移民のため、アルゼンチンで 22%、オーストラリアで 15%、カナダで 16%、アメリカで 8% 下落したと推計されている。

労働移動のほか資本移動・生産地移動・商品移動（貿易）も、19 世紀後半における先進国同士（欧米）の所得格差縮小に全体として寄与しているため、労働移動だけを格差縮小の説明変数とすると労働異動の影響が大きく出る。この場合移民がないとすれば、①実質賃金格差は 7% 拡大し（実際には 28% 縮小）、② 1 人当たり GDP 格差は 9% 縮小する（実際には 18% 縮小）と計算される。また移民がないとするならば、1910（明治 43）年における米欧の賃金格差（アメリカの賃金／欧州の賃金）は 128% になったと計算できるが、実際には欧州からアメリカへの移民があったため、賃金格差は 1870（明治 3）年の 108% から 1910（明治 43）年には 85% になり、アメリカの賃金水準が低くなったと計算される。

第48表　移民の送出国と受入国における移民人口の現地人口に占める比率（年平均%）

		1871年～1880年	1909年～1910年	1913年
送出国	オーストリア・ハンガリー	0.03	0.48	0.61
	イギリス	0.50	0.65	1.04
	ドイツ	0.15	0.05	0.04
	アイルランド	0.67	0.70	0.68
	イタリア	0.11	1.08	1.63
	スペイン	0.36	0.57	1.05
受入国	アメリカ	0.55	1.02	1.22
	カナダ	0.55	1.68	3.84
	アルゼンチン	1.17	2.92	3.83

（出所）Ferenczi and Willcox (1934) .

第49表　現地の教育を受けた者のうち移民した者の比率（%）

	OECD諸国へ移民		うちアメリカへ移民	
	中等教育卒	高等教育卒	中等教育卒	高等教育卒
韓国	3.3	14.9	1.2	5.7
フィリピン	6.0	9.0	4.4	6.6
ガーナ	0.7	25.7	0.3	15.1
ウガンダ	0.6	15.5	0.6	15.4
ドミニカ	30.5	14.7	29.7	14.2
グアテマラ	29.1	13.5	29.1	13.5
コロンビア	3.8	5.6	3.6	5.6
メキシコ	20.9	10.3	20.9	10.3

（出所）Carriton and Detragiash (1998) .

さらに、第1次世界大戦前における欧米間の格差縮小のうち移民で説明できる割合は、①実質賃金の格差については全部、②労働者1人当たり賃金格差については3分の2、③国民1人当たり所得については半分を占める。国民1人当たり所得格差の縮小割合が低い理由は、移民が所得水準の低い若者中心に行われ、また若者の労働市場参加率が高いからである。アメリカの実質賃金や労働者1人当たりGDPは、19世紀の後半には欧州の水準の2倍はあった。このように北々間の移民は格差縮小に大きく寄与した。他方南々間の移民については、移民受入国（セイロン・ビルマ・タイ・フィリピン）では実質賃金や労働生産性が著しく低下したが､移民送出国(中国･インド)では人口過剰が著しかったので実質賃金や労働生産性はあまり上昇しなかったと考えられる。

4. 資本移動は格差の収斂に大きな影響を与えず

1870（明治3）～ 1910（明治43）年における欧米間の移民により、1870（明治3）年には米国高水準・欧州低水準であった実質賃金格差が1910（明治43）年には縮小した理由の全部を説明できる。これに加えて国際資本も空前絶後の量の資本が欧州からアメリカに流入し、米国資本不足・欧州資本過剰という資本格差を縮小した。世界的な資本収益率均等化の原則を前提とすると、労働賃金の高いアメリカに資本移動することは考えにくい。このため資本は資本不足国に流れるのではなく労働移動の後を追って移動するいう仮説をおいて計算すると、欧米の経済収斂（格差縮小）の7割は労働移動だけで説明できる。このため生産要素の1つである労働の移動は、同じく生産要素1つである資本よりも重要な役割を果たしたといえる。統計的に資本流入は1人当たりGDPの水準で説明でき、また、資本は天然資源・若年人口・人的能力の豊かな地域を追いかけて移動するため、経済の収斂を妨げ経済格差の増大をもたらすものと考えられる。現に当時の欧州資本はアメリカには流れたが、アジア等の発展途上国にはあまり流れなかった。

また1913(大正2)～ 1950(昭和25)年の戦中期においては反グローバリゼーションが進行したため、収斂が停止して経済格差の水準が高くなった。このうち、大恐慌・2度にわたる世界大戦・ブロック政策がそれぞれどのように影響しているかは明確でない。しかし欧米間の格差縮小は1929（昭和4）年以前に既に停止していたという統計的事実があり、格差拡大が大恐慌や第2次世界大戦の影響だけによるものであるとはいえない可能性がある。すなわち、移民制限が格差拡大（格差縮小の停止）に大きく貢献し、それに貿易制限・資本制限が後から加わったと理解できる。1820年以前の期間や1914（大正3）～ 1950（昭和25）年の期間は反グローバル化の時代でありかつ経済格差拡大が進んだことを見ても、グローバル化が経済格差拡大をもたらしたとはいえない。

他方、これまで見てきた国際間格差と異なり、国内格差については1910（明治43）～1950（昭和25）年の期間で、①OECDの比較的貧しい国では格差がやや拡大し、②OECDの欧州高所得国では格差縮小が続き、③アメリカでは革命的とも称せられた格差縮小が続いた（特に大恐慌発生以降）。この間反グローバル化（ブロック経済化）が進んだため、反グローバル化がこの国内格差を縮小させたとは単純には解釈できない。すなわち、この期間において強化された移民制限は、①国際間格差を拡大させたのみならず、②国内格差では移民送出国の国内格差を拡大させ、他方移民受入国の国内格差を縮小させたと考えられる。

5. 自由貿易と国際間格差

第2次世界大戦後の数回にわたる貿易自由化交渉によって、最近になりやっと第1次世界大戦前の自由貿易水準が回復し、また所得の国際間格差は、①1940（昭和15）年代で拡大、②1950（昭和25）～1970（昭和45）年代で安定、③1980（昭和55）年代以降になってやっと縮小に転じた。発展途上国と先進国のうち、どちらが自由貿易体制に参加することにより交易条件改善の便益を受けたかというと、先進国である。この理由は、戦後の貿易自由化は主として先進国が参加し、貿易障壁廃止と為替交換制限を撤廃したため先進国同士の貿易が拡大し、他方発展途上国は貿易と為替を自由化しなかったため先進国・発展途上国間の貿易は拡大しなかったからである。当時発展途上国では保護主義および反グローバル主義の機運が強く、ディロン・ラウンド、ケネディー・ラウンド、ウルグアイ・ラウンドには乗り気ではなかった。貿易自由化の効果は自由化する国に及び、特に工業化しつつある国に強く及んだ。第三世界の貿易自由化論は、自国の自由化の効果が自国経済にどう及ぶかに限定され、他国経済にどう及びそれがさらに自国経済にどのように相乗効果をもたらすかについて考察しなかった。発展途上国が自由化によって利益を得るか損をするかについてはいくつかの分析がある。

第1は、NBERによる1960（昭和35）～1970（昭和45）年代における貿易・

為替管理の効果に関する Bhagwati と Kreuger の分析であり、ほとんどの発展途上国では貿易・為替面における障壁の設定が大きな費用を生んでいると結論している。しかし、この分析は古典派経済学による部分均衡モデルに基づいており、貿易障壁が発展途上国に対して利益を与えないということを証明したのではなく、利益を与えないという理論的前提を置いて分析したのに過ぎないという批判を免れない。すなわち、①伝統的な幼稚産業保護論は貿易保護が長期費用曲線を下にシフトさせる機会を与えない可能性に気がつかず、②また近代成長理論によると工業化は技術革新と資本深化をもたらすが、貿易保護は工業化、すなわち成長をもたらす機会を与えない可能性に気がつかないため、これらの可能性を含めてさらに分析をする必要がある。

第 2 は、世界銀行による第 1 次石油危機前後の期間についての 41 カ国の横断的分析であり、貿易自由化と成長率とは相関があるというものである。しかし、①対外開放政策全体と貿易に限った自由化政策の効果を区別して計算することは難しいため、貿易政策だけに限定して評価することは困難である、②貿易政策は他の政策に連動するため、貿易政策だけの効果を他の政策と切り離して評価することは困難であるとの批判を免れない。すなわち、国際的自由化する場合には、国内の生産要素市場の自由化・国内商品市場の自由化・所有権を尊重する施策の実施と一緒に行われる場合が多い。また、非貿易財の自由化は貿易財の自由化よりももっと所得上昇に寄与する可能性があるが、この貿易財と非貿易財の効果を切り離して分析することは難しい。

第 3 は、事例研究であり、例えば Anne Kreuger は、1960（昭和 35）年前後の韓国、1965（昭和 40）年前後のブラジルとアルゼンチン、1970（昭和 45）年のチュニジアに関して、貿易政策が最も変化した時の貿易の経済成長に及ぼす影響を分析した。また David Dollar と Aart Kraay も 1980（昭和 55）年代と 1990（平成 2）年代における 16 カ国の経済改革と貿易自由化の効果を分析し、貿易自由化と成長と相関があると結論づけた。しかし、ここでも構造改革は国際経済への参加措置にとどまらないため、貿易自由化だけの効果を分離した分析はされていないという批判がある。

第 4 は、単に記述的に歴史的関連性を分析するという批判に応えるため多変量解析による分析結果があり、これによると貿易自由化は成長と正の関係があるというものであるが、ここでも上記の批判がある。

この4種類の分析のように、貿易自由化は発展途上国の経済成長に寄与すると明確に証明することは困難であるが、保護貿易が経済成長に役立つとの証明も同様に困難である。しかしPaul BairochとKevin O' Rourkeは1914（大正3）年以前の欧米間で保護貿易国は成長率が高いという分析をし、またHadassとWilliamsonは1870（明治3）～1940（昭和15）年の周辺発展途上国において交易条件の改善は長期的経済成長率を低下させたと指摘した。これらの指摘は今日の常識から離れるものである。この原因として、当時の発展途上国では人口増加率が高いため、比較優位産業は資源集約的一次産品産業から労働集約産業に移動したことが考えられるが、さらに研究が必要である。

最近のアメリカにおける賃金格差拡大の第1の原因として、外国からの人口流入圧力があることやアメリカによる移民政策の緩和により非熟練労働者がアメリカに流入したことが挙げられる。さらに移民政策の緩和は、単純労働力を利用した発展途上国からの輸入品の急増に対抗して、アメリカ国内での国産化を増加させるためにとられたかもしれない。また第2の原因として、①熟練労働力の不足、②賃金平等を唱える労働組合の弱体化、③非熟練労働力の需要を小さくするような技術革新の進行等というグローバル化とはあまり関係のない要因があるかもしれない。多くの議論は貿易と技術革新に集中し、労働組合・移民・熟練労働力や学卒者供給不足を重視する者はあまりいない。

6．最近の先進国内における格差拡大

先進国内における賃金格差の拡大は、アメリカとイギリスに見られる。他のOECD国では、①常用雇用者間の格差についてはフランス・日本・ドイツ・イタリアでは拡大していないが、②常用雇用者・パート雇用者・失業者間の間では格差が拡大している。このためOECD 21カ国を全体として見れば、1970（昭和45）年代半ば～1980（昭和55）年代半ばにおいて家計可処分所得の格差はやや拡大し、1980（昭和55）年代半ば～1990（平成2）年代半ばにおいて家

計可処分所得の格差は顕著に拡大した。この原因は労働所得の格差拡大である。すなわち、常用雇用者内部の格差拡大は見られないが、失業者の増大・パートの増大により企業は人件費を削減し、それが雇用者を全体として見れば格差拡大に導いている。

他方今日では累進税率やセーフティー・ネット等の整備により、第1次世界大戦前や現在の発展途上国と比べれば、課税後・政府移転後所得の格差は課税前・政府移転前所得の格差と比べれば相当小さい。しかしグローバリゼーションにより企業や個人は租税や社会保障移転の最も有利な国を選択できるので、これらの国家による租税や社会保障移転を原因とする自動安定化装置が働かなくなった可能性があり、さらに国家は租税や社会保障移転を他国よりも有利に設定することにより企業や個人を自国内に立地・居住させようとする動きも現れている。結論的にいうと、多くの国にとって、世界経済の影響のを受けやすさと租税を財源とする社会保障費の大きさとは正の相関があり、したがって国際経済変動を受けやすい国（経済小国）ほど税率が高く、社会保障支出が大きく、セーフティーネットが整備されているといえる。

7. 発展途上国のグローバル化と格差問題

発展途上国における賃金格差と貿易自由化の関係は、分析資料が少なく結論が明確でない。Robbins等による6中南米国・3東アジア国の分析によると、1960（昭和35）年以降アジアNIESが自由化したときは賃金格差が縮小したが、1970（昭和45）年代に中南米が貿易自由化したとき賃金格差は拡大した。中南米でも特にメキシコにおけるサリナス大統領主導の1985(昭和60)～1990(平成2）年の自由化は、賃金格差を大きく拡大させた。この理由は、この時期中国や他のアジア諸国が世界市場に参入したため、未熟練労働集約産業で国際競争が激化したからである。他の中南米諸国でも、同じ理由により賃金格差が拡大した。他方1960（昭和35）～1970（昭和45）年代初めにアジアNIESが自由化したときは他地域との競争が少なかった。加えて中南米のアルゼンチンにおける1976（昭和51）～1982（昭和57）年における自由化は、労働組合破壊・

最低賃金制度緩和を行ったため賃金格差が拡大した。また1974（昭和49）～1979（昭和54）年におけるチリのピノチェット政権下ではさらに徹底的に行われたため、賃金格差は拡大した。

中南米・東アジア9カ国におけるこの分析では、合計人口はせいぜい2億人に過ぎず、世界経済全体の格差動向に大きな影響を与えない。他方、1970（昭和45）年頃の中国（人口10億人）・インド（7億人）・インドネシア（1.5億人）・ロシア（1.4億人）の人口大国においては、経済自由化とともに格差は拡大した。中国の改革は当初農村・農地改革が中心であったため格差縮小効果を持ったが、1984（昭和59）年以降工業部門の改革が開始されたため格差は拡大に転じた。またインドも1990（平成2）年代初めに自由化が開始されてから格差が拡大し、さらに1970（昭和45）～1990（平成2）年代におけるインドネシアの所得増加は所得十分位階層のうちの最高層に集中したが、これは自由化の影響よりもスハルトによる石油収入の配分政策によると考えられる。またロシアの格差拡大は1991（平成3）年のソ連崩壊に伴い、貿易利権と資産を政府に関係する特権層に譲渡したからと考えられる。すなわち、これらの人口大国の所得格差拡大は、国内格差の拡大である。貿易自由化やグローバリゼーションによる格差拡大分はどの程度あるかといえば、貿易や投資の自由化の程度が不完全であったためむしろ小さいと考えられる。すなわち、これらの人口大国においては、一般大衆に対しグローバリゼーションの利益を与えなかったため格差が縮小しなかった。中国では1984（昭和59）年以降自由化の利益は沿岸部と周辺都市に集中し、内陸地から都市への人口移動は1990（平成2）年代半ばまで強く禁止された。このため中国の国内格差は1984（昭和59）年以降拡大を初め、1995（平成7）年にはアメリカ並みの高水準なった。すなわち、中国・ロシア・インドネシアの格差は市場経済内部における格差拡大ではなく、政策当局者との密接な関係の有無や政府規制により市場経済に参加できる者と参加できない者の格差であるといえる。

8. 南北間の人口移動の意義

19世紀における欧米間の人口移動は、欧米間の賃金格差（高賃金のアメリカ・低賃金の欧州）の縮小に大きな影響を及ぼした。これは現時点の発展途上国から先進国への人口移動に似ている。アフリカにおいても、アフリカ国内や欧米等で高等教育を受けた若者等の人材が先進国へ移動している。当時の欧州と同じく現在のサハラ以南アフリカは、若者の人口急増・天然資源に対する人口圧力・現地での経済水準の低さ等が移民を駆り立てる要因になっている。100年前の欧州では、①人口増加率は小さかったが欧州自体の成長率は回復した、②欧州の人口増加率が次第に低下し人口移動圧力が弱まった、③しかし大量の人口移動は続いた。これに比べ今日のアフリカでは、①経済成長は低く今後の見通しも悪い、②将来も人口増加率が高まる見通しであるため、今後も人口移動圧力が強まる可能性がある。

2025（平成37）年までのアフリカでは、欧州が19世紀に大量移民した人口以上に海外移民が続くとの試算もある。特にアフリカがAIDS蔓延を克服した場合、人口圧力が急速に高まり、これが大量移民に結びつく可能性が発生する。これに対してOECD諸国がアフリカからの移民に対して門戸開放した場合には、①19世紀における欧州からアメリカへの人口移動規模以上の人口移動が実現する可能性がある、②グローバル化が進んだ19世紀以上に世界の所得を平等化する、③南北間の所得格差を縮小できる、④移動する元気のある数百万人～数千万人のアフリカの若者にとって生活改善につながる。他方移民を受け入れるOECD諸国の中では、19世紀のアメリカと同じく労働力流入急増により所得水準の低下や所得格差が拡大するために反移民運動が発生することが予想され、この結果移民制限政策がとられるかもしれない。しかし、所得機会や生活機会を求める若者が人口移動するという自然の動きは、基本的に国家制度や国家政策（移民抑制政策）だけではどうしても止められない。

第2節　経済社会開発と科学技術

1. 高度技術でなく公衆衛生が経済社会に大きく影響する科学技術問題

先進国でも発展途上国でも、経済社会に大きく影響を与える科学技術問題は、国民の一部しかアクセスできない高度技術でなく、公衆衛生等国民大衆が日常的に恩恵を受けることができるものが重要であり、これが経済成長や国民福祉に直接結びつく。このことは各国により広く認められており、アメリカの1999（平成11）年大統領経済諮問委員会報告書、日本の1980（昭和55）年代における科学技術白書等でも記述されている。アメリカでは約80年前、日本でも戦後における公衆衛生の普及により病死する者が激減し、これにより人的能力や人的資源の蓄積が可能になり経済成長が高まったのは有名であり、その後における高度成長・生活や社会の改善を図る基礎づくりとなった。したがって、今日の発展途上国が経済社会開発を進め将来先進国になる前提条件として、公衆衛生を改善することは今日のハイテク技術を導入するよりも極めて重要である。すなわち、科学技術の成果が大衆の毎日の経済・社会・生活に日常的に組み込まれて利用されていれば、科学技術が高度でなくても経済社会開発に大きな役割を果たす。これとは逆に、科学技術がどんな高度であっても、政府・企業・研究者のごく一部にしか利用されていない場合は、経済社会に与えるインパクトは小さい。これは先進国であろうと発展途上国であろうと、過去であろうと現在のハイテク時代であろうと同じである。これが理解できないと科学技術と経済社会との関係を間違って解するおそれがある。

貧困と病気の問題は誰でもが指摘する悪循環であるが、近年この密接な関係が注目されてきた。世界においては、マラリアによりサハラ以南アフリカを中心に年間110万人が死亡し、結核により発展途上国を中心に年間190万人が死亡し、また1998（平成10）年ではAIDSにより230万人が死亡し、新たに580万人が感染している。HIV感染者の95％は発展途上国に住み、また毎年の新規感染者の70%はサハラ以南アフリカで発生している。AIDSは平均寿命を低下させる可能性があり、AIDSに最も侵された国における平均寿命は40歳を下回っている。

世界における医療問題で重要なことは、①近年の医療進歩を背景に今後の医療に過大な期待がかけられ過ぎている、②有効な医薬・ワクチンは存在するが発展途上国では所得がないため購入できない、③グローバル化に伴い高所得国は貧困国の病気（マラリア等）に感染されるようになったことである。この場合、発展途上国における医薬品の普及と投薬管理の悪さが耐性菌を増加させる原因となっており、このため結核の治療等はより困難かつ高額になっている。またHIV／AIDSは他の多くの病気と異なり、子供より成人が死亡し、また農民よりも教師や医療従事者等の知識労働者が死亡するため、麻疹・マラリア・下痢よりも明るみに出やすい。さらにHIV／AIDSはラッサ熱・エボラ出血と異なり、先進国における多くの人が感染したため地球規模の脅威となっており、アメリカでは国家安全保障上のリスクの1つであると分類された。

これらの健康・医療問題はグローバル化しているため、グロ‐バル化した対応が求められるが、現実の健康・医療政策は国家単位で実施されている。また、健康・医療の研究の側面と、研究成果の入手（医療サービスの利用、すなわち治療）の側面は峻別する必要があり、最近数十年の医療研究の進歩にもかかわらず、貧困国の大衆は医療サービスが高価であり、また貧困国政府の医療制度が整備されていないため、研究成果の利用、すなわち医療サービスの利用ができない。以下、世界銀行や国連の資料に基づき、発展途上国の技術（医療）問題を論じてみたい。

2. 地球レベルの公共財

よく知られる公共財の特性は、①消費をして便益を受ける場合の競争性がなく、すなわち公共財の消費に伴う追加的な限界消費費用がゼロであることであり、②また便益が非排他的であり、誰もが便益を受けることができることである。換言すれば公共財を消費することについて誰かを排除できても、消費に伴う費用や価格がゼロであるため、経済的効率から考えて排除しない方がよいことを意味する。また便益を受けることが非排他的であるならば、企業は公共財の供給によって利益を得ることができないため、公共財を供給しないであろう。このため公共財が現実の経済では供給不足（また逆に政府が公共財を独占的に供給する場合には供給超過）になる可能性が出てくるので、これへの対処が必要となる。健康分野における公共財供給不足の例は、マラリア等の伝染病に対する環境改善対策等多くの例がある。

地球公共財の特質は、以下にまとめられる。

第1は、便益者が2以上のグループ国（一定の特性を持つ国のグループ）にまたがる。

第2は、便益は将来広範な地球人口（高所得者や低所得者、異なった民族等）に及ぶ可能性がある。

第3は、便益者には将来世代が含まれる。

すなわち、公共財が通常持つ特性である非競争性・非排他性に加えて、何らかの地球規模での複数以上の特性に共通して関与することにより普遍性を持つことが追加される。

すなわち、知識は地球公共財の原型であり、医学研究から得られる医学知識は公共財に含まれる。さらに健康そのものが公共財であると考えることもでき、この場合医学研究は地球健康を達成するための中間的な地球公共財であるとみなすことができる。

医学研究から得られる知識は非競争的であり、それから便益を受ける者を排除することは望ましくないため、概ね非排他的である。特許制度は発明・発見者がその知識を一定期間排他的に利用できることを認めるが、発見した事実は公知となり、それは次の発見等に結びつく。他方医学研究で得た知識が公共財的性格を有することは、すべての医学研究が地球公共財の特質を持つことを必ずしも意味しない。普遍性という特性を満たさない場合があるからである。例えば、病気による負担は高所得国と貧困国とでは異なる。所得水準や地理的位置に関係ない病気がある一方、貧困に関係する病気は栄養状態のよい高所得国ではほとんど感染せず問題にならない。また高所得国の人が貧困国を旅行する場合、マラリア等の短期予防薬を必要とするが、貧困国の住民は治療薬か長期間効果のある予防薬（子供用免疫ワクチン等）を必要とする。このように医療や薬に対する需要は、国や人によって異なる。さらに病気が世界中に拡散している場合、病原菌の株（種類）が異なりそれに対応してワクチンが効く場合と効かない場合が出てくる。AIDS ワクチンはアメリカで流行しているウィルスについては研究開発されているが、アフリカで流行しているウィルスについてはあまり研究開発されていない。すなわち、医学研究は公共財の性格を持っているが、普遍性を満たさないものが多くあるため地球公共財の性格を持つものはあまりない。

健康を地球公共財とみる1つの根拠は、健康リスクとそれへの対処が地球的になっていることである。感染性の病気が世界に蔓延していることも、この一因になっている。すなわち、グローバリゼーションは、ライフスタイルと栄養に関連した病気を世界に拡散している。例えば、世界的なタバコ会社の広告によって、喫煙者は発展途上国で年間2．5％増加しており、2025（平成37）年には喫煙関連の死亡者数の85％が中低所得の発展途上国で発生すると予想されている。また、地球共通資源である水と大気に対する人口圧力、地球温暖化等に代表される環境の変化は、長期的に健康に対するリスクを生み、すべての者はこの結果から完全には逃れることはできない。このため、地球の環境変化をコントロールすることにより、すべての者がは利益を得る場合がある。

しかし、健康が普遍的な目標であり健康リスクを減らすために全地球的対応が必要としても、健康を改善するすべての手法が地球的公共財であるということはできない。すべての病気は国境を越えて拡散するわけではなく、高所得国ではワクチンの使用や生活状態を変えることにより病気を防止できるし、また栄養状態がよいため症状を軽くすることができる。また世界では、天然痘・小児麻痺・レプラのように病気を撲滅したり封じ込めた事例もあるが、①天然痘では家畜の感染がなくなったことが人間への感染をなくしている、②レプラはもともと感染率が低い等の特殊事情があり、他の病気が容易に撲滅できるとは一般化できない。

3. 現存する公的機関と民間機関の不適切性

公共財の特性は、供給側の特性にも関係している。供給は集合的に行われる。しかし、フリーライド（他者の資金提供に「ただ乗り」する）と囚人のディレンマ（相互の行動についての情報交換の欠如）は相互の協力を阻害することにより、最適均衡・最適供給量に結びつかない。

国家レベルで見て、国家は通常公共財の供給に主たる役割を果たす。医学研究では、予算支出と政府規制により供給を管理する。高所得国には通常研究協議組織があり、これが基礎医学研究の資金配分等を行う。この基礎研究の結果貧困国に役立つ成果が生まれることもあるが、研究協議組織は基本的には国際目的ではなく国家目的に沿って資金配分を行う。またこの資金配分に当たり、企業や団体が政治活動を行うことにより純粋に科学的目的ではなく、個別企業等の少数者の利益追求を目的とする場合も多く見られる。このため政府資金による研究開発は、民間資金よりも収益率が悪いという分析もある。

政府規制は、発見者･発明者が発明等の成果を独占することを保証するため、特許権・著作権制度を整備することにより行われる。研究成果が他者により直ちに利用される場合には、研究・革新意欲は衰える。特許権には、成果が広く利用されずまた成果を組み込んだ製品が十分生産されない等の経済性の不効率を生むという問題があるが、技術革新のインセンティブを生む制度であるといえる。医学の分野では、特許権の存在により医学研究産業（製薬会社等）が新商品開発の費用を回収できる。また同時に製薬会社は、消費者余剰が大きな場合には価格をつり上げ、また政府部門が購入者である場合には価格を引き下げることにより、独占供給者として差別的に振舞うこともできる。すなわち、欧米の医薬産業は特許制度があるため革新を続けることができたが、特許制度は「ゾロ新」研究（“me-to” research：すなわち、まったく同じ医薬品を発明すると特許法違反になるので、似た医薬品を発明する）を奨励することになり、このため医薬品開発のうち60%は4年以内で他社に真似されるとの推計もある。このゾロ新医薬品は貴重なる人的能力と資金が既存の研究に投入されて、独創的研究（「ピカ新」研究）をするインセンティブを減らすためにあまり望ましくはないといえる。

特許制度の重要性は、新薬開発の経済性に現れる。新薬開発に必要な期間は、1960（昭和35）年代における8年から1990（平成2）年代には15年に長期化した。また医薬業界の推計によると、新薬開発した件数のうち3割しか研究開発費を回収できないため、儲かった新薬から次の新薬の研究費がまかなわれる。まったく新しい新薬開発には1件当たり6億米ドル程度かかるが、限界費用（追加生産費用）は小さいため特許権で保護する意味は大きい。この結果、特許権の期間が満了すると同種の新薬が現れ、価格が急低下することが多い。

貧困国は自国の病気に対応する医学研究をする資金がなく、また医薬産業が医薬品を開発して供給するのには市場や購買力が小さい。このように貧困国は少量の購入者しかなく、また医薬業界に競争促進させる機会が少ないので、実際には高い医薬品の特許料を支払うことになる。また開発力を持つ国内独自の医薬産業を持つ発展途上国は少ない（タイ・ブラジル等がある程度である）。貧困国に特有の健康問題解決を図る医学研究を行うため、国際的な資金提供（WHOの熱帯病研究計画、EU等）が行われているが、先進国の国家予算と比べれば資金規模が小さい。

先進国では民間大企業の支出や公的資金の配分により、大規模の研究開発費が医療問題のために使われている。先進国における医薬品市場の大きさは、アメリカ（1,000億米ドル）、欧州（700億米ドル）、日本（550億米ドル）程度であり、中低所得国合計（440億米ドル）よりもはるかに大きい。先進国では高所得のAIDS患者に影響されて、AIDS予防薬（ワクチン）開発の約7倍にもなる資金がAIDS治療薬の開発のために投入されている。また1975（昭和50）～1997（平成9）年で許可された1,233の医薬品のうち、熱帯病用の医薬品は13しかなかった。WHOの発表によると、1992（平成4）年の世界における医療研究開発費総額は560億米ドルであり、うち50%が政府資金、44%が民間資金、6%が民間非営利資金である。これらのうち、中低所得国に蔓延する病気に関係する資金は4%であり、またこれらの中低所得国で購入可能な安価な医薬品の研究開発は2%である。医薬品開発が富裕国市場の富裕患者に影響されることはインドにおける研究所も指摘しており、これによると研究開発費のうち16%しか熱帯病対策を目標とせず、また第1位・第2位の製薬企業は金持ちや高齢者に密接に関係する病気（心臓血液病・糖尿病・癌）に研究の焦点を絞っている 。

また1995（平成7）年におけるTRIPS（Trade Related Aspects of Intelectural Property Rights）協定は、特許権保護に関する新天地を開拓した。すなわち、これまで多くの発展途上国は医薬品の特許権を認めておらず、また強力な国内医薬産業が存在する発展途上国もあり（インド・ブラジル・タイ等）、これらの国はReverse Engineeringにより新規特許医薬品を安く製造・販売していた。TRIPS協定は、製品特許と生産特許を保護し医薬品に対しては20年間の特許保護を認めるものであり、特許保護に伴い先進国（企業）と発展途上国との間のコストと利益をどう配分するかで大きな議論が巻き起こった。しかし、現実を土台とした問題の本質は、研究開発が貧困国の病気に対して十分に促進される必要があるのに、実態は研究開発が貧困国の市場規模の小ささと貧困者による医薬品の購入可能性が小さいことに関係していることである。

貧困国の国民が、医学研究の成果である医薬品を入手する方法は極めて限られている。医療を受けられない者は、世界的にみて、HIV／AIDSの感染者で95%、結核で45%であり、またサハラ以南アフリカでは60%の人口が基礎的な免疫を受けていない。発展途上国では医療保険等の公的関与が弱いため、国民の疾病対策に対する需要は小さい。医薬品は民間市場で購入されるため外部経済性が発揮できず、また市場の失敗を補完するために公共財を供給するための公的資金は非常に限られている。発展途上国のためにUNICEFはワクチンを大量購入しているが、UNICEFの購買力は強すぎるためにワクチン価格は乱高下し、このため民間ワクチンメーカーは製造中止・研究開発中止に追い込まれる。また発展途上国が必要とする既存医薬品のほとんどは、特許期間が切れたものである。したがって特許制度は基本的には問題の中心にはならないはずであるが、製薬会社は今後の研究開発推進目的や企業としての利益拡大目的のためにこの既存医薬品をつくりたがらないという問題がある。またマラリア等において耐性菌が生まれた結果既存の安価な薬品は効果がなくなり、耐性菌に効く新薬は特許期間内にあるため高価であるという問題がある。今まで放置していた病気に対して新薬を開発する努力は行われているが、その価格が安くならないという問題もある。またHIV／AIDS治療薬は最近開発され特許権がついているが、アフリカの貧困者がAIDSの治療を必要とするため、民間企業が特許権を放棄しまたは公的機関が買い取って汎用医薬化すべきではないかという問題もある。特許権保護のある医薬と特許権の切れた汎用医薬の価格差は大きく、ある抗生物資の1カ月投与額はマレーシアでは209米ドルだが、汎用医薬になっているインドでは50米ドルである。また既感染・未発症AIDSに対するある医薬品は、南ア連邦では200mgカプセルが9.34米ドルであるが、タイでは300mgカプセルが0.6米ドルである。また特許権保護を認めていない国における製薬業者が、特許権保護を認めている国における保護された医薬品と同じものを製造して国際市場に販売しているという問題もある。

この関係でTRIPSが段階的に適用されることにより、1994（平成6）年以降特許権を付与された医薬品については汎用医薬化の時期を遅らせることとなった。この結果全体として医薬品価格が平均30～200％に上昇することになる。また強制特許や並行輸入等により医薬品へのアクセス改善を図ることもTRIPSで規定された。このためには各国が国内法や規則で規定する必要があるが、世界的医薬企業が強制特許や並行輸入を許可した南ア連邦の政府を裁判に訴えたことからも分かるように問題は複雑である。また強制特許は国内生産能力のない国では実行不可能であり、安い汎用医薬を生産・利用しようとする国にとってTRIPSは問題を複雑化した。

健康を地球的公共財と見ることは、貧困国における特定の疾病問題を明るみに出したが、貧困国において疾病問題に取り組む優先順位づけや病気管理の目標設定をすべきことについての問題が発生した。あるNGOは、出血性インフルエンザ・ワクチンや肝炎ワクチン等の低利用ワクチンの利用度向上を優先すべきと考えた。しかし、多くの貧困国では麻疹等の旧来型ワクチンの用意をまず十分行う必要があり、貧困国にとって優先度の低いこれらのワクチンを導入するために人的資源を向けるリスクを取れなかった。さらに出血性インフルエンザについて、優先度が高いという疫学的な証明はできなかった。最近の小児麻痺撲滅運動において、他の病気を含めてどの病気を国際運動として取り上げ、また資金分担のあり方について問題となった。国際会議では多くの国が議論したが、貧困国にとっては他の重要優先目標が軽視される結果となり、また小児麻痺撲滅運動の持続がひいては他の重要優先目標の達成にとっても利益を与えるという見通しは実現しない懸念が残った。これらの地球的公共財を生産するため、発展途上国は相応以上の資金負担（経費の3分の2）をし、高所得国は資金提供をあまりせずただ乗りしているとの分析がある。この場合、地球的公共財は普遍的便益を生むが、それを生産するための資金負担が適正に行われることを保障する制度的枠組みが欠けていることを意味している。

4. 公的機関の役割

医学研究は豊かな人のみならず貧しい人の医療需要にも応えるという意味で地球公共財であるため、これの生産のためには資金提供と規制に関する特別の制度が必要である。現実には、1990（平成2）年代半ばに熱帯病研究の資金不足がWHOで問題視され、国際行動の必要性が注目され医学研究地球フォーラム（調整機関）が創設された。また新薬・診断・ワクチンの開発、普及、販売はそれぞれそれぞれ重要だが、現実の世界ではそれぞれ相互関連して分離できない。すなわち、貧困国で医学の研究開発が遅れている基本的原因は、医薬品市場が小さいからであり、このため普及・販売分野まで含めて医薬問題や医療問題にも同時に取り組む必要がある。医学の研究開発を促進するためには、供給者側の要因と需要者側の要因がある。

第1に供給側の要因としては、新薬開発する際のコストを削減することが挙げられ、公的研究開発を行う公的・準公的資金を増加させることも選択の1つである。最近ではマラリア研究のための公的機関や公的基金の資金提供の例があり、特に基礎研究や大規模治験が必要な場合に公的資金は重要な役割を果たす。その際基礎研究は別として、最終医薬製品の開発をめざして研究を目的指向的に行う場合、民間では研究プロジェクトを定期的に評価する等により商業的成果を上げるために効率的な研究を行う強い圧力が働くが、公的研究機関がよい判断をするとは限らない。このため最近では、官民が資金と経験を持ち寄って協力する例が生まれている。この場合、民間資金や民間の経験を追加的に導入する呼び水として公的資金が使われる。公的資金は、従来とは異なり資金供与決定に際して柔軟であり、民間研究に対して資金提供ができるようになった。また医薬品の発見・開発・商業化に対するリスクを低減するため、公的資金を使うこともある。この場合特許権の所有は官民共同組織に属することとなり、医薬品価格を下げるインセンティブが働く。この官民共同組織の実例は、国際AIDSワクチン協会、結核医薬開発地球同盟、マラリア医薬ベンチャー等がある。民間基金の資金提供により、これらの官民共同組織の設立が促進された。これまで無視された病気に対する研究開発について、政府が減税措置を講ずれば開発コストのリスクをある程度減らせる。イギリス政府は2001(平成13)年、HIV／AIDS・結核・マラリアの研究開発促進のために税制インセンティブを含む措置を発表した。

第2に需要側の要因としては、生産者に対して報酬を与え、市場を創造または保証し、研究開発のリスクを低減し、投資収益を改善するために、一定の需要規模を保証することが挙げられる。最近議論になっているのは、購入約束(「賞金基金」ともいう）であり、特定の基準に合う医薬品・ワクチンを一定量買うことを約束するものである。これは、発展途上国における医薬品・ワクチンの支払に必要な資金不足に対処し、併せて国際協力によっていったん開発された特定医薬品等が入手できない不確実性に対処するものである。医薬業界における見通しとしては、1医薬品の市場規模は最低2.5億米ドル必要である。また医薬・ワクチンの開発期間が長いことを考えれば、この市場規模見通しは信用性がありまた将来も変化しない必要がある。最近における地球規模の基金を創出する計画書の中には、事前購入約束をする条項が含まれるものがある。この約束は新薬開発を促す最も費用効果的な手段である。購入約束額は、企業が開発費用を回収できる、開発の失敗リスクを保障できる、1回診療当たり最高価格を予め設定する等の前提条件を満たす必要がある。また新薬品の特許権の購入を約束することも考えられる。この考えは、①対価の適正水準はどれかということは判定困難だがいずれも発明者に適切な補償を与えることであり、②他方新薬の知見を公開しこれにより新薬生産を競争的にして価格を低下させるという発想に基づく。

また研究開発費そのものを減税対象にするのではなく、年間100万人以上が死亡する伝染病のワクチンの販売額に対して減税し、その場合減税対象者を非営利団体または国際機関に限定する考えもある。すなわち、生産ではなく販売に対する減税である。販売減税は、適切なワクチンが開発され、優先すべき人に渡される目的で販売される場合であって、その販売時点に着目して適用されることにより販売と密接に関係つけられる結果、非営利団体等に対する資金提供が促進される。

研究開発の促進とは異なり医薬品の購入しやすさを促進することは、多段階にわたる価格決定方法と関係づけられてきた。すなわち、共同研究開発の費用負担を支払能力に関連づけるものである。貧困国は限界費用だけの低費用の負担にし、富裕国は投資費用も負担する等である。抗輸血随伴病（AIDS）医薬の入手に関する議論は、この費用負担方法を選択することに注目を集めさせた。いくつかの医薬会社は、AIDS医薬を特定の発展途上国に販売する際に、利益率を上乗せしないで生産コストだけで販売するものもあった。多段階にわたる価格決定方法は富裕国と貧困国が併存する場合にのみ可能であり、貧困国だけに関係する病気に対する医薬品の購入しやすさを高めることにはならない。さらに、①貧困国から富裕国へ再販売されるのをどう防止するか、②貧困国内の高所得者までこの制度を適用するかという問題もある。また限界費用による医薬品価格でも購入できない貧困者がいるので、医薬品の限界費用を負担する国際援助が別途必要である。

さらに、医薬品製造会社が医薬品を無償供与する考えもあり得る。オンコセルカ療法のためMerck社の無償供与が実現したため注目された。しかしこれは、①Merck社は既に家畜用医薬として販売して膨大な利益を上げていた、②この医薬品の用途は極めて限定されていた、③1年間に1回だけ服用すればよい等の極めて例外的な特徴があった。またマラリア療法のための医薬をGlaxo-Wellcome社が無償供与した場合には、①受取国だけの使用方法に限定し、②医薬品が民間部門に漏出しないようにしたため、医薬品を病人に届けることが実際上困難になった。いずれにせよ無償供与は数量的にわずかなものである。

これまで無視されてきた病気に対して、研究開発をして医薬品・診断薬・ワクチンを入手し安くしようとするときにぶつかる困難な問題は、医薬品等の種類が極めて広範囲にまたがっていることが挙げられる。富裕国・貧困国双方にまたがる膨大な市場規模を持つ医薬品がある場合には、富裕国だけの市場の大きさを持つだけでも技術革新を刺激して多段階価格決定方法を採用できる。他方、貧困国にしか発生しない病気に対する医薬品や、貧困国にしか市場が存在しない医薬品がある。例えば、マラリアの伝染防止ワクチン（本人への感染を防止できないが他者への伝染を防止できるワクチン）や部分的な保護ワクチン（富裕国から来た旅行者を保護しないが貧困国の公衆衛生には価値があるワクチン）等がある。

以上まとめると、「ゾロ新」は貧困国における医療の緊急性を考えると社会的優先度が低く貢献度が小さいため民間市場に任せればよく、また貧困国も含めて世界的に広く購入されている安価な医薬品も民間市場に任せればよい。他方、マラリア医薬品・AIDSワクチンは、民間市場に任せる部分と政府等による何らかの制度的枠組みが必要な部分の双方が必要である。これらは各国においてある程度の大きさの市場があるため、民間企業が研究開発を行うものの、他方では医薬品の特性・価格・住民の入手可能性等を考えると何らかの公共の介入が必要である。また特に国際的取り組みが必要な分野は、①伝染防止（感染防止ではない）用のマラリア・ワクチン、②耐性菌発生を防ぎ遅らせるための取組み、③医薬品投与の組み合わせや投与順序の検討等である。これを実現する国際枠組みをつくることは、地球公共財に対処する好例であり、公共の果たすべき役割である。

第3節　貧困問題

1. 貧困問題の多面的性格

貧困問題は多面的な性格を持っており、①基礎的ニーズ（衣食）を満たせない、②経済資源に対する管理ができない、③教育・職業能力が蓄積できない、④健康状態が悪い、⑤栄養状態が不良である、⑥住宅がない、⑦水道普及・衛生が悪い、⑧外部のショックに対する抵抗性がない、⑧暴力・犯罪が蔓延している、⑩政治的自由や意見反映が保証されない等の要因が複合的に貧困の原因および結果となっており、またいったん貧困に陥った場合には、これらの経済・社会・政治における多面的な生活の質の悪化が発生する。したがって貧困の実態を把握するためには、多面的に多くの経済社会指標を見なければならず、これはOECDや国連組織が国際開発目標（International Development Goals）を設定した場合に多くの指標を判定基準にしたことからも分かる。また実際に貧困者からアンケートを取ると、貧困者の窮状の状態は驚くほど一致しており、かつ貧困者は最近において貧困の状態が悪化したと感じている。これは先進国における貧困者でも発展途上国における貧困者でも同じである。貧困の原因はほぼ同一であり、①国民大衆に役立つ商品を供給することにより利益を上げようという市場経済の基本を支える企業家が十分育っていない、②政府の活動が国民大衆の社会や生活の改善に貢献する目的で行われず、政治家や政府職員（退職者を含む）の生活を支える目的で行われる、③また成熟し既得権化した既存の企業家・政治家・官僚に代わり、一般国民が市場活動や政府活動に参加して努力する気持ちを失っている等が挙げられる。経済発展が不十分である発展途上国では共通してこれらの問題が見られるが、先進国といえども企業家が生まれなくなると経済水準は高いもののそれ以上の経済成長を不可能となりいつまでも経済停滞が長引く可能性があり、今日の日本等はそのよい例である。

貧困削減対策について、東アジア等ごく一部の発展途上国では成功しているものの、世界全体を大局的に見ると貧困者数はあまり減っていない。また多くの貧困者は、貧困の程度が増加し、経済機会が減少し、過去よりも生活リスクが増大したと感じている。特にこれまで見過ごされてきたが、貧困者の心理的側面と貧困による生活圧迫度を見ると、非常に厳しいものとなっている。国際開発目標を見ても、健康・教育については一貫して改善しているものの、他の分野では必ずしも改善しているとはいえない。また所得水準で見た貧困者は、非貧困者と比べればすべての分野で相対的に悪化の度を強めている。貧困者の政府に対する評価は、政府の貧困対策が重要であると考えても、政府組織に対してはこれまでと同様に否定的な経験をしたことがあるとの評価が多い。すなわち、①汚職、②態度が粗雑、③医療・福祉の分野ではサービスの質が悪い等が常態になっている。しかし貧困者は、政府の政策は必要であり貧困者の生活にとって重要であると考えている。また貧困者は、①NGOの関与は国によって様々であるがNGOが活動している場合には概ね評価しており、②貧困者自身が組織する地域のネットワーク等は一番頼りがいがあると考えている。なお、性の差別問題と密接に関係する経済社会的な背景は流動的に変化しているが、まだ性の差別と貧困問題とは深い関係があり、貧困家庭や貧困社会では女性に対する暴力がしばしばある。

2. 経済的貧困（所得）

世界的に見ると、極貧層は1990（平成2）年代を通じてあまり減っていない。すなわち、発展途上国の基準から見ても極貧状態といえる、1人1日1米ドル以下で生活している人の数は1987（昭和62）年と1998（平成10）年とほぼ同じであって減っていないが、この間人口総数が増加しているため、総人口に占める極貧層人口の割合は28%から23%に低下している。

発展途上国における絶対的貧困の基準は、1人1日2米ドル以下の生活となる。この1人1日2米ドル以下で生活している貧困者人口数（1人1日1米ドル以下で生活している極貧者と1～2米ドルで生活している貧困者の合計人口数）の総人口に占める割合は、極貧層の動向と同じく、1990（平成2）年代で

第 50 表　極貧層（1 日 1 米ドル以下の所得者）の人口数

	調査人口の全人口比率(%)	1 日 1 米ドル以下の人口（百万人）			総人口に占める極貧人口比率（%）		
		1987 年	1990 年	1998 年	1987 年	1990 年	1998 年
アジア太平洋	90.8	417.5	452.4	267.1	26.6	27.6	14.7
アジア太平洋（除中国）	71.1	114.1	92.0	53.7	23.9	18.5	9.4
東欧・中央アジア	81.7	1.1	7.1	17.6	0.2	1.6	3.7
ラテンアメリカ	88.0	63.7	73.8	60.7	15.3	16.8	12.1
中東・北アフリカ	52.5	9.3	5.7	6.0	4.3	2.4	2.1
南アジア	97.9	474.4	495.1	521.8	44.9	44.0	40.0
サハラ以南アフリカ	72.9	217.2	242.3	301.6	46.6	47.7	48.1
合計	88.1	1,183.2	1,276.4	1,174.9	28.3	29.0	23.4
合計（除中国）	84.2	879.8	915.9	961.4	28.5	28.1	25.6

（出所）世界銀行資料。

第 51 表　貧困層（1 日 2 米ドル以下所得者）の人口数

	調査人口と全人口（%）	1 日 2 米ドル以下の人口（百万人）			総人口に占める貧困人口比率（%）		
		1987 年	1990 年	1998 年	1987 年	1990 年	1998 年
アジア太平洋	90.8	1,052.3	1,084.4	884.9	67.0	66.1	48.7
アジア太平洋（除中国）	71.1	299.9	284.9	252.1	62.9	57.3	44.3
東欧・中央アジア	81.7	16.3	43.8	98.2	3.6	9.6	20.7
ラテンアメリカ	88.0	147.6	167.2	159.0	35.5	38.1	31.7
中東・北アフリカ	52.5	65.1	58.7	85.4	30.0	24.8	29.9
南アジア	97.9	911.0	976.0	1,094.6	86.3	86.8	83.9
サハラ以南アフリカ	72.9	356.6	388.2	489.3	76.5	76.4	78.0
合計	88.1	2,549.0	2,718.4	2,811.5	61.0	61.7	56.1
合計（除中国）	84.2	1,796.6	1,918.8	2,178.7	58.2	58.8	57.9

（出所）世界銀行資料。

は人口数では横ばいであるが人口割合（%）では低下している。

一般的にいって、高度成長を遂げた国で貧困率は低下し、停滞または成長率がマイナスの国で貧困率は上昇しているといえる。1990（平成 2）年代における極貧層の減少は、人口大国における高度成長により達成できた。中国は 1990（平成 2）年代初めにおいて世界の極貧人口の 4 分の 1 を占めたが、1990（平成2）年代を通じて年9%の高度成長を実現したので、1998（平成10）年においては世界の極貧人口の5分の1以下を占めるまでになり改善した。しかし極貧人口数は、貧困国大国（中国・インド・バングラデシュ・ナイジェリア等）における経済成長がまだ一部の者しか及ばず、かつ所得格差が拡大したために、あまり減少しなかったと理解できる。

貧困についての地域別の動向は以下のとおりである。

第1は、東アジア・太平洋である。1990（平成2）年代において中国の貧困層は減少したが、農村・都市間の格差は残った。これは農村では農産物価格の低迷や非農業就業の機会減少により成長率が低かったためであり、これが貧困層の減少に歯止めをかけた。また1997（平成9）年におけるアジアの通貨危機によりインドネシアの貧困者数は増加に転じ、1999（平成11）年の貧困者数は1997（平成9）年の2倍になったが、その後は米価下落・実質賃金の回復とともに貧困者数は減少している。韓国は経済停滞・不良債権問題等により、貧困率は1987（昭和62）年の8.6%から1990（平成2）年には23%に上昇し、1998（平成10）年には15.7%になった。タイにおいては、都市中間層が通貨危機の影響を受けて一部は貧困化した。ベトナムでは国家の定めた貧困線による貧困基準によると1993（平成5）年の貧困者は58%であったが、1998（平成10）年には37%に低下した。この原因は、農業の多様化と経済成長である。他方少数民族の貧困者は1993（平成5）年の86%から1998（平成10）年の75%とあまり減らず、また15歳以下の子供の貧困率も同じ期間で66%から47%となりやや改善した。カンボジアの貧困率は1993（平成5）年の39%から1997（平成9）年の36%とあまり減らず、この原因は農村貧困者が減らなかったからである。

第2は、南アジアである。1990（平成2）年代の貧困率は緩慢に下がったが、貧困者数は増加した。この理由は、農業生産が増大しなかったため農村貧困率があまり減らなかったからである。都市貧困率の下落は農村貧困率下落の2倍の速さであり、貧困減少に大きく寄与したと計算されている。しかしインドにおける国民経済計算の民間消費の増加率は、家計調査の家計支出の増加率よりも3倍も高いので統計の信頼性に問題がある。他方、人間開発指標は改善が著しいので、貧困の減少は相当進んでいる可能性がある。バングラデシュは経済成長が順調だったため、1980（昭和 55）年代と異なり 1990（平成 2）年代には貧困が相当減った。農村では小作農が多いため失業率が高く賃金が低いが、都市は経済成長により貧困が減少した。パキスタンは 1990（平成 2）年代の経済成長率が低く人的能力開発も進まないため貧困削減は進まず、スリランカは経済成長があったのにもかかわらず貧困削減は進まなかった。

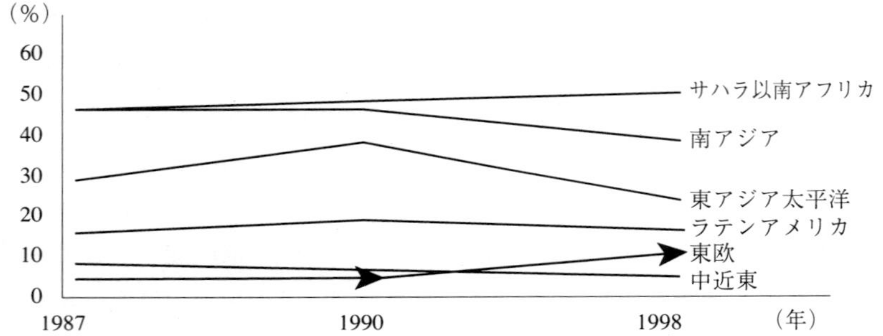

第 17 図　1 日 1 米ドル以下人口の全体人口に占める比率の推移

第 3 は、サハラ以南アフリカである。1990（平成 2）年代を通して貧困率・貧困者数とも高まり、このため 1 日 1 米ドル以下の極貧者比率が最も高い地域にとどまった。サハラ以南アフリカにおける貧困者の 4 分の 1 を抱えるナイジェリアは、1985（昭和 60）～ 1992（平成 4）年改革の頓挫により極貧層は急増し、国の貧困基準による貧困者は 7,000 万人（総人口の 66%）に増大した。また農村地域から都市地域への大量移民のため都市貧困者層は急増し、この結果都市と農村の貧困率は概ね同率になった。サハラ以南アフリカにおいて人口数が 2 番目に大きくまた貧困率が最も高い国の 1 つであるエチオピアは、1990（平成 2）年代初めに内乱が収まり改革が実施に移されて経済成長が 20 年ぶりに高まったため、農村貧困率は改善した。農産物価格の自由化の利益は広まり、農家所得を増加させた。これに比べ、都市の貧困は減らなかった。すなわち、内乱により人口の都市移動が発生し、経済改革・農産物価格自由化のため都市の物価は上昇し、加えて行政改革により都市の政府サービス就業者が減少したため、都市内の格差は拡大した。ブルキナファソ・ガーナ・ザンビアにおいては、1990（平成2）年代において農村の貧困者は減少したが、都市の貧困者は増加した。アフリカにおける最大の問題は、内乱・戦争による人々の安全保障の問題である。特に貧困者は内乱・紛争により自分と子供の生命がどうなるか心配している。さらに天候の不安定も貧困を生み、多くの貧困者は次回の収穫期までに食糧の貯蔵がなくなることをおそれる。さらに失業対策事業等のセーフティーネットがないことが、事態を深刻にする。アフリカの貧困における最近の変化は、2極化である。①社会規律の維持・政治的開放・健全な経済管理が行き届く国では経済成長が高く貧困が減少し（象牙海岸・ガーナ・モリタニア・タンザニア）、②社会の混乱・国家や組織の崩壊が見られる国では貧困が顕著となる（ブルンデイ・ルワンダ・シエラレオネ・ソマリア・スーダン）。その中間にある国（カメルーン・チャド・ケニア）と貧困が顕著になった国に対しては、直ちに国際協力を強めて人々の生活水準を維持する必要がある。

第4は、ラテンアメリカとカリブ海諸国であり、1990（平成2）年代において貧困者数と貧困率は減少した。ブラジルでは経済安定化計画の成功に伴い成長が高まりインフレが収束したため、貧困者は減少した。大都市地域の雇用調査によると、1997（平成9）～1999（平成11）年の経済危機に伴い貧困者数は増大し、また成長が回復した1999（平成11）年後半貧困が減少したことから分かるように、貧困は経済動向に伴い大きく変動する。教育就学年数が十分でないことは、貧困者が経済成長に伴い発生した機会を十分利用できなくさせ、所得格差と貧困を持続させている。またブラジルの貧困者の60％は北東部（アマゾン未開地）にいる。アルゼンチンの国家基準による貧困者の比率は、1990（平成2）年に40％、1994（平成6）年に22％に下落した後、上昇に転じている。経済成長の成果は熟練労働者や高等教育を受けた者に多く配分され貧困者には配分されなかったため、所得分配の格差は拡大した。さらに失業が増加し、失業率は貧困者や極貧者で高かった。貧困者は原住民に多い。ニカラグアはラテンアメリカの中での最貧国の1つである。貧困率は1993（平成5）年の50％から1998（平成10）年には48％に下がったものの、人口増加があったため貧困者数は20万人増加した。地域内において、メキシコ・ブラジルは1980（昭和55）年代後半所得格差が拡大したが、それ以降格差拡大は止まった。しかし、チリ・パラグアイは1990（平成2）年代に入っても格差拡大は続いた。コロンビア・エクアドル・ウルガイ・ベネズエラの格差はあまり縮小しなかったが、ボリ・ホンジュラス・ドミニカの格差は縮小した。

これらの地域では所得額でみた貧困者数は減少しなかったが、社会指標、すなわち成人識字率・平均寿命・水道普及率・乳児死亡率は、世界平均でみた経済水準に見合う社会水準を達成した。しかし、所得格差が強く残り貧困者の経済的余裕がないため、中等教育就学率は世界平均の経済水準と比べて低い。特にアルゼンチンの5分位でみた最低所得層では1992（平成4）年から1997（平成9）年の中等教育就学率は下降している。多くのラテンアメリカ諸国を襲ったマクロ経済へのショックは貧困状態を悪化させており、1995（平成7）年のメキシコにおけるテキラ危機は貧困者を7%増加させた。

第5は東中欧であり、貧困状態は1990（平成2）年代に大きく変化したる。ロシアにおける中央計画制度の崩壊は、生産の大幅減少と物価の急騰を招き、国内基準による貧困者率は社会主義時代の11%から1996（平成8）年には43%に上昇し、1998（平成10）年の金融危機時にはさらに上昇したものとみられる。この移行過程において格差は急上昇し､消費支出のジニ係数は1988(昭和63）年の0.24から1998（平成10）年には0.49になった。連邦国家から独立国家へ移行する際の財政権限委譲のまずさも加わり、後進地域は貧困者を救済する財源が不十分であったことも加わって貧困と格差拡大を深刻化させた。モルドバは1998（平成10）年の金融危機において最も悪影響を受け、その後今日においても欧州の最貧国の1つにとどまっている。国家基準による貧困率は1997（平成9）年の35%から1998（平成10）年には46%になった。格差拡大も顕著になり、ジニ係数は1987（昭和62）年の0.24から1997（平成9）年には0.40になった。キルギス共和国では貧困は農村問題であり、1997（平成9）年において80%の貧困者は農村に住んでおり、都市･農村格差は拡大している。また年金制度に問題がある結果、60歳以上の者が家族の筆頭者になっている高齢者家族の56%が貧困家族であり、他方30歳以下が筆頭者になっている家族の35%が貧困家族である。トルコでは1987（昭和62）～1994（平成6）年の期間で貧困者は減少したが、ジニ係数でみた所得格差はあまり縮小していない。また東中欧地域の多くの国では、経済成長率の高い国を含めて長期間貧困者の存在が他地域と比べれば顕著である。民族と貧困の関係をみると約700万～900万人いるといわれるジプシーが問題であり、ブルガリアでは国平均の貧困率36%と比べジプシーの貧困率は84%であり、またハンガリーではジプシー（ローマ）は総人口の5%しかいないが、長期貧困率は3分の1を占める。

第6は、中東・北アフリカである。1日1米ドル以下の貧困人口は最近減少しているものの、エジプト・モロッコ・イエメンの貧困悪化のため1日2米ドル以下の貧困人口は、総人口の25%から30%に上昇している。この地域の貧困削減と経済成長とは強い相関があり、過去における経済成長は貧困者を減らし、また最近における経済停滞は貧困者を増加させた。ただし、最近のチュニジアでは経済成長の貧困削減弾力性が低下しており、近年においては貧困削減を図るためにはより高成長を達成しなければならなくなった。

第52表　貧困者数の見通し（調査人口数）：%、百万人

	1日1米ドル以下		1日2米ドル以下		調査人口数
	総人口比	貧困者	総人口比	貧困者	
1990年	29.0	1,276	61.7	2,718	5,011
1998年	23.4	1,175	56.1	2,812	
2015年					6,185
① 1990年代と同じ成長率	18.7	1,157	47.5	2,938	
②低成長シナリオ	16.4	1,011	43.2	2,672	
③高成長シナリオ	12.6	777	36.7	2,272	

（出所）Global Economic Prospects and Developing Countries.

（注）調査人口は統計的根拠の明確な人口であり、1998（平成10）年の総人口数は推定もいれて約60億人いる。

3．社会的貧困（社会指標）

1990（平成 2）年代の経済的貧困は、東アジアでは改善したものの世界全体として見れば緩やかな改善しか達成されず不満足なものであったが、これに比べて社会的貧困の改善は世界全体として見れば概ね順調に進んだといえる。またより長期的に 1970（昭和 45）年以降の 30 年間を見ても社会指標は概ね改善しており、1990（平成 2）年代になっても乳児死亡率・水道普及率・保健施設等の基礎的な指標はすべての地域の発展途上国において引き続き改善した。しかしまだ今日 1 億人の児童が就学していないし、また 20 カ国で妊婦の出産時死亡率が 1%もある。また地域的にアフリカでは 1990（平成 2）年代に所得が減少しただけでなく、社会環境も大幅に悪化した。AIDS は平均寿命を引き下げ、乳幼児死亡率を高めた（特にボツワナ・ジンバブエ・南ア連邦・レソト）。この地域はまた就学率も下落している。このまま推移すれば、サハラ以南アフリカにおけるすべての国は、2015（平成 27）年を目標年とする国際開発目標のうち最も基礎的な健康と教育の目標すら達成できないことになる。また国際開発目標は 1 国の平均値であるが、健康と教育は国内における個人や地域の経済状況によって著しく変動がある。貧困者の死亡率は平均より高く、就学率は平均より低い。したがって、貧困者におけるこの基礎的な健康・医療目標を集中的に改善する努力が必要である。最近における社会指標の動向から見た社会環境の実態は以下のとおりである。

第 1 は、人口である。人口増加と貧困の関係は複雑であるが、多産は貧困の原因であるよりもむしろ貧困の症状であるといえる。人口増加見通しをまとめると、以下の特徴がある。

① 1999（平成 11）年の世界人口は 60 億人を超え、2014（平成 26）年には 70 億人に増加すると予測されるが、今後の人口増加率はこれまでの実績と比べれば相当小さくなる。

②この今後 15 年間における 10 億人の人口増加は、南アジアで 3 億人、サハラ以南アフリカで 2.4 億人、東アジア・太平洋で 2.2 億人発生する。

③現時点の人口の半分（27 億人）は都市に住むが、2030（平成 42）年の都市人口は 51 億人になると見通され、その増加数 24 億人の 98％は発展途上国の都市人口であると予測できる。生活や福祉水準の同一都市内での格差は現在でも大幅であり、サンパウロ（ブラジル）・アクラ（ガーナ）の最貧困地域における伝染病死亡率は、最優良地域の 2 倍は高い。この都市内格差拡大の傾向が、今後強まるおそれがある。

第 2 は、健康である。まず発展途上国の平均寿命は、1970（昭和 45）年の 55 歳から 1999（平成 11）年には 64 歳に上昇したが、先進国である OECD 平均（1999（平成 11）年で 78 歳）から比べるとまだ低い。1990（平成 2）年と 1999（平成 11）年と比べると 38 カ国で寿命が短くなっており、このうち 5 カ国で 5 歳以上も短くなっている 。AIDS 蔓延が原因である。

乳幼児死亡率と母親出産時死亡率は、1990（平成 2）年から 1999（平成 11）年においてすべての地域で改善した。しかし、発展途上国で過去 10 年間に乳幼児死亡率が 11％しか低下しなかったことは、国際開発目標達成の観点から見て改善が遅すぎる。1990（平成 2）年代において乳幼児死亡率が悪化した国では、北朝鮮が 4.4％から 5.8％へ、ケニヤが 6.2％から 7.6％へ、ジンバブエが 5.2％から 7.0％へ上昇し、内乱・飢餓等の社会環境が極めて悪化したことを反映している。

また 1970（昭和 45）～ 1999（平成 11）年における乳幼児死亡率は、OECD では 2.0％から 0.6％に下落し、また発展途上国では 8.6％から 5.3％に下落しただけなので、相対的な格差は拡大したといえる。また発展途上国における 5 歳以下の児童死亡率について、2015（平成 27）年水準を 1990 年水準から 3 分の 2 減らすという国際目標から考えると、1999（平成 11）年時点で 30％下がる必要があるのに、実際には 6％しか下がっていないので不十分である。サハラ以南アフリカの児童死亡率は 1990（平成 2）年の 15.5％から 1999（平成 11）年には 16.1％にむしろ上昇した。この期間国別で見ても同様に 11 カ国が上昇し、北朝鮮は 3.5％から 9.3％へ、ナミビアは 8.4％から 10.8％に悪化した。

第53表　平均寿命（歳）

	1970年	1982年	1992年	1997年	1999年
アジア太平洋	59	66	68	69	69
東欧・中央アジア	–	68	69	69	69
ラテンアメリカ	61	65	68	70	70
中東・北アフリカ	53	60	65	67	68
南アジア	49	55	60	62	63
サハラ以南アフリカ	44	48	50	49	47
発展途上国平均	55	61	64	65	64
OECD諸国	71	75	77	78	78

（出所）世界銀行資料。

第54表　乳幼児死亡率と5歳以下児童死亡率（1,000人当たり）：人

	乳幼児死亡率（新生児1,000人当たり）					5歳以下児童死亡率（1,000人当たり）				
年	1970	1980	1990	1997	1999	1970	1980	1990	1997	1999
アジア太平洋	78	40	42	37	35	126	82	55	47	44
東欧・中央アジア	41	28	28	23	21	-	-	34	29	26
ラテンアメリカ	84	41	38	32	30	123	80	49	41	38
中東・北アフリカ	134	60	59	47	44	200	136	71	58	56
南アジア	139	87	85	76	74	209	180	121	104	99
サハラ以南アフリカ	137	101	100	94	92	222	189	155	159	161
発展途上国平均	107	66	66	60	59	167	135	91	87	85
OECD諸国	20	8	7	6	6	26	14	9	6	6

（出所）世界銀行資料。

第55表　母親の出産時死亡の高い20カ国（1990年、10万回生存出産当たりの死亡者数）：人

国　名	母親の出産時死亡	国　名	母親の出産時死亡
ルワンダ	2,300	ギニア	1,200
シエラレオネ	2,100	象牙海岸	1,200
ブルンヂ	1,900	セネガル	1,200
エチオピア	1,800	コンゴ共和国	1,100
チャド	1,500	ガンビア	1,100
スーダン	1,500	ハイチ	1,100
ブルキナ・ファソ	1,400	エリトリア	1,100
アンゴラ	1,300	ナイジェリア	1,100
ケニヤ	1,300	タンザニア	1,100
中央アフリカ共和国	1,200	ウガンダ	1,100

（出所）世界銀行資料。

第56表　所得5分位階層で見た5歳以下の発育不全の割合と所得の関係（%）

	身長不足			体重不足（年齢比較）			体重不足（身長比較）		
	平均	最貧困	最高所得	平均	最貧困	最高所得	平均	最貧困	最高所得
バングラデシュ	51	56	43	54	59	44	22	28	21
ブラジル	15	23	9	6	9	3	6	9	6
中国	28	38	14	13	21	6	4	6	2
象牙海岸	20	26	18	17	21	15	10	10	11
エジプト	17	20	16	11	10	10	5	4	6
ガーナ	31	38	25	26	32	19	5	6	3
グアテマラ	62	70	47	33	41	25	1	1	1
ガイアナ	12	15	6	19	25	8	8	7	3
インドネシア	46	54	35	40	46	33	10	14	11
モロッコ	28	39	15	15	23	6	8	12	5
ネパール	49	55	39	47	60	27	13	16	8
ニカラグア	15	24	9	8	15	4	3	7	0
パキスタン	42	46	31	43	48	35	25	28	22
ペルー	31	51	10	12	22	5	2	4	2
フィリピン	14	21	8	21	26	13	22	29	16
ルーマニア	24	25	20	7	9	6	5	6	4
ロシア	17	22	6	6	7	5	6	7	4
南ア連邦	26	39	12	18	24	11	10	10	8
ベトナム	53	60	38	41	48	29	6	4	7
ザンビア	37	60	37	22	29	14	6	6	6

（出所）Wagstaff and Watanabe：Socioeconomics Inequalities in Child Mainutrition in Developping World.

母親の出産時死亡について、2015（平成27）年の目標は1990（平成2）年と比べて4分の3低下させるものであり、国により異なるがあまり大きな改善は見られない。20カ国において、10万人出産する際に1,000人以上の母親が死亡している。

栄養不良も重要な健康問題である。19カ国の調査によると、軽体重（身長に比べて体重が軽い）、低身長（年齢にしては低身長である）、低体重（年齢にしては低体重である）で見た栄養不良の指標は所得水準により異なる。すなわち栄養状態は貧困者で悪化している。軽体重は貧困者と富裕者との間で比較的小さいが、この理由は栄養状態が悪いと身長不足と体重不足が同時に発生するためである。また貧困者と富裕者との間の栄養格差は国によって相当異なり、ペルーでは貧困者の低体重と低身長が富裕者の5倍高いが、エジプトでは差は小さい。これはペルーでは、国内の民族問題と貧困問題が関係しているからである。また栄養不良の状態が一般的に悪い国では貧富間の栄養格差が小さく（バングラデシュ等）、栄養不良の状態が一般的に良い国では貧富間の栄養格差が大きい（ペルー等）。これは、国民の栄養思想・食料文化・国内の民族問題等が影響しているものと考えられる。

貧困家庭に生まれた子供は1歳から5歳にかけて富裕家庭と比べて早死にするが、この程度は国によって大きく異なる。ガーナとパキスタンにおいて貧困家庭における子供の死亡率は富裕家庭と大きな相異はないが、フィリピン・南ア連邦・ネパールにおいては2倍ほど高く、ブラジルの貧困家庭における5歳以下児童死亡率は富裕家庭の6倍高い。これらは、保健思想や保健衛生サービスの普及・医療保険制度の普及状況・国内の多数民族と少数民族の間の格差等が影響する。すなわち、貧困格差が関係するとともに国による平均値の格差、国内の社会階層化の程度も関係する。ブラジルの貧困家庭の児童は富裕家庭の児童と比べれば死亡率が著しく高いが、死亡率の水準で見ればガーナ・パキスタンにおける富裕家庭の子供よりも死亡率が低い。これらの衛生状態の悪い国では、1,000人子供が出生すると5歳になるまでに145人が死亡する。

第57表　貧困格差と乳幼児死亡率・5歳以下児童死亡率（1,000人当たり）：人

	乳幼児死亡率			5歳以下児童死亡率		
	平均	最貧困層	最高所得層	平均	最貧困層	最高所得層
ブラジル（北東・南東）	43.2	72.7	15.3	63.9	113.7	18.7
象牙海岸	68.4	106.7	66.0	116.7	163.1	99.7
ガーナ	82.1	85.1	84.0	142.5	155.5	129.7
ネパール	61.9	80.1	40.6	91.0	126.8	64.4
ニカラグア	71.9	98.7	40.7	99.8	141.7	51.3
パキスタン	124.4	130.4	127.3	147.2	160.1	145.2
フィリピン（セブ島）	38.8	48.7	25.9	78.5	109.0	44.0
南ア連邦	74.1	97.3	51.0	112.7	159.7	76.7
ベトナム	33.9	40.2	31.9	50.7	53.5	47.4

（出所）Wagstaff：Socioeconomics Inequalities in Child Mortality (2000).

貧困者は富裕者よりも医療サービスを受けることが少ない。1990（平成2）年と1998（平成10）年の期間で40発展途上国をみると、所得5分位階層でみた最高所得層では助産婦が立ち会う出産比率は84%であるのに、最貧困層では34%である。1997（平成9）年のインドネシアで見ると、助産婦が立ち会う出産比率は、農村貧困層では21%、都市貧困層では49%、農村富裕層では78%、都市富裕層では93%になる。また同じ期間で急性呼吸疾患の患者が医療施設で治療を受けた者の比率は、非貧困層で57%であるが貧困層では37%に過ぎない。また伝染病罹患率も貧困者は高く、1990（平成2）年における死亡者のうち伝染病によるものの割合は、貧困者が59%であり富裕者は8%である。

第58表　所得5分位階層で見た助産婦が立ち会う出産比率（%）

		最貧困層	最高所得層
農村地域	インド（1992年）	11.5	69.8
	インドネシア（1997年）	20.7	78.2
	ニカラグア（1997年）	30.4	80.2
	ナイジェリア（1990年）	11.3	74.3
都市地域	インド（1992年）	26.5	81.3
	インドネシア（1997年）	49.5	94.0
	ニカラグア（1997年）	56.9	93.2
	ナイジェリア（1990年）	48.1	68.7

（出所）世界銀行：Country Reports on Health, Nutrition, Population and Poverty.

人間の免疫機構を無効にするウィルス（HIV）について、富裕層は貧困層と同等またはより多く感染するため社会的な観点から特異な病気であるが、以下の理由により全体としてみるとやはり貧困病である。

①多くのHIV／AIDS感染者や患者は貧困者である。感染者の96%は発展途上国に住み、70%はサハラ以南アフリカに住む。さらに先進国の感染率は下落しているが、多くの発展途上国で感染率は上昇または横ばいになっている。

②最近の先進国における研究によるとAIDS感染は最貧困者に多い。発展途上

国における感染者が貧困者または非貧困者のどちらに多いかは統計がないが、先進国の事例から類推すると貧困者の感染者が高い可能性がある。

③ AIDS に罹病した場合、貧困者は富裕者と比べて治療する経済的余裕がないので貧困の程度を高め、また成人の働き盛りに死亡する可能性が高いため所得獲得機会を低める。

④また、AIDS により片親または両親を失う子供が増えることにより貧困は増加する。孤児は就学率が極めて低くまた栄養状態も悪い。かくして孤児の人生を通じて貧困は再生産される。

第 59 表　HIV・AIDS の感染・罹病状況

	2000 年の新規感染者		2000 年末の感染者総数		総人口
	1,000 人	比率（%）	1,000 人	比率（%）	比率（%）
サハラ以南アフリカ	38,000	71.4	25,300	70.1	8.8
南アジア・東南アジア	780	14.6	5,800	16.1	0.6
ラテンアメリカ	150	2.8	1,400	3.9	0.5
東アジア・太平洋	130	2.4	640	1.8	0.1
東欧・中央アジア	250	4.7	700	1.9	0.4
カリブ海諸国	60	1.1	390	1.1	2.3
中東・北アフリカ	80	1.5	400	1.1	0.2
北米	45	0.8	920	2.5	0.6
西欧	30	0.6	540	1.5	0.2
豪州・ニュージーランド	0.5	0.0	15	0.0	0.1
合計	5,300	100.0	36,100	100.0	1.1

（出所）UNAIDS:：AIDS Epidemic Update(2000).

AIDS による影響も発展途上国にとって深刻である。国連 AIDS 研究所によると 2000（平成 12）年には AIDS により 300 万人が死亡し、530 万人が新たに感染した推定されている。既感染者も含めると 3,610 万人が HIV または AIDS の感染者または患者である。このうち 70%（2,530 万人）はサハラ南部アフリカの住民であり、15%（580 万人）は南アジアまたは東南アジアの住民である。アフリカのうちボツワナ・南ア連邦・ジンバブエを含む 8 カ国では、HIV ／ AIDS 感染者・患者は成人人口の 15% を超える。このように成人死亡率が高まると孤児が増加する。孤児は世界で 1,320 万人、サハラ南部アフリカで 1,210

万人に達し、はなはだしい国では 10 人の子供のうち 1 人は AIDS 孤児である。また近年の東欧・中央アジアの動向は憂慮すべきであり、2000（平成 12）年における成人・子供の HIV ／ AIDS の感染者・患者は控えめにみても前年の 42 万人から 70 万人に増大した。

旧来型の伝染病としてマラリアも馬鹿にできない。マラリア感染者は現在 3 億人いると推定され、毎年 100 万人が死亡している。死亡者のうち 4 分の 3 が 5 歳以下の子供である。死亡者のうち 10 分の 9 はサハラ以南アフリカで発生し、残りの多くはアジアとラテンアメリカで発生する。マラリアは熱帯地方において避け難い病気ではない。熱帯地域や近辺にあっても、貧困が厳しくない場合にはマラリアによる死亡率が低い。マラリアの影響による GDP の減少は年間 0. 25％程度と推定され　サハラ以南アフリカでは 0. 55％と推計される。

第 3 は、教育である。初等教育就学率は過去 30 年間上昇しているが地域によって差があり、サハラ以南アフリカでは 1980（昭和 55）年代～ 1990（平成 2）年代を通じてわずかに下落している。また全般的な就学率の改善にもかかわらず、今日でも発展途上国における 1. 1 億人の児童は初等教育未就学であり、このうち 60％が女性徒である。とりわけ、サハラ以南アフリカの就学状況は厳しく、就学率 50％以下の国も多い。

第 60 表　初等教育就学率（％）

	1970 年	1980 年	1990 年	1993 年	1996 年
東アジア・太平洋	90	111	120	115	116
東欧・中央アジア	-	99	99	97	100
ラテンアメリカ	99	105	105	109	113
中東・北アフリカ	70	87	97	97	95
南アジア	71	77	90	97	100
サハラ以南アフリカ	51	81	76	76	78
発展途上国	82	96	103	103	107
OECD 諸国	100	102	103	103	104

（出所）世界銀行資料。

また 1998（平成 10）年において、発展途上国の 8.8 億人（人口の 4 分の 1）は文盲であり、このうち 64％（5.6 億人）は女性である。特にネパールとアフガニスタンでは20%の女性が文盲であり、パキスタンでは30%が文盲である。これまで発展途上国の文盲率は、1970（昭和45）年の47%から1998（平成10）年には26%に減少したが、最近における人口増加と教育施設の不足等もあり、文盲者数はこの間4,100万人増加した。1990（平成2）～1998（平成10）年の動向を地域的に見ると、東アジアでは文盲者数（絶対数）が減少したが、南アジアでは2,100万人増加、中東・北アフリカでは300万人増加、サハラ以南アフリカでは200万人増加した。

第61表　就学児童比率50%未満の国（1990年）

国　名	%	国　名	%
ニジェール	25	モザンビーク	40
エリトリア	30	ギニア	42
ブルキナ・ファソ	31	チャド	46
マリ	31	タンザニア	48
エチオピア	32		

（出所）世界銀行資料。

国際開発目標では､2005（平成17）年までに（2015（平成27）年まででではない）初等・中等教育における就学率を男女等しくすることとなっている。しかし現在貧困国においては初等学校の女子就学率は43%であり、男女平等を前提としても2005(平成17)年でも女子就学率は47%になるに過ぎないと予想される。また中等学校における女子就学率は1996（平成8）年で40%であり、初等学校就学率とほぼ同じである。男女平等を前提とすれば2005（平成17）年の中等学校における女子就学率は47%になる。男女差は国によって大きく異なるが地域的に見ると、アフリカの西部･中央部･北部、南アジアで大きい。例えば、インドでは6～14歳の女子就学率は男子よりも16.6ポイント低く、ベニンでは6～14歳の男子の就学率は女子よりも60%高水準である。

多くの発展途上国では、貧困者は児童に基礎教育を受けさせる余裕がない。インド・パキスタン、ベニン・マリ・他の西アフリカ諸国において、所得5分位階層の下から2番目の階層の家庭における15～19歳の者が教育を受けた年数の中位数はゼロ年である。また発展途上国において貧困者と富裕者家庭の児童の教育を受けた年数は、以下のように顕著に異なる。

①インドでは所得5分位階層における最富裕層における15～19歳の教育終了年数は平均して10年であるが、所得5分位階層の下から2番目の階層では0年である。

②ブラジルでは、最貧困層の15～19歳はほとんどの者がかつては初等教育を受けたが、15%しか終了しなかった。

③最貧困層と最富裕層の基礎教育終了率の差は、アフリカ諸国でみるとケニヤでは5ポイント、ナイジェリアでは52ポイントと大きく異なる。このような差は、北アフリカ・南アジアでも顕著である。

第62表　6～14歳男女児童の就学率（%）

男女差大	調査年	女子	男子	男女差小	調査年	女子	男子
ネパール	1996	55.5	76.1	ジンバブエ	1999	83.5	83.4
ベニン	1996	32.6	53.1	ザンビア	1996	60.4	60.1
パキスタン	1990	44.3	64.7	ブラジル	1996	93.8	93.4
モロッコ	1992	45.8	63.9	カザフスタン	1999	85.3	84.9
中央アフリカ	1994	48.9	65.9	インドネシア	1997	86.6	86.0
共和国				マダガスカル	1997	58.6	58.0
インド	1998	59.1	75.7	マラウイ	1996	89.7	88.9
チャド	1994	24.9	40.4	バングラデシュ	1996	73.8	72.6
象牙海岸	1998	41.7	55.8	ドミニカ共和国	1996	94.2	92.8
トルコ	1998	63.4	76.9	コロンビア	1995	89.7	87.9
トーゴ	1998	64.4	77.5	タンザニア	1996	48.6	45.8
エジプト	1995	75.7	85.6	ウズベキスタン	1996	82.9	80.0
モザンビーク	1997	51.7	61.0	ナミビア	1992	87.1	83.6
コモロ	1996	48.3	57.2	フィリピン	1998	88.4	83.9
セネガル	1992	27.4	35.8	ニカラグア	1998	80.0	75.3
マリ	1995	22.3	30.4				

（出所）Wagstaff：Socioeconomics Inequalities in Child Mortality(2000).

第4は居住環境問題である。環境問題と生活や福祉の関係は様々な経路を通じて結び合っており、多くの人にとって環境資源は生活維持の手段である。これらの環境資源を賢明に使用することは、経済成長の実現と貧困の解決につながる。環境資源と生活が直接関係しない人も、環境悪化により影響を受ける。

環境要因による病気は貧困者に集中する。また貧困者は自然災害（旱魃·洪水·台風・地震・森林火災等）に大きく悪影響を受ける。環境資源として国際比較しやすく入手しやすい指標は、水道供給と保健衛生施設である。

清浄水と保健衛生の欠如により、糞尿を通じて病気が蔓延することは発展途上国ではよく知られる。汚染され不十分な飲料水は、発展途上国で発生する病気の 10%の原因となる。1990（平成 2）年代において改善された水源利用可能率と保健衛生施設の利用可能率はやや高まったが、2000（平成 12）年時点でまだ人口の半分は保健衛生施設を利用できないでいる。

第 63 表　所得 5 分位階層で見た 6 ～ 14 歳児童の就学率（%）

国	調査年	貧困層	富裕層	国	調査年	貧困層	富裕層
ナイジェリア	1999	39.3	91.3	フィリピン	1998	78.9	94.8
ナミビア	1992	84.0	91.8	インドネシア	1997	80.5	95.0
マダガスカル	1997	46.8	90.0	コロンビア	1995	80.9	97.6
ケニア	1998	86.9	92.1	ペルー	1996	85.8	94.6
モロッコ	1992	26.7	89.5	ハイチ	1994	55.2	89.7
エジプト	1995	67.6	95.5	ドミニカ共和国	1997	88.7	97.8
パキスタン	1990	36.6	85.6	トルコ	1998	60.1	85.2
バングラデシュ	1996	66.8	83.4	ウズベキスタン	1996	80.2	81.1

（出所）Deon Filmer：The Structure of Social Disadvantage in Education:Gender and Wealth .

第 64 表　改善された水源利用可能率と保健衛生施設の利用可能率（%）

	改善された水源利用可能率		保健衛生施設の利用可能率	
	1990 年	2000 年	1990 年	2000 年
東アジア・太平洋	70	75	38	48
東欧・中央アジア	—	90	—	—
ラテンアメリカ	81	85	72	78
中東・北アフリカ	85	89	78	83
南アジア	79	87	31	36
サハラ以南アフリカ	49	55	55	55
発展途上国	73	79	44	52

（出所）世界銀行資料。

安全な水の供給については、以下の現状にある。

①低中所得の発展途上国のうち15億人が安全な水の供給を受けていない。また、サハラ以南アフリカでは最も条件が悪く住民の半分以下しか安全な水の供給を受けていない。

② 1990（平成2）年から2000（平成12）年にいたる最近10年間における安全水の給水率は、スリランカで66%から83%に、パラグアイでは63%から79%へ、ネパールで66%から80%へ、それぞれ顕著に改善した。

③しかし2000（平成12）年における安全水の給水率を見ると低い国がある、エチオピアで27%、チャドで27%、シエラレオネで28%、カンボジアで30%である。

④エクアドルでは、所得5分位階層の最富裕層の水道給水率は88%あるのにかかわらず、最貧困層の水道給水率は25%であり、貧困者ほど安全水が確保されていない。

⑤多くの発展途上国において富裕層は貧困層よりも多くの水を消費する。ブラジルのサンパウロ市では、富裕者が住んでいる地域（人口比9%）は貧困者の住んでいる地域（人口比41%）と比べて､1人当たり5倍も水を消費する。またガーナのアクラ市では富裕者の住んでいる地域（人口比30%）は貧困者の住んでいる地域と比べて、1人当たり5倍も水を消費する。

保健衛生施設のサービス提供については、以下の特徴がある。

① 1996（平成8）年において、低所得国では14億人、中所得国では4億人が保健衛生施設を利用できない。

②これまでの改善程度が今後続くと仮定しても、2015（平成27）年でも低所得国の住民の3分の1が保健衛生施設を利用できないと予想される。

③さらに多くの都市では下水道施設が十分でない。世界の巨大都市のうち4分の1で、家庭の下水道普及率は10%未満である。

4. 貧困が広範な悪影響を及ぼす実態

貧困は痛みであり傷である。それは個人に対して物質的・経済的に悪影響を与えるのみならず、悪夢のごとく精神的・道徳的にも悪影響を与える。また個人の尊厳を砕き絶望に追い込む。すなわち貧困は、単に個人の経済的な問題ではなく、経済・社会・生活・精神を広く包含する悪夢であり人間精神を絶望に追い込む社会現象である。この意味で貧困は、空気であり、雰囲気であり、悪い意味での時代精神である。

貧困者は貧困の厳しさを一番知っており、したがって、貧困政策の内容や優先順位についての専門家である。世界銀行が2000（平成12）年／2001（平成13）年の世界開発報告をまとめるに当たり、60カ国・6万人に対して貧困調査を81回実施した。この調査のうち現地調査は現地のNGOにより行われ貧困者の参加も得た。この調査により貧困の心理的状態や貧困による多方面への悪影響がより明らかにされた。また調査結果によると各国における貧困の共通点は一致しており、①現時点は過去よりも貧困が悪化し、経済的機会が喪失し生活保障が不安定になったと感じ、②政府の貧困対策（医療介護、福祉・社会保障）が評価されても、貧困者に対する政府職員の態度（横柄・粗雑・腐敗・サービスの低品質）には否定的である、③NGOの評価には差があるが、活動を継続している場合にはそれなりに評価された、④貧困者自身の組織は頼りがいがあると評価している、⑤貧困現象のうち女性への暴力行使が頻繁であることが顕著である。

調査内容は、以下にまとめられる。

第1は、良き生活とは何かである。良き生活とは、子供のことで心配せず、子供が成人として定着できたと安心することであり、住む家と食料があって盗難にあわず、生産・販売する物があり、家族・友人・近隣の人と会話を楽しみ、健康であることである。貧困とは生活が不安であると感ずることであり、複合的な不安に遭遇すると脱出することは困難になる。すなわち、貧困者にとっては経済的な問題を背景としつつも、直接的には心理的に不安な側面が重要である。幸福とは、ロシアでは毎日金の心配をしないことであり、バングラデシュでは心配からの解放であり、ナイジェリアでは心と生活の平和である。生活の質とは、ブラジルでは多くの苦労を減少させることができたり周辺との一体感により生活の平和があることであり、ボリビアでは家族があり相互に支援し理解し合うことであり、金も重要だが家族がなければ金は無意味である。生活とは、タイでは喜びと幸福であり心とコミュニティの中での平和と調和である。すなわち、多くの貧困者にとって精神生活と宗教への帰依は幸福の概念に織り込まれており、教会・モスク・寺社は生活や精神の支援を行う組織として最高ではないものの高い地位が与えられている。

これとは逆に悪い生活は何かというと、物質の不足・悪い経験・自己嫌悪である。ボスニアの貧困者は、悪い生活とは子供が飢餓で泣き、それに対して母親が食料を与えられず、父親がいらだって子供を外に放り出し、夫婦で殴り合いの喧嘩し離婚することであると感じている。またジャマイカの若者は、貧困のもたらす二次的な悪影響として自信の喪失を挙げ、貧困は自己嫌悪をもたらし、このためコミュニティ活動にも参加できず家に引きこもることを余儀なくさせる。すなわち、貧困者は貧困について、喪失・悲嘆・苦痛・心配・苦悩・狂気・フラストレーション・怒り・疎外・自己嫌悪・恥辱・孤独・心配・恐怖と理解している。

第2は、良き生活を達成することとは何かである。これも国・文化・農村または都市地域・年齢・性の相異を超えて以下のように5の共通点が見つけられる。

①食料・住宅・衣服の不足、不十分な住宅、それら生活を支える手段の不安定さがないことは重要な問題である（物質的幸福）。とりわけ重要な問題は、年間を通じて食事ができることと経済活動を継続できる資産があることである。資産とは、農村では収穫機械や労働力等のことであり、また都市では事業開始資本・借入金・頼りになる労働力のことである。アルゼンチンの貧困者は仕事があればすべてよく、逆に仕事がなければ飢餓に陥るといっている。都市地域において経済構造改革の影響は深刻であるが、貧困者は貧困について外部に訴えずに黙っており、このため飢餓状態は深刻化しやすい。また飢餓状態にある貧困者も、乞食をするのには自尊心が強く盗みをするほどには大胆にはなれない。ロシアの貧困女性は何日も食料がなくお湯だけを飲み、またカロリーを使わないように寝ており、エチオピア人は、食料があれば食べるが食料がなければ寝るだけであると発言している。

②肉体的な健康･強健･外観は貧困者にとって極めて重要である（肉体的幸福)。これは個人的幸福目的のためだけでなく、親戚や友人の共感を得る目的のためにも重要である。すなわち、肉体は貧困者の資産であるが、貧困のため保険をつけることができない。もし肉体の状態が悪くなると、飢餓と貧困に襲われる。エチオピア人は､欲しいのは平和と健康であると発言した。生活･生産環境が悪くなりまた物質的貧困に陥ると、病気により容易に肉体がまいり、事故に遭えば怪我や死亡をする。食料不足や病気は、苦痛をもたらすだけでなく資産(肉体)の劣化や価値低下を招く。貧困者は病気になりやすく、また病気が長引きやすく、また治療を受ける経済的余裕がない。このため、マラウイ人の発言のように、寝て呻くだけになる。女性は家庭外で、多くの役割に携わり負担が増え「時間不足」に陥り、疲労困憊する。このためザンビアの女性は、私の夢は町に出て友人と会話して時間つぶしすることであると発言する。主婦はいったん病気になると惨めになる。金がないため家族の一員が医療介護を受けられずそのまま死亡するのを見る苦痛と悲惨は、貧困のもたらす極限的危機である。エジプトの主婦は子供が飢えているが、ご飯を炊いていると嘘をいって子供が寝つくのを待ち、ベトナム人は貧困者は毎日その日暮らしでありこのため貧乏から脱却できず病気になれば金を借りるが利息を払うために困窮し、ザンビア人は病院に通えない理由により近隣農村で毎日死者が出ると訴えている。

③多くの者にとって安全とは心の平和であり､生存できるという自信である(安全)。生存とは単に生活を続けることのみならず、腐敗・犯罪・暴力・警察の庇護不足・裁判の欠如・民族間および部族間戦争・自然災害・季節および気候の変動に起因する生活不安定から解放されることであり、不安定に直面しても肉体的に生存し続けられることを意味している。法の支配と裁判を受ける権利は、生活の幸福の基本をなすとみられている。生活の幸福にとって一番重要なことについて、キルギス共和国人は平和であり、ロシア人は持続的に恐怖がないことであり、エチオピア人は、雨が降らないかといつも悩まないことである。逆に悪い生活とは、安全でなくまた自分が脆弱であると心理的に感ずる生活であり、社会・個人・家族が外部からの衝撃へ暴

露されたり、その圧迫感にさいなまれたり、また予測不可能性や不安定性のリスクが増大することである。安全でないことの中には、多くの女性にとって家族内暴力もあり、また心配と恐怖の経験もある。貧困が減少しても犯罪・暴力・腐敗が増加したために大半の人は生活がより不安定・不確かになったと感じている。ブルガリアの貧困者にとって、安全とは明日どうなるか予測して明日の食料を確保できることであり、ブラジルの女性にとって、いつ銃が発射されるか分からないため何も計画的に管理できないことが安全でないと感じる理由であるといっている。

④多くの人にとって生活の幸福とは選択と行動の自由であり、自分の生活を管理できることである（選択と行動の自由）。すなわち、搾取・乱暴さ・社会において金持ちや権力者が貧困者に加える侮辱的扱から回避できる能力である。また熟練さ・教育・融資・情報・サービス・経済資源を受け取り、良い場所に住み、突然または定期的・季節的な圧力に訪れる衝撃に耐えてさらに貧困に陥らないように抵抗できる能力でもある。生活の幸福とは、道徳的責任を持ち、選択と行動の自由を有し、他人が困った時に救える手段があることと結びついている。選択と行動の自由がなく力不足のとき、貧困者はその制約に苦しむ。無力とは、貧困のために日常発生することをコントロールできないことであると感じている。このため1つの悪いことに対処する際に何かを犠牲にするため、他の悪いことを引き起こさざるを得ない。貧困者の声は届かず、また発言を禁じられることすらある。貧困者の組織化が進まないことは、権力や不正な行動に挑戦する能力を制約する。この累積的な不利益に加え、貧困者は遠隔および孤立化した貧困地に住むことが多い。キルギス共和国の貧困者は、生存するために窃盗したり（逮捕されるリスク）、借金をする（債務リスク）等のリスクを取らざるを得ず、富裕者はリスクを取らず自身を保護する金があり権力も保有していると発言している。ブラジルの貧困女性は、富裕者は私がやろうといってそれをやれる者であるが、貧困者は自分の希望を実行できず実行能力を増やすこともできないと感じ、ジャマイカの若年女性は、貧困とは牢獄や奴隷の生活をしている者が解放されるのを待っているようなものであるという。

⑤社会的幸福は、家族・コミュニティとの良好な関係である（社会的幸福）。紛争後または移行期の経済においては、国家全体を通じた良き近隣・社会関係の回復が重要である。子供を愛し教育し結婚させ定着させることのできることが重要であることが何回も強調された。社会的幸福には、社会的尊敬を得ることやコミュニティの一員であることが含まれる。貧困の烙印は日常的な問題であり、貧困者は支援を依頼したり施しを受けることを恥辱であると感じていることが強調された。また貧困が社会への十分な参加を阻害し、文化の伝統と習慣にしたがうことができないことが自己嫌悪をもたらすことも強調された。すなわち、貧困により贈答品の交換ができないため、行事・結婚式・祭りに出席できなくなり、この結果孤独感・疎外感・異邦人感に悩み精神的に落胆する。ブルガリアの中年男性は、貧困者になると皆が気の毒がり飲みに誘わず、話しかけなくなり、貧困者は自尊心を失い飲酒に逃げるものもいるという。また貧困者は差別され、すなわち機会を失い公務員からも侮辱される。貧困者がスーパーマーケットの警護人・医者・看護婦・学校の先生・商人から粗末に取り扱われたり疑いの目で見られた例は広汎にある。よき人生とは何かについて、ブルガリアの老女は、孫が幸福であり、よい服を着て、子供が成人として定着し、子供が自分を訪問する度に食料やお小遣いを与えることができ、子供に支援や金を求めなくてすむことであると発言し、またガーナ人はレプラ患者を殺すのはレプラでも貧困でもなく孤独（隔離）であるとし、さらにスリランカ人は、外国に出稼ぎして外国から金（かね）が送られるよりも自分の子供を適正に育てることの方が価値があり、外国に出稼ぎに行った者からの送金を受けて住宅を建築できても、出稼ぎにより家庭生活が破壊されるならば何の意味があるかと疑問を呈している。

第3は、貧困の長期的動向と貧困の罠である。大半の貧困者は、過去よりも現在の方が生活が悪化しているか少なくとも改善していないと感じている。例外は、国ベースではベトナム・インド・バングラデシュ（ただしバングラデシュは1998（平成10）年の洪水により改善が止まった）であり、地域ベースではブラジル都市部（インフラの整備が進んだ地域）・ジャマイカ（観光産業地域）・スリランカ（輸出振興地域）であり、これらは改善が比較的進んだ。他方、ボスニア・ヘルツェゴビナ、ソマリランド、スリランカ等のかつて内乱や戦争を経験した地域では、貧困者は動乱時代と比べれば貧困は一応改善したが、まだ改善が十分でないと評価している。マラウイでは政治的自由の獲得は貧困者の生活の幸福感を向上させたが、実際の生活の改善にはまだつながっていない。世界全体を見ると過半数の貧困者は、生活の質は悪化を続けまだ改善していないと評価している。

すなわち、貧困者は経済面において機会が不平等であると考え、有利な条件で出発した者は有利な条件を独占するため、貧困者が有利になることは困難か不可能であると感じている。安全について、多くの国または地域における貧困者は、貧困者の条件は悪化し非安全性の増大は貧困者の生活･財産･個人に様々な形で悪影響を与えていると感じている。組織制度面の評価について、貧困者は官僚・政治家を高く評価せず、NGO に対しても組織としては低く評価している。危機または日常における支援について、貧困者は地域的・非公式の貧困者組織を信用して頼り、この組織の限界を認識しているもののその重要性を高く評価している。また貧困者は、外部の機関や貧困者を支援する目的の開発政策に関して､それらの機関内部の職員が評価しているほどには評価していない。

機会喪失･安全喪失･生活の幸福感の横ばいまたは下落の原因は、地域によって異なる。共通する原因は、機会喪失の原因は有力者とのコネ不足であり、情報・資産・金融・経験・事業熟練不足であることである。また政策変更は金持ちに有利に働くことも指摘している。貧困者は機会喪失の原因について､東欧･中央アジア・ラテンアメリカにおいてマクロ経済と政治が変化したことを指摘し、アフリカと東アジアでは生計費の上昇を指摘し、南アジアでは家庭･コミュニティにおける経済社会の変化を指摘する。またアフリカとアジアにおいては、天然降雨に頼る農業の不安定性と土地問題が指摘された。

貧困者の不利性は、時間不足・肉体的脆弱性・やる気不足・能力不足により強められる。この複合的不利性は、貧困者を現在の低貧困水準に保つのみならず、さらなる貧困に追い込む。貧困者になった者の声を聞くと、わずかな利益は移ろいやすく大きな後退に陥りやすい。貧困に陥る通常の引き金は、病気・怪我･家族の死亡であり、これらはアフリカとアジアの主婦に大きく影響する。

他の引き金は、経済機会の喪失・育児・老齢化・生計費上昇・自然災害・離婚と夫の家族放棄・農業と事業活動の利益減少・賃金低下・盗難・内乱・借金等である。貧困者の生活パターンを聞くと、①最初は貧困である、②異常な努力をして少し経済的地位が上昇する、③病気・失業・収穫不足・夫の逃亡のためにまた貧困になることが多く、これを防ぐ手段はない。また貧困に陥ると、支援し再出発に手を貸す者がいなくなる。

このような貧困の罠は、貧困者が生活する地理的位置にも関係する。ブラジルのスラム地域の住人は、汚水が家のドアの前を流れ雨が降ると家が水浸しになるため家財を片づけるが、汚水は鼠・蜘蛛・ゴキブリ・蛇・さそりを運ぶと語る。貧困者は限界的な地域に住み、交通・水道等の便が悪く、情報から隔離され、環境被害を受けやすく、居住条件が悪く、安全上も問題が多い。ブルガリアのソフィア市のスラムは環境汚染されており、またゴミ回収や他のサービスがないため悪臭が漂う。またジプシー（ローマ）は、犬並みに扱われていると感じている。バングラデシュのダッカ市において、すべての廃棄物の捨て場所として大きな溝があり、その上に板が架けられその上に竹の貧弱な家が建っている。乳児が溝に落ちると溝の中に沈み再び発見できない。アルゼンチンのスラムでは、石油廃棄物に引火した火は溝を通じて貧困者が住む地域に火災を起こし、また工場廃棄物は溝に積み上げられる。マラウイのスラムでは、物質的条件があまりに悪いため、貧困から逃れる唯一の方法は死ぬことであると貧困者は語った。スラムの住民はこのような条件に我慢して住むことに加えて、スラムに住むという烙印を押されるため就職等に当たり不利になる。

第４は、貧困者が考える制度に関する４つの問題である。世界のどの地域でも貧困者は腐敗・暴力・（貧困者の）能力不足・生活不安の４つが、生活を悪化させる圧倒的かつ制度的な問題であると指摘している。

①腐敗は政府や企業の上層部にとどまらず、貧困の基礎的原因の１つである。すなわち、社会の貧困が貧困者を集中的に苦しめており、このため貧困から脱却できない。低層部における腐敗が蔓延し裁判と保護が求められないことは、貧困者の生活を苦しくする。貧困者に対して腐敗・コネ・人権侵害を行っても罪に問われないことは何回も強調された。エクアドルでは、国

家議員が国有財産等を盗まないように政府は監視する必要があると指摘され、ウズベキスタンでは、就職するためには賄賂を使うことが常識であり2万5,000通貨単位を払えないために従来通り重労働を続けており、インドでは薪を集めるために森林管理人に対しまた鉄道にこぼれた石炭を拾うために鉄道管理員に対して賄賂を払い、バングラデシュでは土地権利問題の裁定人は常に貧困者ではなく地主の味方をするので誰も信用しない。世界におけるほとんどすべての国や地域において、貧困者に対する種苗・医薬品・社会扶助の配分、金融、教師の学校への割当、関税と出入国手続き、道路建設、都市への移動許可や特定の居住地への滞在、道路販売や市場販売、身分証明書発行等に際して腐敗がある。また著しい嫌がらせ・盗難・意地悪を避けるために、貧困者は上司・ヤクザ・警察に資金提供している。エジプトの貧困者は、機会が訪れると金持ちに独占され、高い給料や常勤の仕事については仲介する者がおらず、裁判で権利を主張したくても弁護士を雇う余裕がなく、自分より金持ちを告発するために警察に行っても金持ちが有利に扱われることを懸念し、経済的に平等の条件なら自分の主張は通るであろうと悔しがっている。アルゼンチンでは、安月給で6年間働かされたため会社を裁判にかけたら、会社から殺すといわれて逃亡した貧困者がいた。

他方賄賂の受け取りを拒否した例も見られる。ロシアの病院における看護婦は、いつ訪問しても嫌がらずに注射や相談に応じ、プロ精神が欠け不熱心な医者よりも専門的知識があり、このことは医薬不足や予算不足でも病院が人を救える好例になっている。またジャマイカの女性警視は、問題があって気軽に訪問すれば警察官を指示してすぐ解決に当たってくれる。

②また多くの国では農村・都市地域を問わず、社会的連帯の欠如・犯罪・無法行為・利己主義・暴力の増大が広範に見られるようになった。家庭外の暴力と公共の安全問題とともに、家庭内の衝突と暴力も増加している。貧困者はこの理由を、経済機会の減少・経済資源をめぐる競争激化・政府の政策不備であると考えている。また東欧・南アジアでは社会主義から市場主義への移行も関係していると考えている。すなわち貧困者は、伝統的な社会連帯、家庭内・親戚・近隣間の食料や資源配分、結婚・祭り・相互訪問が少なくなっ

たと感じている。社会連帯の崩壊について、(i) ナイジェリアの老人は貧困者には友人がなく友人は既に地下にいて死亡している、(ii) ザンビアの貧困者は昔は食料があるときは親戚で配分したが今日の飢餓時代は親戚も助けてくれないため窃盗が増え、(iii) キルギス共和国では昔は相互扶助や家族の死亡に備えた金（かね）のプールがあったが今はコミュニティの団結や相互訪問もない、(iv) ボスニア・ヘルツェゴビナでは、私は困った隣人を助けようと思っているが、誰も他人を助けようとしないので私が窮地に陥った場合にはどうしようもなく、この社会状態こそ正に悲惨そのものであり、心と体が死んだのと同じであると指摘した。また多くの国で若者が時間つぶしをしたりスポーツをしたりする場所がなくなって、何もすることがなくなったため、麻薬・酒・窃盗に走ることが指摘されている。

ソマリランドの女性は、安全とは個人・家族・コミュニティが生命・財産・尊厳を傷つけられるおそれがないことであり、安全がなければ生活できないと考えている。また多くの国で警察は貧困者を救助し安全を守るのではなく危害・リスク・さらなる貧困化の原因と考えられ、必要悪・貧困者の監視者・犯罪者と評価されている。すなわち (i) ナイジェリアの貧困者は警察を違法逮捕・脅迫・金せびりと見、(ii) バングラデシュでは貧困者が金持ちを訴えるとき警察のでっちあげをおそれ、(iii) ブラジルでは警察を最悪の組織とみて、犯罪者ですら人権や安全が保障されるが貧乏人には保障されないと感じ、(iv) アルゼンチンの貧困者は警察をゴミとみており、また女性は警察による性的暴力を恐れ、(v) ジャマイカでは警察は嘘をつき貧困者から盗む者であると感じ、(vi) インドの貧困者は警察の脅威が増大したと感じ、(vii) ロシアでは警察と犯罪者の協力関係が増えていると指摘され、(viii) ブルガリアの貧困者は、警察はコネのある者はいつも釈放するが、裁判官や検察官が犯人を野放しにすることと比べれば警察の悪はまだ小さいと語った。かくしてブラジルでは、警察と犯罪者とどちらを信用してよいか人々は迷い、公共の安全に関しては自分自身しか頼れず、このため室内で働いたり外出を控えるしかないと指摘され、またウズベキスタンでは、警察は一般人を叩く金持ちの鞭になったと評価されている。

③人々の参加と意見の反映は、開発の常套句になった。しかし、実際には貧困者は、政府やNGOが意思決定を行う際にそれに参加したり受益者になることから排除されるため、貧困者自体の組織への参加しか実現していない。貧困者は自分の意見が反映されるように参加し、意思決定に関与し、上からの法執行の対象者でなく法執行の主体者になるように努力しているが、報われていない。貧困者以外の組織への参加は費用がかかるが見返りがなく、また参加を要請されることに飽きてきた。エジプトでは、政府の自助努力施策に参加する条件として貧困者も自己の資金提供が必要となるため債務を負うが、それよりも食糧確保や子供の教育の方が重要であり、また組織化は効果がなく時間もかかると指摘された。タイでは、参加とは実際には単なる議論・会議・新聞発表を意味し、政府は力のある個人には相談するが、貧困者には結果を知らせるだけであると指摘された。

すなわち、今日では貧困者は単に食料だけでなく、自由・尊厳・意見反映・選択に対する飢餓や欲求不満がある。ブラジルの貧困者は、責任の90%は政府にあるが、我々貧困者も投票・監視・権利主張・政府への是正要求をしないのは問題であると語った。またインドネシアでは、政治改革の到来とともに、貧困者は各地で地域レベルの貧困者排除の習慣や腐敗に抗議し始め、公共住宅のための土地収用の際のより適正な価格を要求したり、金を横領した町会長を解任したり、便所建設のために村民が寄付した共有地を売却した村長を辞任させた。ジャマイカの娘は、政府は多くの約束をしたが実行しないので失望したため政府にもっと圧力をかけるとし、ボスニア・ヘルツェゴビナの若者は、選挙の真実性は信用しないが投票を続けることにより民主主義を育てる必要があり、儲けるために無秩序をつくる人々に責任を取らせる必要があると語った。

④貧困者は生活するための資産を少ししか持っていない。時たまある仕事は、低賃金の仕事や危険なまたは背骨が折れるようなきつい仕事がほとんどのため、生活設計は危険に満ちている。ベトナムやスリランカのように貧困が減少した国ですら、危険な仕事が増えたと貧困者はいう。また多くの国では、貧困者の経済的機会が減少している。この原因として、増税・インフレーショ

ン･民営化･農業生産性の低下と農業投入資材の購入困難･低金利の金融不足･政府活動の腐敗等に見られるように、政府による経済管理の失敗と貧困者に対する政府の配慮不足が挙げられる。

貧困者の生活手段はインフォーマル市場であり、違法な場合がある。人々は生活のためにあらゆる種類の仕事をしたり、生き延びようとする。屋台での販売､人のやらない仕事､レンガや砂運び､採石場や鉱山での仕事､行商（東欧で顕著)、隣人や金貸しからの借金、2 ～ 3 の仕事への同時就業、野菜の鉢栽培、自給自足農業への復帰（ブルガリア・ロシア・キルギス共和国でみられる)、草や薬草や竹の子の採取、野獣捕獲、料理品の販売、木材製品の製造、工場労働、乞食、毛布等の洗濯、子供を就業させること、雨乞い、質屋通い、祈祷に頼ること、食事の回数を減らし食料品を安いものに代えて食費を節約すること、血液の販売、犯罪への参加、売春等である。

貧困者は、フローの貧困（所得の低水準）とストックの貧困（資産不足による不安定）とが同時に発生する者であり、貧困のため経済変動に対して脆弱になる。正規の市場において金融を受けられないことは、驚くほどの頻度で訴えられる。ベトナムでは貧困者は融資資格がないか融資を申し込んでも拒絶されるかであり、金持ちは融資を受けられるが貧困者は融資を考慮される（が結局拒絶される）だけであるという。このため貧困者は友人か貸金業者に頼らざるを得ず､貸金業者は高利であり、また返済をしつこく要求するが、貧困者の生活にとって最も重要な金融機関となる｡貸金業者の評価について、エチオピアでは事業を開始する唯一の機会提供者であると若者は考えている。またスリランカ・インドネシア・ベトナム・バングラデシュにおいては、貸金業者は、消費金融を貸し、現物返済を認め、労働での返済も認められると評価されている。なお、多くの貧困者は世界銀行等で推奨している小規模金融（Micro Credit）に対して、担保要求の厳しさ・融資審査手続き期間の長さ・融資条件の厳しさ・据置期間がない等の理由により借りたくないとしている。

資産不足・家族関係のストレス・農業における諸問題・暗い就業見通し等により、貧困から抜け出すのは容易ではない。貧困から抜け出した 147 の実例から見ると、第1の原因は、個人企業の成功と企業家精神が共通した原因になっている。第2の原因は、賃金俸給からの所得・家族からの収入・農業収入や農地の利用拡大等による複数の所得獲得が重要である。貧困から抜け出した者の3分の1は、これらのすべての所得源を有している。複数の資産を保有することも生活の圧力と衝撃に抵抗するのに役立つ。第3の原因として、約7%の者は熟練の獲得・経営方法の習得・特定分野の熟練を獲得したことが原因であるとしている。教育が原因であると答えた者は15%であるが地域的なばらつきが大きく、ラテンアメリカと旧ソ連邦では20%～30%、アフリカとアジアでは4～7%となっている。これは、貧困者が教育に対してどっちつかずの態度をとっていることを示す。多くの国で貧困者は教育を貧困から抜け出すものとして評価しているが、教育費、すなわち授業料・服装・教材・所得機会喪失は大きな負担である。旧ソ連邦では、教育に費用がかかることは新たな経験であり、これが経済的困難と結びつけば容易に子供の就学状況に対して悪い影響を与える。教育の価値の潜在性は高いが、貧困者は教育の質・授業の言語・就職との関連性について疑問を持ちやすい。

第5は、貧困者の強さと明るさである。これまで見てきた多くの問題にもかかわらず、貧困者は生きなければならないため、強靭さを示し、厳しい労働に従事し、魂と勇気を持っている。インドの若い寡婦は、何回も厳しい危機に直面したにもかかわらず、勇気を奮い起こして状況に屈服しなかったが、神はいつも彼女の味方をしたと語った。

第4節　債務累積

1. 債務累積問題の概要

発展途上国等における債務状態や債務返済能力を示す指標は多くあり、大別して、債務残高（ストック）の指標と毎年行われる債務の元利返済額（フロー）の指標がある。毎年行われる債務の元利返済額（フロー）をデット・サービスといい、元利返済額を分子とし何らかの経済指標（輸出額・GDP 等）を分母とする比率（%）をデット・サービス・レーシオという。（債務残高／名目 GDP）や（元利返済額／名目 GDP）は、マクロ経済的な指標であり、国民経済が全体として債務を返済できるだけの所得を発生しているかに注目している。他方（債務残高／輸出額）や（元利返済額／輸出額）は、国民経済の外貨獲得能力と債務の返済能力との関係に注目している。発展途上国と先進国の間等で当初締結される借入契約は、通常交換可能な先進国の通貨建で行われるため、債務国は国内で容易に印刷できる内貨を持っていても債務を返済することはできず、輸出で稼いだ外貨で債務を返済することが求められる。さらに（債務残高／財政収入額）や（元利返済額／財政収入額）は、政府所得（税金）の発生能力と債務の返済能力との関係に注目している。

債務額のネット現在価値は、債務額を譲許（市場金融の条件と比べればより優遇された条件を与える）したり、免除したり、または多数の債権者が多数の債務返済計画を相互比較するために使われる。このように債務返済状況や能力について、1 つだけの指標がすべてを示すことはできない。すなわち、債務の持続可能性（返済能力）は、債務残高、財政的支払能力（税収）および対外的支払能力（輸出による外貨獲得額）に依存し、また返済能力は経済成長の程度と新規借款の譲許的条件の程度に依存する。例えば、発展途上国が借入契約の中における返済条項によって長期の返済期間を認められた場合には、低いデット・サービス・レーシオと高い債務額のネット現在価値を持つことがある。また、対外開放度が進み国民経済の中に占める輸出入貿易割合の高い国は、債務の財政収入に対する比率と比べれば､低い「債務残高／輸出額｣､および低い「元利返済額／輸出額」を持つ。このため､債務の長期的影響を見るためには､種々の指標を分析する必要がある。

世界銀行が 2001（平成 13）年初めに 22 カ国の重債務国を分析した結果、概ね以下のような重債務国の目安と分析結果を得た。重債務国対策における債務の持続性に関する数値的な目安は経験則に基づくものであり、この目安を超える重債務国でも債務救済を受けないで持続可能な場合もあり、逆にこの目安に達しない軽債務国でも支払不能になる場合もある。この注意を前提として経験則に基づく持続可能な債務の境界値を計算すると、（債務のネット現在価値額／輸出額）でみて 150％、または（債務のネット現在価値額／財政収入額）でみて 250％となる。輸出額と債務額（残高または元利返済額で見た債務額）の関係をやや詳しくみると、①（債務のネット現在価値額／輸出額）で 200 ～ 250％、かつ②（元利返済額／輸出額）で 20 ～ 25％が境界値になる。また GDP に占める輸出のシェアが高い国では、（財政収入額／ GDP）でみて同等である国よりもデット・サービス能力を高く見ることができる。かくして、（財政収入額／ GDP）が 20％以上あって、かつ（輸出額／ GDP）が 40％以上あれば、（債務のネット現在価値額／財政収入額）の境界値を 280％とすることができ、この場合には先進国の手による債務国の債務救済の時期を遅らせることができる。

これとは逆に、債務国の責任によらない外部経済ショックにより債務状態が悪化したり、また債務国が当面緊急な貧困解決に財政資源を使用せざるを得ない場合、経済社会の持続性を高めるために境界値を下げて債務救済を急がせる必要がある。この場合、①（債務のネット現在価値額／輸出額）で 150％、かつ②（元利返済額／輸出額）で 15 ～ 20％になると債務救済を行うのが適切である場合がある。また債務と財政指標等の関係に着目して、（債務のネット現在価値額／財政収入額）が 250％、かつ（財政収入額／ GDP）が 15％、かつ（輸出額／ GDP）が 30％になると、これらを境界値と考えて早めに債務救済を行う場合がある。

2. 対外債務の持続性に関する課題

重債務国の債務削減対策により既存の対外債務額を減らすことはできるが、長期的に再び重債務状態に陥らないように債務の持続性を維持するためには、債務累積を招く基本原因を是正する必要がある。この原因としては、マクロ経済管理の弱さ・政策実施の非整合性・貧弱な統治・交易条件の悪化・相手国の保護主義等の対外要因等が含まれる。また重債務国は最貧国であることが多いので、生産基盤や輸出基盤が弱く、特定の一次産品への依存が高く、それが対外ショックへの脆弱性を生んでいる。また、過去において市場条件で借入した債務も重圧となっている。重債務国が対外債務の持続性を維持するために、以下の政策課題に取り組む必要がある。

第1はマクロ経済政策である。重債務国の問題は、基本的に全体的な経済社会の改革抜きには解決がつかない。当該国は、成長と貧困削減をもたらす環境づくりをする経済政策を実施しなければならない。この場合、①金融政策・財政政策・為替レート政策を含むマクロ経済政策は、経済ショックを緩和し経済活動の安定した環境をつくる、②貿易・税制・分野別政策・民間の投資や生産を誘発するために規制環境を変える等の構造政策を実施する、③公的機関が民間の行うインフラストラクチャー建設や社会サービス提供の補完的な役割を果たすように、公的機関に対する管理を行う、④法の支配（裁判と警察）・腐敗の削減により、統治や市場機構を確立する、⑤貧困者や社会的不利益を被る者（女性・少数民族等）に社会的サービスを提供し、社会への全面参加を促す社会同化を行うの5点に配慮する必要がある。これらの政策のうち、債務問題の観点から財政政策が特に重要である。すなわち、効果的な債務管理は、総合的な財政政策によって初めて達成できる。対外不均衡は、国内の財政不均衡が原因であることが多いため、税制改革による歳入能力を拡大する等により財政赤字を縮小することが債務の持続性を達成する鍵になる。賢明な予算編成により、非生産的支出（軍事支出等）から中期的観点での成長促進型支出に転換することは、持続的な財政活動を達成することにつながる。

これまでの重債務国、とりわけアフリカのパフォーマンスの悪さは問題である。成長の原因を説明することは複雑であるが、適正なマクロ経済政策および市場重視の経済構造は、高い成長率と良好な貧困削減を結果として生んでいる。長期的な成長をもたらす他の要因は、政治的安定と平和であり、また人々と物的インフラストラクチャーに対する投資である。政策決定機関がうまく機能し人々に対して責任を果たすとき、初めて良き政策が企画され実行され持続することを忘れてはならない。すなわち、統治・公的部門の責任・透明性等の面における基本的な改善が重要である。アフリカでは自然災害・戦争・AIDSのような病気が長期的な成長を脅かす。このため、マラウイ・ルワンダ・ザンビア等の債務救済に当たっては特別の配慮が払われ、経済再建と経済回復のための無償協力を先進国から得られなかったため、有償資金協力を仰いで対外債務（特に債務のネット現在価値額／輸出額）が増加してもやむを得ないこととした。重債務国は経済水準が低く、今後成長率が高まる潜在力を持っているため長期的な資本輸入国であるが、当面民間資本の流入は期待できないので、政府開発援助により政府資本を受ける必要がある。もしこの資本流入に伴い返済が必要であり、返済条件が厳しいならば、債務国は債務累積を被ることになる。これに陥らないためにも、債務国は、①輸出や所得の増加率に比べた債務の増加率、②債務額や所得額に比べた貯蓄・投資収支バランスの大きさ、③融資を受けられる可能性や蓋然性、④新規融資の譲許性等を含むいくつかの債務指標に注目する必要がある。長期債務の持続性を考慮する場合に最も重要なことは、債務と利子支払いの増加率が所得と輸出の増加率を恒常的に上回らないことである。

重債務国における長期債務の持続性と将来借入能力を評価する際、この国がこれまで低生産性をもたらしてきた要因に立ち向かっているかということが重要である。経済全体の効率に関する重要な指標は民間部門の活力であり、重債務国は他の発展途上国と比べてこの面で遅れているため、民間資本を経済に導入する地ならしをする必要がある。また公的部門の課題は、資本の収益性を高める制度的または政策的な環境整備をすることが必要である。すなわち、借款や無償による経済協力の量を増加させることは、それだけでは投資を盛んにしたり成長率を高めることにはつながらない。したがって、債務救済に当たって、債務国が適正なマクロ経済政策・貧困削減計画を含む構造政策や社会政策を策定・実施することと債務救済を受けることとを結びつける必要がある。貧困削減計画の策定過程は、重債務国が経済調整改革を自分のものにする過程でもある。政策責任と実施の責任を持つことにより、公的支出の効率性を高め、海外援助の利用を高め、人的資本を改善し、長期に及ぶ債務の持続性に貢献することができる。貧困削減計画は、重債務国が国際開発目標を達成するための公的支出の内容を決めることになるので、援助者や信用供与者にとってより良き資金供与を行う目標となる。経済成長率を毎年追加的に2～3%引き上げることを10年間持続することは、経済改革政策と社会的一体性の強化なしには可能でない。この両者が結合して成長の源泉が生まれるため、貧困削減計画の策定により政策実施の引き金が引かれる。すなわち、現時点における経済的条件を継続したり通常の債務救済を実施することは、それだけでは長期的な債務の持続性（債務の持続的返済能力）を保証しない。

第2は、輸出の脆弱性を減らすことである。重債務国の特徴は、生産基盤と輸出基盤が極めて限られた産業や生産物に限定されていることである。22か国の重債務国の例では、輸出額の半分は3輸出品目に集中している。

このため、①中所得発展途上国86カ国の1980（昭和55）～1999（平成11）年の輸出所得の平均増加率が8.7%、傾向値に対するボラティリティーが19%であるのに比べ、②重債務国の平均増加率は2.7%、ボラティリティーが21.2%である。重債務国で輸出産品が少ない品目に限定されているという特徴は、過去20年間変化していない。さらに、これらの主要輸出産品は、コーヒー・綿花・銅等の一次産品であり、国際市場価格が激しく変動するため、重債務国の経済を不安定にする。

この輸出産品の種類の少なさと外部（国際市場）ショックに対する脆弱性は、重債務国の債務持続性の基準を通常の目安と比べて厳しく評価する必要に迫られる。これに対処し、支払能力を高め所得を稼ぎ成長と貧困削減のための経済資源を得るため、重債務国は輸出を増加させる必要があり、さらに交易条件の変動を避けるために輸出品の多様化を図る必要がある。

先進国がこれらの重債務国の輸出品に対して市場開放をすることは、先進国による開発協力政策の一環として優先的に評価されなければならない。41重債務国輸出の世界輸出に占めるシェアは、1970（昭和45）年の2.2%から1997（平成9）年には0.7%に低下した。また、この重債務国輸出の発展途上国輸出に占めるシェアも、同じ期間で8.4%から2.2%に低下した。重債務国でない通常の発展途上国は、この間輸出品の多様化に成功して新商品や石油を輸出するようになり、他方重債務国は、戦争・内乱に陥ったことも影響して輸出の増加が図れないでいる。重債務国は地域経済統合を進めて成長可能性を高め、その上で先進国市場への輸出をめざすことが考えられる。先進国においても重債務国の輸出関心品目の市場開放を進め、また当該輸出関心品目の重債務国での現地生産を図るために直接投資を行うことが重要と考えられる。

第 65 表　重債務国状況（22 カ国、1999 年）

国　名	1 人当たり GNP（米ドル）	1 位輸出産品	輸出シェア（%）	
			1 位	1 ～ 3 位
ベニン	380	木綿	84	94
ボリビア	1,010	大豆	12	33
ブルキナ・ファソ	240	木綿	39	55
カメルーン	580	石油	27	47
ガンビア	340	落花生	10	13
ギニア	510	ボーキサイト	37	58
ギニア・ビサウ	160	カシューナッツ	69	79
ガイアナ	760	砂糖	21	49
ホンジュラス	760	コーヒー	22	46
マダガスカル	250	コーヒー	12	26
マラウイ	190	タバコ	61	75
マリ	240	木綿	47	75
モリタニア	380	魚	54	94
モザンビーク	230	海老	15	24
ニカラグア	430	コーヒー	14	27
ニジェール	190	ウラニウム	51	69
ルワンダ	250	コーヒー	43	72
サントム・プリンシプ	270	ココア	78	79
セネガル	510	魚	27	51
タンザニア	240	コーヒー	20	40
ウガンダ	320	コーヒー	56	63
ザンビア	320	銅	48	67
単純平均	389		39	56
ウェイトつき平均	−		30	50

（出所）世界銀行・開発報告、IMF 資料。

第 3 は、重債務国に対して、外部資金の利用性と譲許性を高めることである。外国資本の導入は、持続可能な開発や債務の持続性を維持するために不可欠である。特に重債務国は、当分の間今後の成長を加速し貧困を削減するため公的な外部資金の相当量の導入が不可欠であり、導入された外国資本の貸付期間や貸付条件は、債務の持続性を確保するために重要である。また、民間資金の流入が必要であるが、過去において石油・鉱産物以外で重債務国に外資が流入した例はほとんどなかった。重債務国が高成長を持続し、貧困を持続的に下げ、債務の持続性を維持するためにも、この民間資金の流れを逆転する必要がある。このため、重債務国は民間投資（国内資金であれ国外資金であれ）にとって良好な環境をつくることが求められる。既存の債務を削減することはこのための第一歩である。また、援助国や信用供与者の協力を得て債務国の金融部門を発展させる政策面の改革を行うことは、民間部門の参加を促進するための環境整備として役立つ。海外直接投資は公益事業や商品生産部門で公的融資を代替する場合があるため、海外直接投資の増大により政府の対外借入必要額が減少したりまた対外債務の持続性が高まる可能性がある。このように民間部門の成長が高く、海外直接投資等の民間資金が流入しても、重債務国の開発支出の圧倒的部分はやはり外部の公的資金により調達されざるを得ない。重債務国はもとより、通常の発展途上国が開発や貧困削減のために必要な資金を調達するためには、援助供与国または信用供与国と、債務国または援助受取国との間における協力的な努力が必要である。

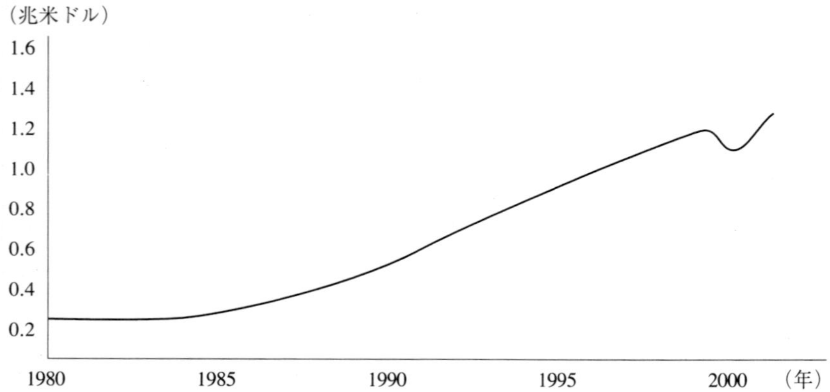

第 18 図　中所得・発展途上国の輸出所得（86 カ国）

（出所）世界銀行資料。

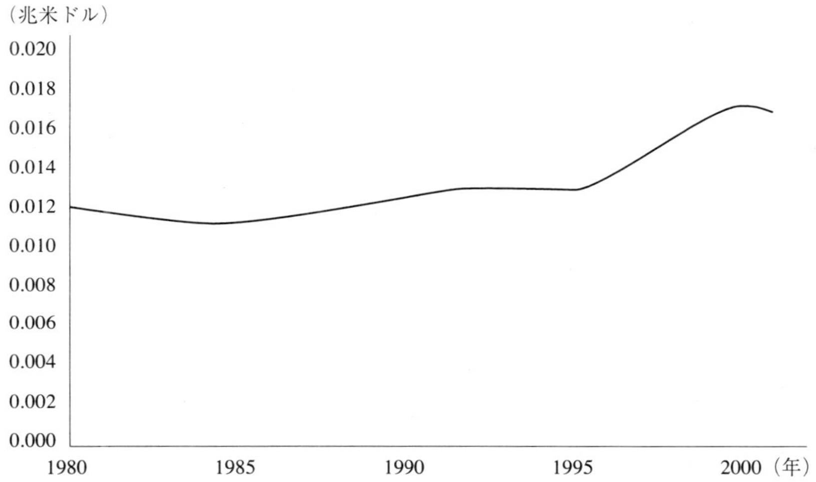

第19図　重債務・発展途上国の輸出所得（22カ国）

（出所）世界銀行資料。

第66表　重債務国の輸出シェア（1970～1997年）：%

	1970年	1980年	1990年	1997年
41重債務国				
世界輸出に占める割合（%）	2.2	1.2	0.8	0.7
発展途上国輸出に占める割合（%）	8.4	3.4	2.7	2.2
22重債務国（最近債務救済実施）	1.0	0.4	0.3	0.2
世界輸出に占める割合（%）	3.7	1.3	1.0	0.7
発展途上国輸出に占める割合（%）				

（出所）IMF：IFS年報。

第4は、重債務国が債務累積から脱却するためには資金援助を追加的に得る必要があり、概ね債務救済額以上の資金流入がある必要がある。このため援助供与国または信用供与国は、少なくとも以前約束した資金供与額を実施する責任がある。またこの追加的資金援助は、重債務国が適切な経済社会政策を実行している場合に意味がある。重債務国が政府開発援助を受け入れただけでは不十分な資金ギャップを埋めるため、追加的な資金を導入しようとする場合、強力な構造計画や政策の改革が必要である。重債務22カ国の1980（昭和55）～1999（平成11）年の状況を見ると商業的信用供与がほとんど止まり、商業信用の有償資金フローに占めるシェアは1980（昭和55）年の33%から1990（平成2）年には10%に低下し、また1999（平成11）年にも10%にとどまった。また2国間援助の供与国は1990（平成2）年代において有償協力から無償協力に変更したため、有償資金フローに占める2国間有償資金フローは、1980（昭和55）年の33%から1999（平成11）年には10%になった。また、無償資金協力の総資金フロー（有償資金フロー＋無償資金フロー）に占める割合は、1980（昭和55）年代の30%から1990（平成2）年代には55%に上昇した。すなわち、有償資金協力において、2国間ではなく多国間（国際機関）が重要な貸し手として登場し、有償資金フローに占める国際機関のシェアは1980（昭和55）年の33%から1990（平成2）年には55%になり、また1990（平成2）年代後半には85%～90%に上昇した。

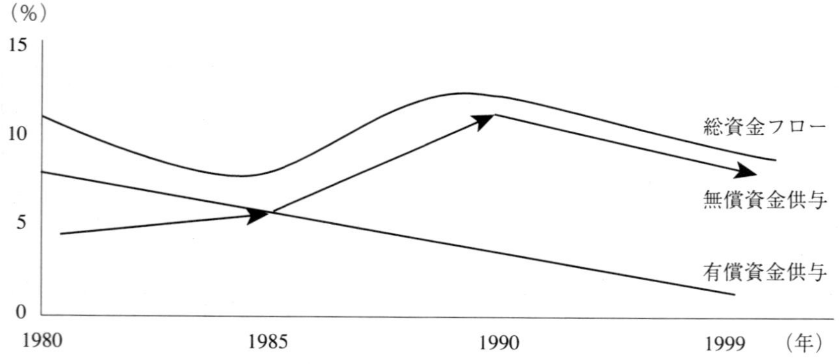

第20図　重債務22カ国の資金フロー（GDP比）

（出所）世界銀行：Global Development Finance, 2000.

第5は、重債務国が債務累積から脱却するために資金フローの追加性の次に重要な問題は、資金フローの譲許性である。対外債務が持続可能なためには、新たに流入する資金フローが十分に譲許的な低金利・長期貸付期間の性質を持たねばならない。このため、無償資金か極めて優遇された条件での有償資金の提供が必要であることは、国際的にコンセンサスがある。信用供与者の責任としては、債務者の債務返済能力を考えて必要な資金の組み合わせを考えることであり、また、債務者である重債務国の責任によらない外部の経済ショックや自然災害が発生した場合に、信用供与者は資金提供することに柔軟である必要がある。これによって重債務国は交易条件の悪化がデット・サービスに及ぼす悪影響を遮断し、長期的な債務の持続性を保ち、貧困削減の財政支出を削減しなくても済む。過去においても、外部ショックに対処するため、新規融資・新規無償供与・一時的な返済免除等の措置がとられた。債務国の苦境が長期化する場合、債務国が構造問題や貧困削減対策に取り組むため、国際社会はさらに支援をする必要がある。

また国際援助機関も十分に譲許的な開発資金を提供する必要がある。重債務国の経済環境の悪化に伴い、民間資金が引き揚げられ、また2国間政府資金協力が有償協力から無償協力になるにつれ、国際機関は極めて重要な有償資金協力の出し手となる。重債務国が投資と成長を増加させ、同時に長期的な債務の持続性を維持するためには、重債務国における金融力と金融政策の巧みさが極めて重要になる。国際機関は重債務国の努力に応えて、有償資金協力の量と譲許性を増やして支援することになろう。重債務国が高水準の外部負債を抱えた原因は、債務管理のまずさと賢明でない借入行動である。公的部門の対外借入は、量的・質的（借入条件）に十分管理されていない。借入資金は経済的な収益性や将来返済する必要性を無視して使用される。外部のショックに直面しても経済調整政策を行わない場合、借入資金の増加は消費のために使用されることになり、債務問題を悪化させる。したがって、重債務国の対外債務の持続性を高めるためには、債務管理能力の増大と借入に対する賢明な政策の実施が必要である。すなわち、効果的な債務管理のためには、①財政金融政策の相互調整（外部ショックに対応する国内政策の実施）、②公的情報の公開や公的責任の明確化による透明性の向上、③監視・分析・交渉能力の向上が必要である。

実際に世界銀行やIMFが重債務国に対して債務救済をする場合、商業的条件の借入は制限される。1990（平成2）年代の例では、ボリビア・象牙海岸・セネガル・イエメン・マリの5カ国に対して極めて限られた商業的借入を認め、その他の国に対しては商業的借入を認めず、その代わり譲許的借入には量的制限をつけなかった。この場合、マリとセネガルだけに対して制約が課せられ、それぞれの国の財務省が債務管理に責任を持ってすべての借入や政府保証をチェックすることを義務づけた。重債務国が債務救済後においても債務返済能力の見積もりをわずかにしか高めず無理をしなかったのは、将来重債務国が商業的借入を返済できることをめざすという厳しい制約を重債務国や援助国・信用供与国とも合意しかつ支援したからである。新規借入に当たり、同様に賢明な政策が公的部門や公的企業（政府の許可なく借入できる場合がある）に対しても適用される必要がある。譲許性の高い借入は債務累積額をあまり高めないが、大量に借入れる場合には、やはり債務残高が増加するため、はなはだしい場合には債務救済後においても債務国の返済能力が弱いままとどまることさえある。ギニア・ビサウ、サントメ・プリンシペの債務救済の場合には、グラント・エレメントが50%以上の高い譲許性のある借入しか認められなかった。このため国際機関貸付さえ行われないことが懸念された。

第67表　OECD・DACによるグラント・エレメントの計算方法

$$GE = 100 \times \left(1 - \frac{r/a}{d}\right)\left(1 - \frac{\frac{1}{(1+d)^{aG}} - \frac{1}{(1+d)^{aM}}}{d\,(aM - aG)}\right)$$

ここでの略号の定義は以下のとおり

GE：	借款の表面価額に対するパーセント表示によるグラント・エレメント
r：	当該借款の年利率
a：	年当たりの支払い回数
d：	1返済期当たり割引率（DACでは慣行として年10%を使っている。半年の賦払の場合は4.8809%になる）
G：	据置期間（DACによる換算式においては融資承諾日から第1回の元本返済日までの期間（interval to first repayment）から1回の返済間隔（本表においては半年）をマイナスした期間を据置期間（grace period）としてGEの計算を行っている）
M：	償還期間（融資承諾日から最後の元本返済日までの期間）

（出所）OECD・DAC資料。

グラント・エレメント（譲許要素）とは援助資金が発展途上国にとって優遇された程度を示す指標であり、①商業的条件（金利10%と仮定）の融資をグラント・エレメント 0%とし、②無償資金供与を（贈与）グラント・エレメント 100%とし、③融資の条件（金利・返済期間・据置期間）が発展途上国にとって優遇された程度が高くなるとグラント・エレメントも高まり、④政府開発援助（ODA）と定義される資金はグラント・エレメントが 25%以上のものである。ルワンダの債務救済の例では、新規資金のグラント・エレメントを今後 5 年間 75%に保つ必要があったので、有償資金ではなく無償資金の割合を増加させた。このように譲許性の問題は、借入国のデット・サービス能力、新たな貸付国・援助国出現の可能性、現時点と将来のデット・サービス義務等を勘案して、その時々の事情に合わせる必要がある。

第 6 は、追加性・譲許性に加えて、透明性も重要である。重債務国は情報開示と市場の監視を強化することによって、公的債務管理の透明性と政府責任を強化する必要がある。国会での議論と定期的な債務統計の発表を伴った公的な分析とそれらに対する理解は、債務管理の腐敗を防止し効率性を増す。債務の監視と分析を改善するための職員の訓練と組織の改正は、整合的な債務管理戦略の開発と実施を図るために重要である。信用供与国は、透明性を高め公的責任を高めるために重要な役割を果たす。過去において、信用供与者による融資の件数・金額・条件等の情報を得るのは難しかった。この種の情報は、よくても相当遅れてまた不十分にしか入手できなかった。個別の信用供与者に関する情報開示は、債務救済時点で初めて行われることが多い。信用供与者の開示に関する目標は、債務返済が困難になった場合だけ情報開示されるのではなく、すべての案件において定期的に情報開示されるべきである。検討中のものも含めてすべての融資を迅速・定期的・完全に開示することは、債務救済における重要な前進につながるであろう。

3. 対外債務の長期的持続性と重債務国に対する政策

2000（平成 12）年において 22 重債務国の債務救済が世界銀行と IMF 主導の下に行われ、対外債務水準は持続可能な水準に削減されることとなった。この債務救済において、新規援助約束額は債務残高の半分近くになるほど大規模なものであった。また、これらの伝統的な債務削減と今後見込まれる債務削減を合計すると、債務国の債務額は3分の2も削減されるものと見込まれる。また、22カ国すべてが債務救済に際して新規融資を受け始めており、債務国は開発と貧困削減計画のために財政支出ができるようになった。長期的な債務の持続性を確保するためには、今後の債務見通し・新規借入必要額・輸出と財政収入の実現可能な見通しを行い、債務国が債務救済から長期的に脱却できることについて確信がもたれ、信用を回復する必要がある。これらの国の債務救済においては、債務の現在価値が輸出額の150%になるまで債務が通常切り捨てられ、または財政再建も必要とされる場合には債務の現在価値が財政収入の250%となるまで債務が切り捨てられた。この場合以下の2点が重要である。

第1は、債務の持続性を維持することを基礎に債務救済が行れたことである。2000（平成12）年に債務救済された22カ国の例は、債務救済が債務の持続性を確保するために行われる必要があるという前例となった。このためには、債務救済前と債務救済後の債務指標を比較することが参考となる。

第68表　1999年における発展途上国と重債務国の債務指標

	発展途上国			22重債務国	
	平均	非重債務国	33重債務国	債務救済前	債務救済後
債務現在価値の輸出比率（%）	133	128	249	260	126
債務現在価値のGDP比率（%）	38	36	84	59	29
輸出額に対するデット・サービス比率（%）	20	21	14	17	8

（出所）世界銀行資料。

発展途上国を平均してみると、1999（平成11）年の輸出額に対する債務残高の現在価値は133%であり、重債務国22カ国については債務救済することによりこの比率が1999（平成11）年の260%から2003（平成15）年には126%に低下すると計算される。この126%は、①1999（平成11）年における非重債務国の128%より低く、②過去において債務救済を招く結果となった経験値である200%よりも低い。また債務救済された重債務国の将来債務見通しについても、発展途上国平均と比べて軽減されており特別の配慮がされた。

22カ国のうちガイアナ・ホンジュラス・モリタニア・セネガルの4カ国については、債務の現在価値が財政収入の250%以下に抑えられるように、また輸出額の150%よりは相当低い水準に抑制されるように配慮して債務救済がされた。22カ国のうち残った18カ国については、債務の現在価値は輸出額の150%以下に抑制された。またその後の経過を見ると、すべての国で債務の現在価値は輸出額の150%よりは急速に低下しており、さらに債務救済後において新規借入の抑制と輸出の増加が図られた結果、債務の持続性が確保されている。18カ国のうちブルキナファソ・ルワンダ・タンザニアについては債務の現在価値の輸出額に対する比率は150%近くあり、またあまり急速に低下していない。これは債務救済後に新規借入がすぐに行われたからであり、将来は輸出の増加に伴いこの比率は低下することが見込まれる。ボリビア・マラウイ・ニジェールについては、債務の現在価値の輸出額に対する比率は現時点および今後10年間は150%を超えると予想される。新規借入が続くことが原因である。この3カ国のうち、マラウイについては債務救済以前においてタバコの輸出は既に高水準にあるため、今後輸出はあまり増加しないと見通され、またニジェールについては、ウラニウムの輸出は減少するものと見通され、またボリビアについては、譲許された優遇貸付が減少すると見通されたことが、債務の現在価値の輸出額に対する比率が高水準にとどまると判断した理由になっている。

22カ国における債務の現在価値の輸出比率についての将来見通しは、境界値と考えられる200%以下にあり、多くは150%以下にある。さらに2国間信用供与においては、融資国が一方的に債権放棄（債務免除）を声明したものが多く、これを考慮すれば債務水準は数字で示したものよりも実際にはさらに軽減されることになる。これらのG7諸国または他の2国間信用供与者によって行われる債務免除により、22重債務国における債務現在価値の輸出額に対する割合は債務救済後の数値に比べてさらに23%も下落するものと計算される。

この結果、22の重債務国についてデット・サービスの輸出に対する比率は債務救済後において15%以下になり、多くは1桁の%となった。ザンビアやニジェールのように債務現在価値の輸出に対する比率が高い国においても、デット・サービスの輸出に対する比率は低くなっている。またデット・サービスの財政収入に対する比率は、債務救済後（2001（平成 13）～ 2003（平成 15）年）において高い国でも 20%程度であり、さらに 2004（平成 16）～ 2005（平成 17）年にこの比率は 15%程度に低下する見通しである。加えて今後 2 国間融資についての追加的かつ任意の債務救済が図られれば、この数字はもっと低くなる可能性がある。さらにデット・サービスは既存借入の元本および利子の支払額であるが、これとは別に新規借入や新規無償資金供与があるため、ネットの国境を越える資金移転額（＝新規借入＋新規無償資金供与－デット・サービス）は 22 カ国で、1998（平成 10）～ 1999（平成 11）年の 35 億ドル（GDP 比 4.7%）から 2000（平成 12）～ 2001（平成 13）年には 62 億ドル（GDP 比 7.8%）に増加する見込みである。その後の 2000（平成 12）～ 2010（平成 22）年の期間においても資金移転額は GDP 比で 8 ～ 9%になると見通される。

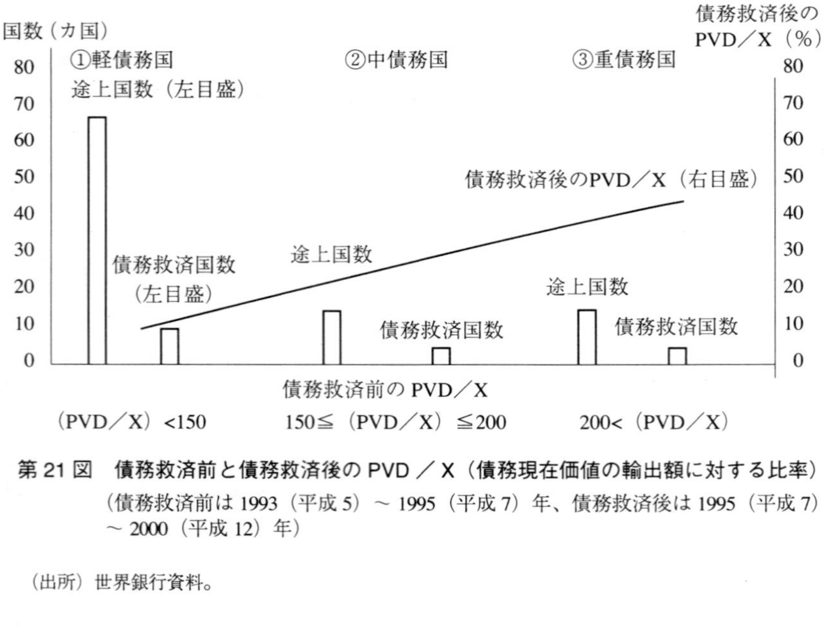

第 21 図　債務救済前と債務救済後の PVD ／ X（債務現在価値の輸出額に対する比率）
（債務救済前は 1993（平成 5）～ 1995（平成 7）年、債務救済後は 1995（平成 7）～ 2000（平成 12）年）

（出所）世界銀行資料。

第69表　22重債務国の債務状況（債務救済前の1998～1999年と債務救済後の2001～2003年）：%

国　名	デット・サービス／輸出		デット・サービス／財政収入		デット・サービス／GDP	
	債務救済前	債務救済後	債務救済前	債務救済後	債務救済前	債務救済後
ベニン	16.5	9.4	17.5	7.8	2.8	1.4
ボリビア	24.1	12.1	15.9	9.0	3.7	2.2
ブルキナ・ファソ	17.3	9.2	15.7	7.2	2.2	1.1
カメルーン	16.2	8.2	26.1	12.2	4.5	2.3
ガンビア	13.5	8.5	20.2	13.4	3.6	2.7
ギニア	14.8	8.7	30.8	21.4	3.3	2.9
ギニア・ビサウ	61.0	5.4	87.6	9.3	9.7	1.7
ガイアナ	14.7	5.2	48.8	14.9	14.3	5.3
ホンジュラス	11.5	5.8	23.5	13.3	5.2	3.1
マダガスカル	11.7	5.5	25.0	10.2	3.6	1.3
マラウイ	16.7	10.5	30.2	10.7	5.0	3.2
マリ	12.2	8.1	17.9	12.0	3.0	2.1
モリタニア	22.7	13.4	35.2	20.0	9.0	4.5
モザンビーク	17.0	4.8	19.9	7.4	2.3	1.0
ニカラグア	18.4	13.4	19.8	19.1	7.0	5.2
ニジェール	9.1	14.1	16.2	20.2	1.4	1.9
ルワンダ	19.4	7.7	11.1	5.6	0.9	0.6
サントム・プリンシプ	35.1	7.4	44.1	12.2	11.0	3.2
セネガル	14.3	7.4	27.7	14.1	4.7	2.5
タンザニア	18.5	8.6	24.4	11.2	2.5	1.4
ウガンダ	13.2	4.7	14.4	4.8	1.7	0.7
ザンビア	16.1	11.1	24.4	22.3	4.4	4.1
単純平均	18.8	8.6	27.1	12.7	4.8	2.5
ウェイトつき平均	16.8	8.2	27.4	11.9	3.7	2.1

（出所）世界銀行・開発報告、IMF資料。

第2は、（債務現在価値／輸出）の動きであり、これは、①輸出と新規融資の見通し、②（債務現在価値／輸出）の感応度に影響される。すなわち、債務指標（債務現在価値／輸出等）は、将来の借入動向・将来の輸出や政府収入動向に依存する。このため将来の成長率・輸出増加率・財政収入増加率・新規借入額が分かれば、将来の債務指標が計算できる。今後の重債務国経済については、1990（平成2）年代と比べれば経済政策の改善・債務重圧の軽減・譲許された条件での融資の流入により、経済成長率がやや改善するかもしれない。しかしこの改善は国によって相当異なり、特に紛争から回復しつつあり、かつては経済管理がまずく、また交易条件が悪化していた国については、今後改善が進む可能性がある。しかし債務指標が想定された傾向から少しでも乖離すると、債務の持続可能性を損なうおそれがある。22重債務国については世界銀行とIMFによって勧告された構造改革を実行する条件で債務救済を受けたため、①将来の輸出見通しは、健全なマクロ経済政策・構造政策・社会政策の持続によって実現されると考えられる輸出増加率見通しに基づき、②外部からの必要資金導入額は予定された条件で導入できるとの仮定に基づいている。

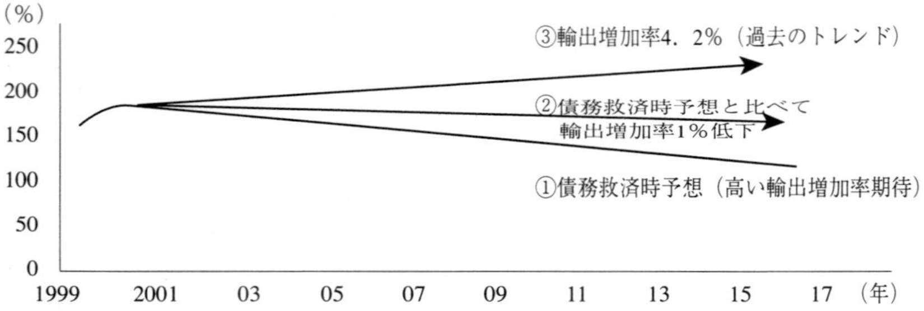

第22図　22か国の債務救済後における（債務現在価値／輸出）と輸出の感応度

（出所）世界銀行・IMF担当者推計。

第22図は、（債務現在価値／輸出）と輸出との感応度を示したものであり、①の傾向線は債務救済時点の高い輸出増加率見通しに基づくものであり、②の傾向線は1番下と比べて輸出増加率見通しを1%低めたものであり、③の傾向線は今後の輸出増加率を1990（平成2）年代の平均輸出増加率（年4.2%）と同じと仮定したものである。わずかな輸出のパーフォーマンスの違いが債務状況を大きく変化させることが分かる。このため対外経済環境が悪くなり輸出の増加が低くなる場合には、追加的な経済調整政策を講じて輸出を増加させるとともに、追加的な対外支援を得ることも必要となる。また、債務国の経済成長率が目標を達成せず、過去10年間の平均的輸出増加率程度しか達成できない場合でも、22カ国の（債務現在価値／輸出比率）は150%を超えるものの、200%よりは相当下回る。すなわち、債務国のデット・サービスを円滑にするためには、ある程度の安全性を確保するために余裕幅を持たせることが必要で

ある。

輸出の増加率が債務状況に大きく影響することに加えて、新規融資の水準は債務残高水準に大きく影響し、また新規融資の貸付条件はデット・サービス比率に大きく影響する。個別の債務国における今後の債務シナリオを見ると、いずれの債務国も今後高水準の対外資金の借入が必要であり、非政府資金の必要借入額（元本）は、2000（平成12）～2005（平成17）年の期間においてGDP比で12%になり、年間73億米ドルにもなる。

また、無償資金の供与額・新規有償資金の貸付条件と譲許性は、重債務国の長期的な持続可能性を維持するために重要な意味を持つ。1999（平成11）年末における22か国における債務残高のグラント・エレメントは平均30%であるが、2000（平成12）～2010（平成22）年においては平均58%と高く想定されている（ボリビアの26%からニジェールの80%と、国によって大幅に異なる)。このことは、①2国間の新規資金供与は有償から無償に切り替わり、②新規有償資金協力は国際機関に任せ、③債務救済後において債務国は非譲許性の借入を控えて高い譲許性のある借入しか行わないこと等により、全体としての新規融資の譲許性は高まると予想されることを反映している。債務の持続可能性を確保するため、2国間の援助供与者や信用供与者は貸付とともに無償供与も行い、債務国が非譲許的な借入に走らないようにする必要がある。

22カ国のうち半分の国について、新規融資の譲許性と債務指標の感応度を分析したが、債務状況が悪化する例が多い。借入条件の悪化が将来の債務状態に及ぼす影響は予測期間によって相当異なる。借入条件の悪化により、債務現在価値の輸出に対する比率はニカラグアでは3%高まり、ベニンでは50%高まる。新規貸付のグラント・エレメントが低いことによる影響は、デット・サービス・レーショに顕著に現れる。マダガスカルのデット・サービス・レーショは0.5%高まりまたギニア・ビサウでは15%も高まるため、債務救済によって余裕の生まれた財政資金の多くは、今後の債務の返済資金に使用せざるを得なくなる。

4. 債務累積問題の課題

債務救済を考える場合、債務の持続可能性の目安として債務現在価値の輸出額に対する比率を150～200％と考える現行の境界値は、債務救済に関する過去の経験から生まれたものである。この境界値は、債務救済交渉時点における債務、輸出の将来見通し、それらを背景にして実施される援助資金供与の約束を受けて実現されるものである。このため、債務救済交渉時点での資金供与が約束とおり実行されたか等を常に評価し、もし将来の数値が持続可能性の境界値から10％乖離する場合には追加的な援助を求める等の措置が必要になる。援助の最終実行額は債務救済が完了するまで確定しないので（任意の追加的債務救済措置が常に発生する可能性がある）、信用供与者は債務救済に際してどれだけの支援が全体として行われるかを確認することは困難である。債務の現在価値に対する輸出比率の境界値を150％にしたり、債務の現在価値に対する財政収入比率の境界値を250％にすることは、従来型の債務救済と比べて債務の持続性を増すために緩衝帯を置き、また貧困削減のための追加的財政支出を行う余裕を持たせるものである。世界銀行・IMFの主導の下で行われるこの新しい債務救済方法は、債務救済交渉時点における追加資金必要額を自動的に評価して発動するものではなく、外部的なショックの結果経済状況に基礎的な変化が発生した場合に再検討することを促すものである。

債務救済を個別に評価して自動的には発動しないという理由は、以下の通りである。

①重債務国は通常世界銀行とIMFにより持続的に支援されているが、国によっては一時的または長期的に支援されなくて済む場合がある。追加的な債務救済を必ず行うとの前提があると、債務救済開始時点と債務救済完了時点の間における無責任な借入を促進し、モラル・ハザードを生む。

②債務救済完了時点において自動的追加援助を行うことは、資金負担の新たな分担を交渉することになりすべての資金提供者や援助者から新たな追加約束をとる必要がある。なお、1999（平成11）年の債務救済の見直しに当たり、

見直し時点における債務救済の最終額を確定することにより、債務救済の費用をまかなうための内部資金と外部資金を捻出するための計画をつくりたいとする要望が出された。この理由は、債務救済が完了するまで債務救済の金額が確定しないことは、信用供与者による融資の的確性を不確かにしまた融資の決定に悪影響を与えるというものである。

③債務の現在価値は、割引率の変動に感応的である。融資額や融資条件が変わらなくても、 譲許的な融資の据置期間中においては債務の現在価値は高まる。しかし信用供与者は、新規融資の譲許性を高めるために据置期間を長くしたものであり、このために債務過剰になりしたがって追加援助が欲しいと債務国から要求されるいわれはない。

④債務の現在価値の輸出に対する比率が150%の目標を持つことは、債務救済を行う単なるガイドラインであり、それを超えたら自動的にデット・サービスの問題に債務国が直面するという債務の持続性に関する絶対基準ではない。従来型の債務救済でも、また1990（平成2）年代末に世界銀行やIMFが主導した債務救済でも、債務の持続性の問題には債務と輸出との関係や債務と財政収入との相対関係等を考慮すべきであると認識されている。

長期的な債務の持続性には多くの問題が影響を及ぼしているため、債務救済完了時点の書類には重債務国が直面する長期的な債務の持続性に関する議論が含まれる必要があり、これらの議論は経常的に監視される必要がある。債務の現在価値の輸出に対する比率と債務の現在価値の財政収入に対する比率は、持続可能性を示す指標のうちの2つに過ぎないが、この指標の数値を下げることは債務の持続性を高めるクッションになり、かつ貧困削減のための政府支出を行う余裕を高めることを意味する。任意に追加的な2国間援助を行うことを声明することは、この持続可能性を高めることになる。

また、マクロ経済政策・構造政策・社会政策・政治動向・交易条件の影響・新たな借入政策・無償資金や譲許的条件での借入等の他の持続可能性を高める側面にも考慮する必要があり、これらは債務救済後における重債務国の長期的持続可能性に重大な影響を与える。また、債務救済完了後といえども外部的要素が重債務国の経済環境に基本的な変化をもたらした場合には、追加援助の考慮が払われる必要がある。しかしこの措置は、例外的に発動される必要がある。

参考文献

INTERNATIONAL HERALD TRIBUNE（新聞、毎号）
FINANCIAL TIMES（新聞、毎号）
IMF：World Economic Outlook（半年報、毎号）
世界銀行：World Development Report（年報、毎号）
OECD 資料（http://www.oecd.org/）
OECD・開発援助委員会資料（http://www.oecd.org/dac/）
国連（http://www.un.org/）
国連 UNCTAD（http://www.unctad.org）
国連援助機関（エイズ病対策の総合ホームページ経由）資料（http://www.unaids.org/）
国連児童基金（UNICEF）資料（http://www.uncef.org/）
国連開発計画 UNDP（http://www.undp.org/）
国連人口基金 UNFRA（http://www.unfpa.org/）
国連麻薬・犯罪防止計画 UNDCP（http://www.undcp.org/）
国連教育科学文化機構 UNESCO（http://www.unesco.org/）
世界保健機構 WHO（http://www.who.int/home-page/）
世界食糧計画 WFP（http://www.wfp.org/）
世界貿易機関 (WTO) 資料（http://www.wto.org/）
IMF 資料（http://www.imf.org/）
世界銀行資料（http://www.worldbank.org/）
アフリカ開発銀行（http://www.afdb.org/）
アジア開発銀行（http://www.adb.org/）
欧州復興開発銀行（http://www.ebrd.com/）
米州開発銀行（http://www.iadb.org/）
アメリカ政府（米政府印刷局経由）資料（http://gpoaccess.gov/）
EU 資料（http://www.europa.eu.int/）
日本で編集された国際比較統計（総務省統計局経由）（http://www.stat.go.jp/）
世界経済白書（毎号）（http://www.cao.go.jp/）
通商白書（毎号）（http://www.meti.go.jp/）

■著者紹介

田島哲也（たじま　てつや）

1943 年　横浜市に生まれる。
1965 年　東京大学農学部卒業。経済企画庁入庁。中小企業庁指導部長、内閣審議官、経済企画庁課長、環境庁課長、公正取引委員会参事官、総合研究開発機構部長、国土庁課長補佐、㈱日本化学工業協会常務理事、三井情報開発㈱研究理事等を歴任。
　この間、OECD、国連、EU、北米・欧州・アジア・大洋州・中近東・南米・アフリカ諸国の政府および研究機関等の間で経済政策・独占禁止政策・政府開発援助政策・環境政策等の国際協議に多数参加。
　大東文化大学（ヨーロッパ経済論）、早稲田大学（企業経営論）、福岡国際大学（世界経済論）、兵庫県立大学（アメリカ経済論）等の非常勤講師、芝浦工業大学大学院教授（世界経済動向論、技術政策論）を歴任。

主な著書
『ヨーロッパ経済読本』（多賀出版）2000
『世界経済読本』（大学教育出版）2001
『アメリカ経済読本』（中央経済社）2004
共著多数
経済分析・経済政策等の論文多数

発展途上国経済読本

2004年10月10日　新版第1刷発行

■著　者――田島 哲也
■発行者――佐藤 守
■発行所――株式会社 大学教育出版
〒700-0953　岡山市西市 855-4
電話（086）244-1268　FAX（086）246-0294
■印刷所――互恵印刷㈱
■製本所――㈲笠松製本所
■装　丁――ティーボーンデザイン事務所

ISBN4 − 88730 − 586 − 9